＊이 책에 실린 'KBS 도전! 골든벨' 문제는 김문정 작가님과 한국방송출판의 허락을 받아 수록하였습니다.

청소년을 위한

빡센
고사성어
완전정복

이상인 지음 · **반석** 그림

평 단

孝 | 효성이 지극하면 돌에도 풀이 난다

愛 | 함께 늙고 같은 무덤에 묻히고픈 남녀의 아름다운 사랑

友 | 나를 알아주는 친구가 단 한 명이라도 있다면

人 | 사람들이 저마다 참 각양각색이구나

言 | 한 마디 말로 상대의 허를 찌른다

計 | 남을 제압하려면 선수를 쳐라

勢 | 안에는 근심, 밖에는 재난

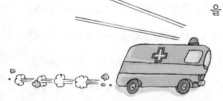

戰 | 하늘과 땅을 걸고 승부한다

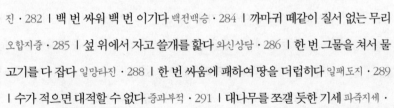

政 l 정치는 백성의 눈물을 닦아 주는 것

| 인생은 한바탕 꿈이어라

 | 웃음도 눈물도 그렇게 오래가지 않는다

物 | 만물에 숨은 의미를 찾아라

방가방가! 한자상식

효성이 지극하면
돌에도 풀이 난다

어머니가 물었다. "지금까지 매를 맞아도 운 적이 없었는데, 지금은 왜 우느냐?" 백유가 대답했다. "예전에 어머니의 매는 항상 아팠습니다만, 지금은 어머니의 기력이 쇠하셨는지 매를 맞아도 아프질 않습니다. 이제 어머니께서 늙으신 것 같아 안타깝기만 합니다."

남전에서
옥이 난다

▍ 현명한 아버지에게서 재능 있는 아들이 나온다.

[출전] 《삼국지三國志》〈오서吳書 제갈각전諸葛恪傳〉

삼국시대 때 오나라에서 관직을 맡고 있던 제갈근은 제갈량의 형으로, 얼굴이 마치 당나귀 같았다. 그에게는 제갈각이라는 맏아들이 있었는데, 어려서부터 그 재능이 남달라 태자의 친구가 되기도 했다. 그래서 사람들은 기발한 발상과 임기응변에 뛰어난 제갈각을 상대할 수 있는 사람은 어디에도 없다고 입이 마르도록 칭찬했다.

어느 날 제갈각은 아버지와 함께 조정의 연회에 참석했다. 연회가 한창 무르익어 가는데, 손권이 하인을 시켜 당나귀 한 마리를 끌고 오게 했다. 그러고 나서 그 당나귀의 얼굴에 긴 봉투를 붙이고 '제갈자유諸葛子瑜'라고 쓰도록 했다. '자유子瑜'는 바로 제갈근의 자字였으니, 이것은 곧 당나귀가 제갈근이라는 소리였다. 주위에 있던 많은 신하들은 그 글을 보고 크게 웃었다. 이때 제갈각이 무릎을 꿇고 손권에게 말했다.

"저에게 붓으로 두 글자를 더 쓸 수 있도록

■ 자字

중국의 풍습으로 성인 남자에게만 붙이는 본명 외의 다른 이름이다. 흔히 윗사람에게는 본명을, 동갑이나 아랫사람에게는 자를 사용한다. 그러나 부모나 스승이 자식이나 제자를 부를 때는 본명으로 부른다.

허락해 주십시오."

손권은 이것을 허락하고 붓을 내주었다. 제갈각은 종이에 이렇게 덧붙여 썼다.

"지려之驢."

'지之'는 '~의'라는 소유격 조사이니, 이로써 '제갈근의 당나귀'라는 뜻이 된 것이다. 제갈각의 기지에 감탄한 손권은 당나귀를 선물로 주고 제갈근에게 칭찬의 말을 아끼지 않았다.

또 손권은 제갈각에게 물었다.

"네 아버지와 제갈량 중에 누가 더 현명하다고 생각하느냐?"

그러자 제갈각이 말했다.

"훌륭한 군주를 섬기고 있는 아버지가 현명합니다."

손권은 감탄하며 말했다.

"남전에서 옥이 난다고 하더니 헛된 말이 아니구려."

남전藍田은 중국에서 아름다운 옥이 많이 나오기로 유명한 산이다. 바꾸어 말하면 남전에서 좋은 옥이 나오는 것처럼 훌륭한 아버지에게서 훌륭한 아들이 나온다는 뜻이다.

흰 구름을 보며 부모를 그리워하다

▌ 고향을 떠난 자식이 부모를 그리워하는 마음

[출전] 《당서唐書》

　　당나라 고종 때의 이름난 신하인 적인걸이 병주의 법조참군으로 임명되어 부임하게 되었다. 그의 부모는 병주에서 멀리 떨어진 곳에 살고 있었다. 하루는 인걸이 태행산에 올라 하늘을 바라보니 흰 구름 한 조각이 외롭게 떠 있었다. 그는 옆에 있는 사람들을 보며 말했다.

　　"내 부모님이 저 구름 아래에 살고 계신다네."

　　인걸은 오래도록 구름을 바라보면서 부모를 그리워했다.

어미를 먹여 살리는 까마귀의 효성

▌부모에 대한 자식의 지극한 효도

[출전] 《진정표陳情表》

이밀은 진晉나라 무제가 내린 높은 관직을 하사받았으나, 할머니를 봉양하기 위해 관직을 사양했다. 그러자 무제는 이밀에게 크게 화를 냈다. 이밀은 자신의 처지를 까마귀에 비유하면서 무제에게 아뢰었다.

"까마귀가 어미 새의 은혜에 보답하려는 마음으로 할머니께서 돌아가시는 날 까지만 봉양하게 해 주십시오."

명나라 때의 약학서 《본초강목本草綱目》을 보면, 까마귀는 태어난 지 60일 동안 은 어미가 새끼에게 먹이를 물어다 주지만 새끼가 다 자라면 어미에게 먹이를 가 져다 준다고 한다. 여기서 까마귀를 자오慈烏(자상한 까마귀) 또는 반포조反哺鳥(어미 에게 먹이를 물어다 주는 새)라 한다. 이밀은 까마귀가 어미에게 먹이를 물어다 주는 모습을 보고 자신의 극진한 효도의 마음을 비유했던 것이다.

백유읍장 伯兪泣杖

백유가
매를 맞으며 울다

▌ 맞아서 우는 것이 아니라 부모가 늙어 가는 것이 안타까워 운다.

[출전] 《설원說苑》〈건본建本〉

한나라 때 효자로 유명한 한백유라는 사람이 있었다. 어느 날 백유가 잘못을 저질러 어머니에게 매를 맞게 되었다. 매를 맞던 백유의 눈에서 눈물이 뚝뚝 떨어졌다. 그 모습을 보고 어머니가 물었다.

"지금까지 매를 맞아도 운 적이 없었는데, 지금은 왜 우느냐?"

백유가 대답했다.

"예전에 어머니의 매는 항상 아팠습니다만, 지금은 어머니의 기력이 쇠하셨는지 매를 맞아도 아프질 않습니다. 이제 어머니께서 늙으신 것 같아 안타깝기만 합니다."

살아
계실때

효도하라구…

아버지를 닮지 않은 아들

■ 자식이 부모를 닮지 않아 현명하지 못하고 어리석다.

[출전] 《맹자孟子》 〈만장萬章〉

"요임금의 아들 단주는 요임금을 닮지 않았고, 순임금의 아들 역시 순임금을 닮지 않았다. 순임금이 요임금을 도운 것과 우임금이 순임금을 도운 것은 오래되었으며, 요임금과 순임금은 백성들에게 오랫동안 은혜를 베풀었다."

요임금은 아들 단주가 어리석어 천하를 다스리기에는 부족하다는 것을 알았기 때문에 왕위를 순에게 넘겨주기로 했다. 그것은 순에게 왕위를 넘겨주면 천하의 모든 사람들이 이익을 얻고 단주만 손해를 보지만, 단주에게 왕위를 넘겨주면 천하의 모든 사람들이 손해를 보고 단주만 이익을 얻기 때문이다. 순임금도 자신의 아들이 똑똑하지 못한 것을 알고 왕위를 물려주지 않았다.

친자식이라도 현명하지 못하면 백성을 위해 왕위를 물려주지 않겠다는 현명한 군주의 뜻을 엿볼 수 있다.

> ■ 순舜
>
> 요임금이 세상을 떠나고 삼년상을 마쳤을 때, 순은 요임금의 뜻에 따라 왕위에 오를 수가 없었다. 그래서 단주에게 자리를 양보하고 남쪽으로 물러나 있었다. 제후들은 봄가을에 천자를 알현하는 때가 되면 단주에게 가지 않고 순을 찾아갔다. 또 소송을 거는 사람들도 단주가 아니라 순에게 와서 해결해 달라고 했다. 상황이 이렇게 되자 순은 하늘의 뜻으로 받아들이고 도성으로 가서 군왕의 자리에 올랐다.

나가고 들어올 때 반드시 얼굴을 보이다

▌들어오고 나갈 때 지켜야 할 부모에 대한 자식의 도리

 [출전]《예기禮記》〈곡례曲禮〉

　　출고반면出告反面이라고도 하는데,《예기》의 〈곡례〉편에서 말하는 부모에 대한 자식의 도리 중 이런 말이 있다.

　　"무릇 자식은 밖에 나갈 때는 반드시 부모에게 가는 곳을 말하고, 밖에서 돌아왔을 때는 반드시 부모에게 얼굴을 보이고 돌아왔음을 알려야 한다. 노는 곳은 반드시 일정해야 하고, 익히는 것은 반드시 과업이 있어야 하며, 항상 자신이 늙었다고 말하지 않도록 주의해야
한다."

·24

바람의 탄식과 나무의 탄식

▌ 부모가 돌아가시어 효도하고 싶어도 할 수 없으니 슬프다.

[출전] 《공자가어孔子家語》 〈치사致思〉

공자가 뜻을 펴기 위해 제자들과 이 나라 저 나라를 두루 돌아다니고 있을 때였다. 어디선가 몹시 슬피 우는 소리가 들려와 따라가 보니 구오자라는 사람이 울고 있었다. 공자가 까닭을 묻자, 구오자가 울음을 그치고 말했다.

"저에게는 세 가지 한恨이 있습니다. 첫째는 공부를 한답시고 집을 떠났다가 고향에 돌아가 보니 부모님께서 이미 세상을 떠나신 것입니다. 둘째는 저를 찾는 군주를 어디에서도 만나지 못한 것입니다. 셋째는 서로 속마음을 터놓고 지내던 친구와 사이가 멀어진 것입니다."

구오자는 한숨을 쉬고는 다시 말을 이었다.

"아무리 나무가 조용히 있고 싶어도 불어오는 바람이 멎지 않으니 뜻대로 되지 않습니다. 마찬가지로 자식이 효도를 다하려고 해도 그때까지 부모는 기다려 주지 않습니다. 부모님이 돌아가시고 나면 다시는 뵙지 못하는 것입니다. 저는 이제 이대로 서서 말라 죽으려고 합니다."

공자는 제자들을 돌아보며 이렇게 말했다.

"저 말을 명심해 두어라. 너희들이 교훈으로 삼을 만하지 않느냐."

風 바람 풍 樹 나무 수 之 어조사 지 嘆 탄식할 탄

혼정신성 昏定晨省

아침저녁으로
부모의 안부를 살피다

▍저녁에는 이부자리를 살피고 아침에는 문안을 드리는 것이 자식의 도리이다.

[출전] 《예기禮記》 〈곡례曲禮〉

혼정昏定은 밤에 잘 때 부모의 침소에 가서 밤새 안녕하시기를 살피는 일이고, 신성晨省은 이른 아침에 부모의 침소에 가서 밤새의 안부를 여쭙는 일을 말한다. 두 단어를 합친 '혼정신성'은 아침저녁으로 자식이 부모의 안부를 물어서 살핀다는 말이다.

중국 진晉나라의 왕연은 부모를 극진히 모셨다.

"왕연은 부모를 즐거운 마음으로 봉양했다. 여름에는 부모님의 잠자리에서 부채질을 했고, 겨울에는 이불을 따뜻하게 해 두었다. 한겨울에도 자신은 변변한 옷이 없었으나, 부모님에게는 항상 맛있는 음식을 해 드렸다."

무엇보다 중요한 것은 자식이 일상생활에서 부모를 잘 모시는 것이었다. 항상 부모의 안색을 살피고 잠자리까지 챙겨 드리는 것이 효의 기본 도리였던 것이다.

■유사성어
• 동온하청冬溫夏淸 : 겨울에는 따뜻하게, 여름에는 시원하게 해 드린다.
• 온청정성溫淸定省 : 겨울에는 따뜻하게 여름에는 시원하게, 밤에는 이부자리를 깔아 드리고, 아침에는 부모의 안부를 살핀다.

二

함께 늙고 같은 무덤에 묻히고픈
남녀의 아름다운 사랑

그날 밤부터 무덤가에 나무 두 그루가 자라기 시작해서 10일 후에는 커다란 나무가 되었다. 나무 위에서는 원앙새 한 쌍이 서로 부둥켜 안고 슬피 울었다. 사람들은 원앙새를 죽은 한빙 부부의 넋이라고 보고, 그 나무를 상사수相思樹라고 불렀다. 이때부터 '상사병'이란 말이 생겨났다.

거문고와
비파의 어울림

▎거문고와 비파가 서로 조화를 이루는 것처럼 부부간의 의가 좋다.

[출전] 《시경詩經》〈소아小雅 상체常棣〉

다음 내용은 집안의 화합을 읊은 것이다.

아내와 자식이 화합하는 것이 妻子好合

거문고와 비파를 타는 것과 같고 如鼓琴瑟

형제가 화합하여 兄弟歸翕

화목하고 즐겁다. 和樂且湛

거문고와 비파의 소리가 어우러져 아름다운 선율을 뽑아내듯이 부부가 서로 뜻이 잘 맞아야 가정이 화목한 법이다.

■ '부부'와 관련된 한자성어

• 금슬지락琴瑟之樂 : 거문고와 비파처럼 즐거운 부부 사이

• 백년가약百年佳約 : 남녀가 부부가 되어 평생을 함께 지낼 것을 다짐하는 아름다운 약속

• 천생연분天生緣分 : 하늘이 맺어준 인연

무산에서 꿈을 꾸다

▍남녀 간의 은밀한 만남이나 사랑

[출전] 《문선文選》〈고당부高唐賦〉

전국시대, 초나라 양왕은 고당관에서 송옥이라는 궁정시인에게 다음과 같은 옛날이야기를 하나 듣게 되었다.

예전에 어떤 왕이 고당관에서 노닐다가 피곤하여 낮잠을 자게 되었다. 그러던 중 꿈 속에 아름다운 여인이 나타나 고운 목소리로 말했다.

"저는 무산에 사는 여인이온데 전하께서 고당에 오셨다는 소식을 듣고 전하를 모시고자 왔습니다."

이 말을 들은 왕은 기꺼이 여인과 사랑을 나누었다. 이윽고 헤어질 때가 되자 여인은 이렇게 말하였다.

"저는 무산 남쪽의 높은 산봉우리에 살고 있습니다. 아침에는 구름이 되어 산에 걸리고, 저녁에는 비가 되어 산을 내려가 해가 비추는 곳에 머물며 당신을 그리워할 것입니다."

여인이 홀연히 사라지자 왕은 꿈에서 깨어났다. 이튿날 아침 왕이 무산을 바라보니 과연 여인의 말대로 높은 봉우리에는 아침 햇살에 아름다운 구름이 걸려 있었다. 왕은 여인을 그리워하여 그곳에 조운묘朝雲廟라는 사당을 지었다.

평생을 함께하자 했더니

■ 부부의 인연을 맺어 평생을 함께 즐겁게 살다.

[출전] 《시경詩經》

전쟁터에 나간 병사가 사랑하는 아내를 그리워하며 애절함을 읊은 〈격고擊鼓〉라는 시이다.

> 죽거나 살거나 함께하자던 死生契闊
> 당신과 굳게 약속했지. 與子成說
> 고운 당신의 손을 잡고 執子之手
> 함께 백년해로하자고. 與子偕老

북소리를 신호 삼아 용감하게 싸운 병사는 큰 공을 세웠음에도 집으로 돌아갈 수 없었다. 그는 자신의 신세를 한탄하고, 전쟁의 고달픔 속에서 시를 읊으며 사랑하는 아내를 그리워했다.

복수불반분 覆水不返盆

엎지른 물은
다시 담을 수 없다

▎일단 저지른 일은 되돌릴 수 없고 한 번 떠난 아내도 다시 돌아올 수 없다.

[출전]《습유기拾遺記》

　　주나라 문왕이 하루는 사냥을 나갔다가 강가에서 낚시하는 한 노인을 만났다. 노인의 차림새는 남루하기 짝이 없었다. 그러나 문왕이 노인과 이야기해 보니 그는 세상 돌아가는 이치를 꿰뚫는 탁월한 식견을 갖고 있었다. 이 노인이 바로 나중에 강태공이라 불리게 될 여상呂尙이다. 문왕은 여상을 스승으로 모시고, 자신의 아버지인 태공이 바라던 주나라의 인물이라는 뜻에서 태공망太公望이라고 불렀다.

　　여상은 문왕을 만나기 전까지는 끼니도 제대로 잇지 못할 만큼 궁색한 생활을 했다. 그러나 어려운 가정 형편은 돌아보지 않고 책만 끼고 살았던 까닭에 그의 아내는 굶주림을 견디지 못하고 친정으로 달아나 버렸다. 나중에 여상이 문왕을 만나 부귀공명을 이루게 되자 이 소문은 아내에게도

愛 함께 늙고 같은 무덤에 묻히고픈 남녀의 아름다운 사랑 • 31

覆 뒤집힐 복 水 물 수 不 아니 불 返 돌이올 반 盆 동이 분

전해졌다. 그녀는 여상을 찾아가서 이렇게 말했다.

"예전에는 배고픔을 견디지 못해 당신을 떠났지만, 이제 그런 걱정은 안 해도 될 것 같아서 돌아왔어요."

그러자 여상은 잠자코 있다가 곁에 놓여 있던 그릇의 물을 마당에 쏟으며 이렇게 말했다.

"저 물을 그릇에 담아 보시오."

아내는 당황해 하며 물을 그릇에 담으려고 했지만, 쏟아진 물은 이미 땅속으로 스며든 뒤였다. 여상은 차가운 표정으로 말했다.

"한 번 엎지른 물은 다시 그릇에 담을 수 없소. 마찬가지로 한 번 떠난 아내도 돌아올 수 없는 것이오."

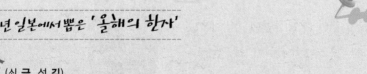

2000년 일본에서 뽑은 '올해의 한자'

金 (쇠 금, 성 김)

김대중金大中 대통령과 북한의 김정일金正日 국방위원장이라는 두 '김' 씨가 남북정상회담을 이룬 것과 시드니올림픽, 장애인올림픽에서 일본 선수들이 '금'메달을 딴 일이 계기가 되었다.

너무 그리워서 병이 들다

▌사랑을 이루지 못해 생긴 병

[출전] 《수신기搜神記》

춘추전국시대, 송나라 강왕은 주색에 빠져 있어서 부하의 부인까지 넘볼 정도였다. 강왕의 시종 한빙에게는 절세미인의 부인이 있었다. 강왕은 그녀를 강제로 후궁으로 삼고 한빙에게 죄를 뒤집어씌운 뒤 변방의 성으로 내쫓아 버렸다. 그녀는 남편을 그리워하는 편지를 몰래 보냈다가 강왕에게 들키기도 했다.

한빙 역시 아내를 너무 그리워한 나머지 스스로 목숨을 끊고 말았다. 이 소식을 들은 아내도 결국 목숨을 끊고 남편과 함께 묻어 달라는 유언을 남겼다. 그러나 강왕은 오히려 그들의 무덤을 따로 떨어져 있게 했다.

그날 밤부터 무덤가에 나무 두 그루가 자라기 시작해서 10일 후에는 커다란 나무가 되었다. 나무 위에서는 원앙새 한 쌍이 서로 부둥켜 안고 슬피 울었다. 사람들은 원앙새를 죽은 한빙 부부의 넋이라고 보고, 그 나무를 상사수相思樹라고 불렀다.

이때부터 '상사병'이라는 말이 생겨났다. 상사병은 서로 그리워하지만 맺어지지 못한 사랑을 말할 때 쓰이는데, 지금은 그 뜻이 변하여 혼자서 짝사랑하는 것을 '상사병에 걸렸다'고 표현한다.

조강지처 糟糠之妻

옆에서 함께
고생한 아내

▌몹시 형편이 어려울 때 술지게미와 쌀겨로 끼니를 이으면서 함께 고생해 온 아내

[출전] 《후한서後漢書》 〈송홍전宋弘傳〉

후한 광무제 때의 일이다. 광무제는 자신의 누이인 호양공주가 남편과 사별하고 홀로 지내고 있는 것을 안타깝게 여겼다. 그러다 호양공주가 당당한 풍채와 뛰어난 덕성을 지닌 송홍에게 호감을 갖고 있다는 것을 알게 되었다. 송홍은 조정의 관리로 지혜와 식견이 남달라 광무제에게 총애를 받는 인물이었지만 이미 아내가 있었다.

어느 날 광무제는 호양공주를 병풍 뒤에 앉힌 후 송홍과 이런저런 이야기를 나누었다. 광무제가 이렇게 물었다.

"옛말에, 사람의 지위가 높아지면 어려울 때 함께했던 친구도 바꿀 수 있고, 집안이 부유해지면 가난할 때 옆에 있던 아내도 버린다는데, 그건 당연하지 않소?"

그러자 송홍이 대답했다.

"황공하오나 신은 가난하고 어려울 때의 친구는 잊지 말아야 하며, 술지게미와 쌀겨로 끼니를 이을 만큼 가난할 때 함께 고생하던 아내 또한 버리지 말아야 한다고 들었습니다. 또 그것이 사람의 도리라고 생각하옵니다."

이 말에 광무제와 호양공주는 크게 실망하고 송홍을 단념하기로 했다.

천금매소 千숲買笑

천금을 주고 웃음을 사다

▌ 비싼 대가를 치르고 사랑하는 여인이 미소를 짓게 하다.

[출전] 《열국지列國志》

서주西周의 유왕은 포사라는 여인을 사랑했다. 그러나 포사가 한 번도 웃어 본 적이 없어 유왕은 그녀를 웃게 하는 자에게 천금을 주겠다고 했다. 그때 포사를 잘 아는 괵석보라는 자가 거짓 봉화를 올려 보자고 제의했다.

유왕은 그 제의를 받아들이고 봉화를 올리도록 명령했다. 봉화를 본 제후들은 도성에 적이 침입한 줄 알고 군사를 이끌고 허겁지겁 달려왔다. 그들은 나중에 모든 것이 장난이었음을 알고 어이없는 표정을 지으며 돌아갔다. 그러자 포사가 이 광경을 보고 살짝 웃는 것이 아닌가. 포사가 웃는 모습을 본 유왕은 기뻐하며 괵석보에게 약속했던 천금을 주었다.

그 후로도 유왕은 끊임없이 봉화를 올리게 했다. 그러나 빈번한 거짓 봉화로 정작 진짜 위기에 처했을 때는 제후들이 군사를 끌고 오지 않아, 유왕은 죽임을 당하고 서주는 망하고 말았다.

 함께 늙고 같은 무덤에 묻히고픈 남녀의 아름다운 사랑 · 35

장롱 속에 버려진 가을 부채

▌사랑을 잃은 처지 또는 철이 지나서 쓸모없게 된 물건

[출전] 《문선文選》

한나라 성제의 후궁인 반첩여는 황제의 총애를 받았다. 하지만, 새로 황제의 총애를 받게 된 조비연은 그녀를 모함하여 옥에 가두게 했다. 반첩여가 황제를 몹시 헐뜯고, 황제의 여인들을 저주했다는 것이었다. 곧이어 반첩여는 죄가 없음이 밝혀져 풀려났다.

그녀는 황제의 총애가 예전과 같지 않다는 것을 알고, 황태후에게 가서 자신을 곁에 두어 달라고 청했다. 이후 반첩여는 황태후의 장신궁에서 평화로운 시간을 보내며 황제의 총애를 받던 과거의 호화로운 생활을 떠올렸다. 그러다가 가을이 되어 쓸모없게 된 부채와 자신의 처지가 비슷하다는 생각이 들어 〈원가행怨歌行〉이라는 시를 짓게 되었다.

새로 지은 제나라의 하얀 비단은 곱고 깨끗하기가 서리와 눈과 같구나.
新裂齊紈素 鮮洁如霜雪
재단해서 부채를 만드니 둥근 것이 밝은 달과 같아라.
裁爲合丸扇 團團似明月

秋가을 추 /扇부채 선

님의 소매 속을 드나들며 흔들어 움직여서 서늘한 바람을 일으키네.

出入君懷袖 動搖微風發

항상 두려운 가을이 오면 서늘한 바람이 더위를 앗아 가니

常恐秋節至 凉飇奪炎熱

가을 부채는 장롱 속에 버려져 은혜로운 정이 끊어지는구나.

棄捐篋笥中 恩情中道絶

여기서 반첩여는 조비연에게 황제의 총애를 빼앗긴 자신의 신세를, 여름이 지나 가을이 되어 쓸모없어진 장롱 속 부채에 비유했다.

■ 조비연

노래와 춤 실력이 타고나서 한나라 성제의 사랑을 독차지하고 황후의 자리까지 올랐다. 결국 황제가 죽은 뒤 서민으로 강등되는 비극적인 삶을 살다가 자살했다.

파경중원 破鏡重圓

깨진 거울이
다시 둥글어지다

▌ 헤어졌던 부부가 다시 만나다.

[출전] 《태평광기太平廣記》

남북조시대, 남조의 마지막 왕조인 진陳이 망하게 되었을 때 조정 관리였던 서덕언은 수나라 대군이 양자강揚子江 북쪽 기슭에 도착하자 급히 아내를 불렀다. 그녀는 진나라의 마지막 황제인 후주의 누이동생 낙창공주였다.

"이 나라가 망하게 되면 당신은 미모가 빼어나고 재주가 남달라 반드시 적국의 어느 귀한 집으로 보내지게 될 거요. 그렇게 되면 우리는 만날 수 없을 것이오. 하지만 혹시 다시 만날 수 있을지 누가 알겠소?"

그는 곁에 있던 거울을 둘로 쪼개어 한쪽을 아내에게 주며 말했다.

"이것을 소중히 간직하고 있다가 정월 보름날 도성의 시장에서 거울을 팔고 있으시오. 만일 내가 살아 있다면, 나도 그날 거울을 팔며 당신을 기다리겠소."

두 사람은 각자 깨진 거울 반쪽을 품속에 간직하고 헤어졌다.

진나라는 곧 망하고 서덕언의 아내는 적에게 붙잡혀 끌려가게 되었다. 그리고 수 문제의 측근인 양소의 집으로 들어가게 되었다.

한편 서덕언은 전쟁 속에 겨우 목숨만 부지하여 밥을 얻어먹으며 도성에 도착했다. 약속한 정월 보름날, 시장에 가 보니 깨진 반쪽 거울을 들고 소리 높이 외치는 사나이가 있었다.

"자, 거울을 사시오. 누구 살 사람 없소?"

거저 주어도 싫다고 할 반쪽 거울을 돈을 주고 살 사람이 어디 있겠는가. 지나가는 사람들이 모두 비웃기만 했다. 서덕언은 사나이를 자기 숙소로 데리고 가서 거울에 얽힌 사연을 이야기한 후 자신의 거울과 사나이의 거울을 맞추어 보았다. 그러자 거울은 둥글게 하나로 맞추어졌다. 아내는 양소의 첩이 되어 하인을 대신 보낸 것이었다. 서덕언은 다시 하나로 합쳐진 거울 뒤에다 시 한 수를 적어 사나이에게 건네주었다.

> 거울은 사람과 함께 갔는데 鏡與人俱去
> 거울만 돌아오고 사람은 돌아오지 않는구나. 鏡歸人不歸
> 당신의 그림자는 없고 無復姮娥影
> 헛되이 밝은 달빛만 머무는구나. 空留明月輝

사나이가 거울을 전해 주자 서덕언의 아내는 그때부터 남편을 그리워하며 울기만 했다. 나중에 양소가 이 사실을 알고 두 사람의 사랑에 감동하여 그들이 함께 고향으로 돌아갈 수 있도록 해 주었다.

해로동혈 偕老同穴

함께 늙고
같은 무덤에 묻히다

■ 죽는 날까지 생사를 같이하겠다는 부부의 맹세

[출전] 《시경詩經》

해로偕老는 함께 늙어 간다는 말이며, 〈격고擊鼓〉라는 시에 나온다.

죽거나 살거나 함께하자던 死生契闊
당신과 굳게 약속했지. 與子成說
고운 당신의 손을 잡고 執子之手
함께 백년해로하자고. 與子偕老

동혈同穴은 하나의 무덤을 뜻하며, 〈대거大車〉라는 시에 나온다.

살아서는 방을 달리해도 穀則異室
죽어서는 무덤을 같이하리라. 死則同穴
나를 못 믿겠다고 말한다면 謂予不信
밝은 해를 두고 맹세하리라. 有如皎日

偕 함께 해 老 늙을 로 同 같을 동 穴 구멍 혈

三

友

나를 알아주는 친구가
단 한 명이라도 있다면

그러던 어느 날 종자기가 병으로 세상을 떠났다. 크게 실망한 백아는 종자기처럼 자신의 음악을 들어줄 사람이 없으니 거문고를 연주할 필요가 없다고 여겼다. 그러고 나서 거문고의 줄을 끊어 버리고 다시는 연주하지 않았다.

간과 쓸개를 보여주다

▌서로 진심을 터놓고 격의 없이 사귀어 마음이 잘 맞는 친구 사이

[출전] 한유의 〈유자후묘지명柳子厚墓誌銘〉

당나라를 대표하는 두 문인인 한유와 유종원은 절친한 사이였다. 헌종 때 유주자사로 좌천되었던 유종원이 죽자 한유는 그의 묘지명을 썼다. 자신의 불우한 처지는 제쳐 놓고 오히려 늙은 어머니를 두고 변경인 파주자사로 좌천된 친구 유몽득을 몹시 안타깝게 여긴 유종원의 진정 어린 우정을 기리고, 당대의 경박한 사귐을 비판하며 이렇게 썼다.

"사람은 어려울 때 절개와 의리가 드러나는 법이다. 평소에는 서로 그리워하고 기뻐하며, 때로는 술자리를 마련하여 초대하기도 한다. 또 서로 양보하고 손을 맞잡기도 한다. 어디 그뿐인가. 서로 간과 쓸개를 꺼내 보이며 태양을 가리키고 눈물을 흘리고, 죽든 살든 서로 배신하지 말자고 맹세한다. 그러나 조금이라도 이해관계가 엇갈리면 눈을 부릅뜨고 모르는 사람처럼 대한다."

肝간 간 膽쓸개 담 相서로 상 照비칠 조

관포지고 管鮑之交

관중과 포숙 같은 사이

▌영원히 변치 않는 두터운 우정

[출전] 《사기史記》〈관안열전管晏列傳〉

춘추시대 초엽, 제나라의 관중과 포숙은 어릴 적부터 친했다. 포숙은 관중의 현명함을 잘 알고 있었다. 관중은 가난하여 항상 포숙을 속였으나, 포숙은 그를 호의로 대하고 자신을 속인 것에 대해서는 말을 꺼내지 않았다. 그 후 관중이 왕의 반대 세력에 가담하여 목숨이 위태롭게 되었을 때도 포숙은 왕을 설득하여 그를 등용하게 했다. 관중이 말했다.

"예전에 포숙과 장사를 한 일이 있었다. 이윤을 나눌 때 내가 많이 차지해도 포숙은 날더러 욕심이 많다고 하지 않았다. 내가 가난한 걸 잘 알았기 때문이다. 또 사업에 실패하여 더욱 가난해졌을 때도 포숙은 나를 어리석다고 하지 않았다. 경기에 따라 이로울 수도 있고 불리할 수도 있다는 것을 이해했기 때문이다. 또 내가 세 번 벼슬에 나아가 세 번 쫓겨나도 포숙은 나를 부덕하다고 하지 않았다. 내가 때를 만나지 못했다는 것을 이해했기 때문이다. 내가 세 번 전쟁에 나가 세 번 도망해도 포숙은 나를 비겁하다고 하지 않았다. 나에게 늙으신 어머니가 계시다는 것을 이해해 주었기 때문이다. 나를 낳아 준 사람은 부모이지만 나를 이해해 준 사람은 포숙뿐이다."

友 나를 알아주는 친구가 단 한 명이라도 있다면 · **43**

절대 떨어질 수 없는 친밀한 사이

▌ 아교로 붙이고 그 위에 옻칠을 한 것처럼 결코 떨어지지 않는 두터운 사이

[출전] 《백씨문집白氏文集》〈여미지서與微之書〉

당나라 때 시인 백거이는 황제를 측근에서 모시는 좌찬선대부라는 벼슬에서 강주사마라는 한직으로 물러나게 되었다. 재상을 암살한 범인을 빨리 체포하라고 상소문을 올린 것이 화근이었다. 재상을 미워해서 자객을 시켜 살해한 자들의 미움을 받은 것이다. 처음에는 강주자사로 내려와 있다가 다시 사마라는 한직으로 내려앉게 되었으니, 백거이의 답답한 심정이야 이루 말할 수 없었다. 백거이는 친구인 원미지에게 편지를 보냈다. 원미지도 그때 통주사마로 좌천된 상태였다.

우리 변치 말자, 친구야

그래 그래

쟤네 본드로 딱 붙여주자

"4월 10일 밤에 쓴다. 미지여, 미지여, 그대의 얼굴을 보지 못한 지도 어언 3년이 지났네. 또 그대의 편지를 받지 못한 지도 2년이 되었네. 길지 않은 인생인데 이렇게 떨어져 있는 것이 안타깝네. 하물며 아교와 옻칠 같은 마음으로 먼곳에 몸을 두고 있으니 말일세. 아무리 애를 써도 만나지 못하고 잊으려고 해도 잊을 수 없네. 서로 그리워하면서도 떨어져 있어 이제 머리카락이 하얗게 되려고 하네. 미지여, 미지여, 어찌하리. 이것이 하늘이 정한 일이라면 이것을 어찌하리!"

교칠膠漆은 아교와 옻을 말한다. 아교로 풀칠하면 서로 떨어지지 않고, 옻으로 칠을 하면 벗겨지지 않는다. 그렇게 서로 붙어 떨어질 수 없는 친구 사이를 표현한 것이다.

■백거이(772~846)
그의 시는 쉽고 사실적이어서 대중에게 쉽게 읽혔는데, 노골적인 풍자성을 지니고 있어 더 많은 사랑을 받았다. 남긴 책으로 《백씨문집》이 유명하다.

막역지우 莫逆之友

거리낌이 없는
친구

▌ 아무 허물 없이 친한 친구

[출전] 《장자莊子》〈내편內篇 대종사大宗師〉

다음 두 가지 우화에 나온다.

자사, 자여, 자리, 자래가 모여 이야기를 나누고 있었다.

"누가 무無를 머리로 삼고, 생生을 등으로 삼으며, 사死를 엉덩이로 삼을 수 있을까? 누가 삶과 죽음, 유有와 무無가 하나라는 걸 알까? 나는 그대들과 더불어 벗이 되리라."

네 사람은 서로 돌아보고 웃으며 마음에 아무 거리낌이 없어 서로 친구가 되기로 했다.

또 자상호, 맹자반, 자금장이 말했다.

"누가 서로 사귀지 않는 데서 사귀고, 서로 위하지 않는 데서 위할 것인가? 누가 능히 하늘에 올라 안개 속에서 노닐고 무극無極의 경지에서 뛰놀며 삶을 잊고 무한의 경지로 들어갈 것인가?"

세 사람은 서로 보고 웃으며 마음에 거스르는 바가 없어 마침내 친구가 되었다.

친구를 위해서라면
목숨을 내놓다

▌목숨을 아끼지 않을 정도로 매우 절친한 사이

[출전] 《사기史記》〈염파인상여열전廉頗藺相如列傳〉

전국시대, 조나라 혜문왕의 신하 중에 인상여라는 사람이 있었다. 어느 날 인상여가 진秦나라 소양왕과 혜문왕의 술자리에서 혜문왕을 욕보이려는 소양왕을 가로막고 나서며 망신을 준 일이 있었다. 인상여는 그 공으로 종일품의 벼슬에 오르게 되었다. 염파는 이 소식을 듣고 인상여의 지위가 자신보다 위에 있게 된 것에 분개하며 말했다.

"나는 싸움터를 누비며 적의 성을 빼앗고 들판에서 적을 무찔러 왔다. 그런데 인상여는 혀를 놀린 것만으로 나보다 높은 지위를 갖게 되다니……. 또 인상여는 본시 비천한 출신이지 않은가. 나는 부끄러워서 그놈 밑에 있는 것을 도저히 참을 수가 없다. 놈에게 톡톡히 망신을 주고 말겠다."

인상여가 이 말을 전해 듣고 이후부터 염파와는 만나지 않으려고 했다. 조정에 나가야 할 때는 언제나 병을 핑계 삼아 나가지 않았고, 굳이 염파와 서열을 헤아리고자 하지 않았다.

얼마 후 인상여가 외출했을 때였다. 인상여는 먼발치에서 염파를 발견하고 골목으로 숨어 버렸다. 그러자 그의 부하들이 인상여의 행동이 부끄럽다며 그를 더는 섬길 수 없으니 물러가겠다고 말했다. 인상여가 그들을 만류하면서 말했다.

"그대들은 염 장군과 소양왕 중에 어느 쪽이 더 무서운가?"

"그거야 소양왕이지요."

"내가 비록 우둔하다 해도 염 장군 정도를 겁내겠는가? 곰곰이 생각해 보면 강대한 진나라가 감히 우리 조나라를 공격하지 못하는 이유는 오직 나와 염 장군이 있기 때문이네. 지금 우리가 싸운다면 결국은 둘 다 살지 못할 것이네. 내가 염파를 피하는 까닭은 국가의 위급을 먼저 생각하고 사사로운 감정은 뒤로 미루기 위함이네."

나중에 염파가 이 말을 듣고 웃통을 벗고 가시 회초리를 진 채 인상여에게 가서 사죄했다.

"비천한 인간인 제가 선생의 깊은 뜻을 미처 몰랐습니다."

마침내 두 사람은 서로 뜻이 통하여 목숨을 내어 줄 정도로 변치 않는 우정을 맹세했다.

백아절현 伯牙絶絃

거문고의 줄을
끊어 버린 백아

▌자기를 알아주는 절친한 친구의 죽음을 슬퍼하다.

[출전]《열자列子》〈탕문湯問〉

춘추전국시대 때 백아는 거문고를 잘 뜯었고, 종자기는 백아의 연주를 듣는 것을 좋아했다. 백아가 높은 산에 오르는 느낌으로 연주를 하고 있으면 종자기가 말했다.

"훌륭해. 높이 솟은 것이 태산과 같구나!"

또 흐르는 물을 생각하며 연주하면 이렇게 말했다.

"훌륭해. 출렁출렁하는 것이 장강長江이나 황하黃河와 같구나!"

종자기는 백아가 생각하고 있는 것을 반드시 알았던 것이다.

백아와 종자기가 산에 놀러 갔을 때에 갑자기 소나기를 만나 바위 아래 머물게 되었다. 백아는 슬픈 마음에 거문고를 연주하기 시작했다. 처음 에는 장맛비의 곡조를 탔다가 다시 산이 무너지

友 나를 알아주는 친구가 단 한 명이라도 있다면 · 49

伯맏 牙어금니 아 絕끊을 절 絃줄 현

는 가락으로 이어 나갔다. 곡조를 연주할 때마다 종자기는 바로 그의 뜻을 헤아렸다. 백아는 거문고를 내던지고 감탄하면서 말했다.

"자네가 나의 뜻을 이렇게 알아주다니. 마치 내 마음과 같구먼. 나의 음악 소리를 알아주는 이가 세상에 어디 또 있겠는가!"

그러던 어느 날 종자기가 병으로 세상을 떠났다. 크게 실망한 백아는 종자기처럼 자신의 음악을 들어줄 사람이 없으니 거문고를 연주할 필요가 없다고 여겼다. 그리고 나서 거문고의 줄을 끊어 버리고 다시는 연주하지 않았다.

■ '지기知己'와 관련된 고사성어
• 고산유수高山流水 : 높은 산과 그곳에 흐르는 물
• 지기지우知己之友 : 나를 알아주는 친구
• 지음知音 : 나의 소리를 알아주다.

물고기와
물과 같은 관계

▌ 부부 또는 임금과 신하 관계처럼 서로 떨어질 수 없는 친밀한 사이

[출전]《삼국지三國志》〈제갈량전諸葛亮傳〉

군대를 이끌고 신야에 주둔한 유비는 정성을 다한 보람이 있어 제갈량을 휘하에 얻을 수가 있었다. 당시 위나라의 조조는 강북 땅을 평정하고 오나라의 손권은 강동 땅에서 세력을 얻어 위나라와 오나라는 점점 세력이 강성해졌다. 반면, 유비는 아직도 활동 근거지로 삼을 만한 땅이 없었다. 또 관우와 장비와 같은 용맹한 장수가 있었지만 천하의 계교를 세울 만큼 지략이 뛰어난 선비가 없었다. 이러한 때 제갈량과 같은 인물을 얻었으니 유비의 기쁨은 몹시 컸다.

유비는 여러 가지 전략과 방침을 제안하는 제갈량을 절대적으로 신뢰하였고, 두 사람의 사이는 날이 갈수록 친밀해졌다. 그러자 관우나 장비 등이 불만을 품었다. 나중에 합류한 제갈량만 중하게 대우받고 자기들은 가볍게 여겨지는 줄로 생각했기 때문이다. 유비는 관우와 장비 등을 위로하며 말했다.

"내가 제갈공명을 얻은 것은 마치 물고기가 물을 만난 것과 같다. 즉, 나와 제갈공명은 물고기와 물과 같은 사이이다. 더는 아무 말도 하지 마라."

이 말에 관우와 장비 등은 그 후로 불만을 털어놓지 않았다.

나를 알아주는 친구가 단 한 명이라도 있다면 · 51

대나무 말을 타고 놀던 어릴 적 친구

▌ 어렸을 때부터 같이 놀며 자란 친구

[출전] 《세설신어世說新語》〈품조品藻〉

진晉나라 12대 황제인 간문제 때의 일이다. 촉나라를 평정하고 돌아온 환온의 세력이 날로 커지자 간문제는 환온을 견제하기 위해 은호라는 인물을 양주자사에 임명했다. 은호는 환온의 어릴 때 소꿉친구로 학식과 재능이 뛰어난 인재였다.

은호가 벼슬길에 나아간 그날부터 환온과 은호는 서로 적이 되어 시기하고 미워하기 시작했다. 진나라의 명필 왕희지가 둘을 화해시키려고 했으나 은호가 말을 듣지 않았다.

그 무렵 5호16국 중 하나인 후조後趙의 왕 석계룡이 죽고, 호족 사이에 내분이 일어났다. 진나라에서는 이 기회에 중원 땅을 회복하기 위해 은호를 장군으로 삼아 출병하게 했다. 그러나 은호는 출병 도중에 말에서 떨어지는 바람에 제대로 싸우지도 못하고 결국 패하여 돌아오고 말았다. 환온은 기다렸다는 듯이 은호를 비난하는 상소를 올려 그를 변방으로 귀양 보냈다.

환온은 사람들에게 이렇게 말했다.

"은호는 나와 어릴 때 같이 대나무 말을 타고 놀던 친구였지만, 내가 대나무 말을 버리면 은호가 늘 가져가기도 했다. 그러니 그가 내 밑에서 머리를 숙여야 하는 것은 당연한 일이 아닌가."

환온이 끝까지 용서해 주지 않았기 때문에 은호는 결국 변방의 귀양지에서 생애를 마쳐야 했다.

지초와 난초같이 향기로운 사귐

▎ 친구 사이의 맑고 고귀한 사귐

[출전] 《명심보감明心寶鑑》〈교우交友〉

공자가 말했다.

"선한 사람과 함께 있으면 지초와 난초가 있는 방으로 들어간 것과 같아서 오래 있게 되면 향기를 맡지 못하니, 그것은 그 향기에 동화되기 때문이다. 선하지 못한 사람과 함께 있으면 마치 생선 가게에 들어간 것과 같아서 오래 있게 되면 그 악취를 맡지 못하니, 이 또한 그 냄새에 동화되기 때문이다. 붉은 비단을 가지고 있으면 붉어지고 검은 옻을 가지고 있으면 검어지게 되니, 군자는 반드시 함께 있는 자를 신중히 헤아려야 한다."

지초와 난초는 모두 향기로운 꽃이다. 공자는 벗을 사귈 때 지초와 난초처럼 향기롭고 맑은 사귐을 가지라고 말한 것이다.

人

사람들이 저마다
참 각양각색이구나

현종은 양귀비를 비롯하여 여러 후궁들을 이끌고 태액지라는 연못으로 산책을 나갔다. 모두
연꽃의 아름다움에 넋을 잃을 지경이었다. 현종 역시 즐거운 마음으로 연꽃을 한참 동안 바
라보더니 이렇게 말했다. "연꽃의 아름다움도 말을 헤아리는 꽃에는 미치지 못하는구나."

봄이 다하면
버들꽃도 지고 만다

▌ 아름다운 여자는 수명이 짧고 운명이 기구하다.

[출전] 소식의 〈박명가인薄命佳人〉

송나라의 제일가는 시인 소식은 항주, 양주 등에 유배를 가 있을 때 우연히 절간에서 서른이 넘었다는 아리따운 여승을 보게 되었다. 이 시는 소식이 그녀의 아름다웠을 소녀 시절을 생각하며, 그녀의 인생이 순탄치 않음을 읊은 것이다.

뺨은 하얀 우윳빛 같고 머리카락은 옻칠한 듯 까맣네. 雙頰凝酥髮抹漆

주렴 사이로 눈빛이 보이니 구슬과 같이 빛나는구나. 眼光入廉珠的皪

원래 흰 비단으로 선녀의 옷을 지었더니 故將白練作仙衣

입술 연지는 타고난 바탕을 더럽힐까 바르지 않았네. 不許紅膏汙天質

오나라의 말투는 귀엽고 부드러워 아직 앳되고 吳音嬌軟帶兒癡

무한한 근심은 다 알 수 없네. 無限閒愁總未知

예부터 아름다운 여인은 운명이 기박하니 自古佳人多命薄

절에서 지내다가 봄이 다하면 버들꽃도 떨어지네. 閉門春盡楊花落

나라가 기울어질 만한 아름다움

나라를 기울어지게 할 만큼 뛰어난 미인

[출전] 《한서漢書》〈이부인전李夫人傳〉

한 무제 때 이연년은 음악을 관장하는 벼슬인 협률도위로 음악적인 재능이 풍부한 사람이었다. 그에게 누이동생 하나가 있었는데 그야말로 절세미인이었다. 이연년은 동생의 아름다움을 자랑하며 무제 앞에서 시를 읊었다.

북쪽에 어여쁜 사람이 있어 北方有佳人

세상에 떨어져 홀로 서 있네. 絶世而獨立

한 번 돌아보면 성을 기울게 하고 一顧傾人城

두 번 돌아보면 나라를 기울게 하네. 再顧傾人國

어찌 성을 기울이고 나라를 기울게 함을 모르겠느냐만 寧不知傾城傾國

어여쁜 사람은 다시 얻기 어려우리. 佳人難再得

무제는 이미 쉰 살이 넘었고 사랑하는 여인도 없이 쓸쓸한 생활을 보내고 있던 중이었으므로 당장 이연년의 동생을 불러들이게 했다. 무제는 그녀의 아리따운 자태와 날아갈 듯한 춤 솜씨에 그만 반해 버리고 말았다.

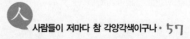

매화 아내에
학 아들

▌ 속세를 떠나 초야에서 유유자적하며 살다.

[출전] 《시화총귀詩話總龜》

송나라 때였다. 임포는 평생을 홀아비로 지내며 세속의 틀에서 벗어나 유유자적하며 사는 시인이었다. 그의 시는 그윽하고 고요하면서도 맑고 고결했다. 그러나 유명해지는 것이 싫어서 많은 시를 버렸고, 후세에 알려질 것이 두려워 시를 읊되 써 두지는 않았다.

임포는 서호西湖라는 호수 근처에서 은둔하고 있었는데, 호수에 나가 배를 타거나 절을 찾아다니는 것을 즐겼다. 또 처자식이 없는 대신 자신이 머물고 있는 초가 주위에 수많은 매화나무를 심고 학을 길렀다. 학이 날아오를 때면 손님이 찾아왔다. 이에 사람들이 임포를 두고 말하기를, '매화 아내에 학 아들을 두었다'고 했다.

제 정신이 아니군

내마누라! 내아들!

·58

명모호치 明眸皓齒

밝은 눈동자에
하얀 이

▌ 빼어난 미인

[출전] 두보의 〈애강두哀江頭〉

당나라 말기에 안녹산의 난으로 현종이 양귀비와 달아나고 태자가
대신 황제의 자리에 올랐다. 두보는 황제가 있는 영무로 가던 중 반란군에게 체포
되어 장안으로 압송되고 말았다. 장안에서 두보는 한때 현종이 양귀비와 자주 노
닐던 곡강을 찾아가 옛날의 평화로운 시절을 그리워하며 시를 지었다. 첫 구절에
나오는 '밝은 눈동자 하얀 이'는 양귀비의 아름다운 자태를 묘사한 것이다.

맑은 눈동자 하얀 이는 지금 어디 있나. 明眸皓齒今何在
피땀으로 얼룩져 떠도는 넋은 돌아가지도 못하네. 血汗遊魂歸不得
맑은 위수는 동쪽으로 흐르고 검각은 깊은데 清渭東流劍閣深
촉나라로 끌려가니 서로 소식조차 없구나. 去往彼此無消息
인생은 정이 있어 눈물이 가슴을 씻어 내리고 人生有情淚霑臆
강물과 강가에 핀 꽃이 어찌 다함이 있으랴. 江水江花豈終極
황혼녘 오랑캐가 말을 타니 먼지가 자욱한데 黃昏胡騎塵滿城
성 남쪽으로 가려 하지만 성 북쪽을 바라보네. 欲往城南望城北

明밝을 명 眸눈동자 모 皓흴 호 齒이 치

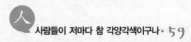

남편이 죽어 홀로 남은 여인

▌남편을 따라 죽지 않은 아내

[출전]《춘추좌씨전春秋左氏傳》〈장공莊公 28년조〉

초나라 재상인 자원은 초나라 문왕이 죽자 문왕의 부인을 유혹하려고 궁궐 옆에 저택을 짓고 음악을 연주하여 만의춤을 추게 했다. 만의춤은 은나라 탕왕 때 처음 시작된 춤이었다. 부인이 그 음악 소리를 듣고 울면서 말했다.

"돌아가신 왕께서는 이 음악을 군사를 훈련시킬 때 사용했습니다. 그런데 지금 원수 정나라를 물리치는 데는 쓰이지 않고 이 미망인의 곁에서 연주되고 있으니 이 상하지 않습니까?"

시종이 자원에게 이 말을 전했다. 자원이 말했다.

"부인은 원수를 잊지 않고 있는데, 나는 그만 잊고 있었구나."

자원은 곧 군사를 일으켜 문왕의 원수인 정나라를 공격했다.

얼굴이
하얀 선비

▌오로지 글만 읽어 세상 물정을 모르는 사람

[출전] 《송서宋書》〈심경지전沈慶之傳〉

남북조시대, 송나라 문제 때 오나라에 심경지라는 사람이 있었다. 그는 어릴 때부터 무예를 닦아 그 기량이 뛰어났다. 이전 왕조인 동진東晉에서 신하로 있던 손은 장군이 반란을 일으켰을 때, 그는 불과 열 살의 어린 나이로 군사를 이끌고 나가 싸워 번번이 승리했다. 또 마흔 살 때 이민족의 반란을 진압한 공로로 장군에 임명되었다. 그 후에도 많은 공을 세워 건무장군에 임명되어 변경 수비군을 이끌 정도였다.

어느 날 문제는 심경지가 있는 자리에 문신들을 불러 놓고 평소 대립하던 북위를 치기 위해 출병을 논의했다. 그러자 심경지가 과거의 예를 들며 그것을 반대했다.

"밭갈이는 농부에게 맡기고 바느질은 아낙에게 맡겨야 하옵니다. 하온데 어찌 출병에 관한 일을 백면서생들과 논의하려 하시옵니까?"

그러나 문제는 심경지의 의견을 듣지 않고 문신들의 의견을 받아들여 출병했다가 크게 패하고 말았다.

사람들이 저마다 참 각양각색이구나 · 61

부마 駙馬

황제의 예비수레를 맡은 사람

▌ 임금의 사위 또는 공주의 남편

[출전] 《수신기搜神記》

옛날 농서 땅에 신도탁이란 젊은이가 있었다. 그는 뛰어난 스승을 찾아 옹주로 가던 도중 날이 저물어 큰 기와집에서 묵고 가려고 대문을 두드렸다. 그러자 하인이 나와 문을 열어 주었다.

"옹주로 가는 길손인데 날이 저물어 그러니 하룻밤 묵어 갈 수 없겠소?"

하인이 안에 들어갔다 나오더니 그를 방으로 안내했다. 방 안에는 밥상까지 차려져 있었다. 식사를 마치자 안주인이 들어와 말했다.

"저는 진秦나라 민왕의 딸이온데 조나라로 시집을 갔다가 남편과 사별하고 23년째 혼자 살고 있습니다. 오늘 이처럼 찾아 주셨으니 저와 부부의 인연을 맺어 주십시오."

신도탁은 당황해 하며 사양했지만 결국 여인의 간청에 못 이겨 사흘 밤낮을 함께 지내게 되었다.

나흘째 되는 아침이었다. 여인이 슬픔에 잠긴 얼굴로 다가와 사흘 밤이 지나면 화를 당하게 되니 헤어질 수밖에 없다며 정표로 금베개를 건네주었다. 신도탁이 금베개를 받아 들고 대문을 나선 후 돌아보니 큰 기와집은 간데없고 잡초만 무성한 허허벌판에 무덤이 하나 있을 뿐이었다. 하지만 품속에 간직한 금베개는 그대로였다.

신도탁은 금베개를 팔아 음식을 사 먹었는데, 이후 왕비가 저잣거리에서 금베개를 발견하고 관원을 시켜 조사해 본 결과 신도탁의 소행임을 알고 그를 잡아오라고 명했다. 왕비는 그에게 자초지종을 들은 다음 공주의 무덤을 파 보게 했다. 그런데 다른 부장품은 다 그대로 있었으나 금베개만 없었다. 모든 사실이 신도탁의 이야기와 맞아떨어졌다.

"죽은 지 23년이 지난 딸과 부부의 인연을 맺었으니 그대는 내 사위가 아닌가. 나는 그대를 부마도위駙馬都尉에 임명하겠다."

왕비는 신도탁에게 부마도위의 벼슬을 내리고 후하게 대접했다.

부마는 원래 황제가 타는 부거副車(예비수레)를 끄는 말이며, 그 말을 맡은 관리가 부마도위였다. 나중에 부마도위는 황제의 사위만 받는 벼슬이 되었고, 보통 줄여서 '부마'라고 했다.

안여순화 顔如舜華

무궁화꽃 같은 얼굴

▌ 얼굴이 매우 예쁜 여인

[출전] 《시경詩經》〈정풍鄭風〉

정나라 장공의 세자 홀이 제나라에 공을 세워 제나라 제후가 자신의 딸과 결혼시키려 했다. 그러나 홀은 여인이 어진 사람이었어도 끝까지 장가를 들지 않아 결국 제나라에서 쫓겨났다. 제나라 백성들이 이 일을 풍자하여 다음 시를 지은 것으로 전해진다. 순화舜華는 무궁화꽃을 뜻한다.

> 함께 수레를 탄 여자 有女同車
> 얼굴이 무궁화꽃 같네. 顔如舜花
> 왔다 갔다 노닐면 將翺將翔
> 아름다운 패옥이 달랑달랑 佩玉瓊琚
> 저 어여쁜 맏딸이여 彼美孟姜
> 정말 아름답고 예쁘구나. 洵美且都

들보 위에 숨은 군자

■ 집 안에 들어온 도둑

[출전] 《후한서後漢書》 〈진식전陳寔傳〉

후한 말, 진식이란 사람이 태구현 현령으로 있을 때의 일이다. 진식은 늘 겸손한 자세로 백성의 어려움을 헤아리고 매사를 공정하게 처리하여 사람들에게 존경을 받았다. 그런데 어느 해 흉년이 들어 백성들의 생계가 몹시 어려워져 있었다.

어느 날 밤이었다. 진식이 대청에서 책을 읽고 있는데 누군가 몰래 들어와 대들보 위에 숨었다. 도둑이 틀림없었다. 진식은 모르는 척하고 계속 책을 읽다가 아들과 손자들을 대청으로 불러 모으고 이렇게 말했다.

"사람은 스스로 노력하지 않으면 안 된다. 나쁜 사람이라 해도 원래 본성이 악해서 그런 것은 아니다. 잘못된 버릇이 점점 성품이 되어 악행을 저지르게 되는 것이니라. 이를테면 지금 대들보 위에 있는 군자가 그러한 사람이다."

■ '군자君子'가 들어간 한자성어

- 무식군자無識君子 : 배운 것은 없어도 말과 품행이 올바른 사람
- 사군자四君子 : 매화, 난초, 국화, 대나무
- 설중군자雪中君子 : 눈 속의 군자, 즉 매화
- 성인군자聖人君子 : 지식과 인격이 모두 뛰어나 세상에 모범이 되는 사람
- 화중군자花中君子 : 꽃 가운데 군자, 즉 연꽃

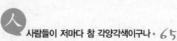

梁들보 양 上위 상 君임금 군 子아들 자

　그때 쿵 하는 소리가 났다. 진식의 말에 감동을 받은 도둑이 대들보에서 뛰어내린 것이다. 도둑은 마룻바닥에 엎드려 진심으로 사죄했다. 진식이 그를 한참 바라보다가 입을 열었다.

　"네 얼굴을 보아 하니 나쁜 놈은 아닌 것 같구나. 오죽 생활이 어려웠으면 이런 짓을 했겠느냐."

　진식은 그에게 비단 두 필을 주어 돌려보냈다.

요조숙녀 窈窕淑女

요조숙녀야말로 군자의 짝이다

■ 정숙하고 얌전한 여인

[출전] 《시경詩經》 〈국풍國風〉

〈관저關雎〉라는 시의 일부이다.

구욱구욱 물수리 황하 섬에서 우는데　關關雎鳩 在河之洲

아리따운 아가씨 군자의 좋은 짝이로다.　窈窕淑女 君子好逑

올망졸망 마름풀을 이리저리 헤쳐 뜯노라니　參差荇菜 左右流之

아리따운 아가씨 자나 깨나 그립네.　窈窕淑女 寤寐求之

'요조숙녀'는 깊고 조용한 심성으로 남자의 마음을 헤아리는 여자를 말하지만, 오늘날에는 주관 없이 수동적으로 행동하고 남자에게 의존하는 여인상을 말하는 경향이 있다.

■ '미인'과 관련된 한자성어

• 녹의홍상綠衣紅裳 : 녹색 저고리에 다홍 치마
• 단순호치丹脣皓齒 : 붉은 입술과 하얀 이
• 섬섬옥수纖纖玉手 : 가냘프고 고운 여인의 손
• 화용월태花容月態 : 꽃 같은 얼굴과 달 같은 자태

窈 깊을 요 飛 정숙할 요 窕 정숙할 조 淑 조용할 숙 女 여자 녀

 # 웃지마, 나도 한자야!

이상하게 생긴 한자 이야기

蠱 뱃속벌레 고

蟲(벌레 충)과 皿(그릇 명)이 합쳐져 그릇 안에 있는 벌레 모양
을 본뜬 것이다. 뜻과 뜻이 결합했다.

魚魚魚 날고기 선

魚(물고기 어) 세 개가 결합한 글자다. 물고기가 세 마리나 들
어가서 그런지 글자에서 비린내가 나는 듯하다.

匡 바로잡을 광

匚(덮을 혜)의 뜻과 王(왕 왕)의 전음轉音이 합쳐졌다. 전음이
란 조금 변하여 다른 소리로 바뀐 음을 말한다.

鹵 소금 로

소금의 결정체 모양을 본떠 만들었다. 그대로 부수가 된다.

龜 거북 귀

거북이 모양을 본뜬 글자다. 거북이 등껍질이 보
이지 않는가? 이 글자 또한 그대로 부수가 된다.

卍 만자 만

불교와 절의 상징으로 부처의 가슴에 있었다던 징표를 본뜬
것이다.

우뚝할 **올**

사람의 다리를 나타내는 儿(사람 인)과 머리를 나타내는 ─
(하나 일)이 결합했다.

 보루 **루**

土(흙 토)의 뜻과 畾(밭 사이의 땅 뢰)의 전음이 합쳐졌다.

 오목할 **요**

가운데가 오목하게 파인 모양을 본뜬 것이다. 이보다 솔직
하게 생긴 글자가 또 있을까?

 볼록할 **철**

가운데가 볼록하게 튀어나온 모양을 본뜬 것이다. 솔직함이
'오목할 요'와 쌍벽을 이룬다.

 말들어갈 **틈**

門(문 문)과 馬(말 마)의 뜻이 합쳐져 말이 문으로 뛰쳐 나가는
모양을 본뜬 것이다.

 울릴 **굉**

車(수레 거)가 세 개 들어 있다. 수레가 여러 대 함께 있으니
그 소리가 얼마나 클까?

월하빙인 月下氷人

달빛 아래와
얼음 위의 사람

▋ 월하노인月下老人와 빙상인氷上人이 합쳐진 말, 결혼 중매인

[출전] 《태평광기太平廣記》 〈정혼점定婚店〉 · 《진서晉書》 〈예술전藝術傳〉

《태평광기》의 〈정혼점〉에는 '월하노인'에 관한 이야기가 나온다.

당나라 때 위고라는 청년이 여행을 하던 중이었다. 송성에 이르렀을 때 달 아래서 열심히 책을 뒤적이고 있는 이상한 노인이 있어 위고는 그에게 무엇을 하고 있느냐고 물었다. 노인은 세상 사람들의 결혼에 대한 일을 맡고 있다고 말했다. 그러자 위고는 자신의 배필에 대해서 물어보았다. 그의 배필은 송성에서 야채 파는 할머니가 안고 있는 젖먹이라고 했다. 이에 위고는 사람을 시켜 그 아이를 죽이게 하고 길을 떠났다.

얼마 후 위고는 눈썹 사이에 꽃 모양의 종이를 붙인 아름다운 신부를 맞았다. 그녀는 상주 태수의 딸이었다. 그는 아내에게 우연히 만난 월하노인 이야기를 들려주었더니 아내는 눈물을 흘렸다. 그러면서 자기는 태수의 친딸이 아니라 양녀이며, 어렸을 때는 채소를 팔던 할머니의 손에 자랐는데 어떤 청년의 칼에 찔려 눈썹 사이에 상처를 입었다고 이야기했다. 위고는 그 노인의 예언이 맞아떨어진 것을 알고 깜짝 놀라 옛일을 뉘우쳤다.

한편 《진서》의 〈예술전〉에는 '빙상인'에 관한 이야기가 나온다.

어느 날 진晉나라의 영고책이라는 사람이 색담이라는 점쟁이를 찾아가 꿈을 풀이해 달라고 했다.

"꿈속에서 나는 얼음 위에서 얼음 밑에 있는 사람과 이야기를 했소."

그러자 색담은 이렇게 해몽했다.

"얼음 위는 양陽이요 얼음 밑은 음陰이니, 양과 음이 이야기했다는 것은 얼음 위에 선 사람인 그대가 결혼 중매를 서게 될 징조요. 때는 얼음이 녹는 봄이오."

그 후 얼마 안 되어 영고책은 태수의 부탁을 받고 그 아들의 중매를 서서 결혼을 성사시켰다.

버들잎과 같은 맵시

▌매우 허약한 체질

[출전]《세설신어世說新語》〈언어言語〉

동진東晉의 고열은 간문제와 나이가 같았으나 머리가 하얗게 세었다. 그는 성품이 강직하고 믿음을 중시했다. 간문제가 물었다.

"그대의 머리는 왜 그렇게 하얗게 세었소?"

"강버들은 가을이면 먼저 잎이 떨어지오나 소나무와 잣나무는 서리를 맞으면 더욱 잎이 무성한 법입니다."

이 말은 '추운 겨울이 된 뒤에야 소나무와 잣나무가 다른 나무보다 나중에 시든다는 것을 알게 된다' 는《논어論語》의 〈자한子罕〉편에 나오는 글을 인용하여 답한 것이다. 황제의 건강한 모습을 소나무와 잣나무에 비유하고 연약한 자신을 강버들에 비유하여, 자신이 황제보다 먼저 늙는다는 뜻으로 말한 것이다. 이처럼 그는 임금과 신하의 예절까지 두루 갖추고 있었다. 고열은 몸이 허약하고 머리는 일찍 희어졌지만, 그 마음이 대쪽 같았다고 한다.

蒲버들 포 柳버들 류 之어조사 지 姿맵시 자

해어화 解語花

말을 이해하는 꽃

▌아름다운 여인

[출전] 《개원천보유사開元天寶遺事》

당나라 때 현종과 양귀비가 한창 사랑에 빠진 어느 초여름날의 일이다. 현종은 양귀비를 비롯하여 여러 후궁들을 이끌고 태액지太液池라는 연못으로 산책을 나갔다. 태액지에는 연꽃이 막 피어 풍경이 아름다웠고 연못 가득 향기가 풍기고 있었다.

이곳에 모인 사람들은 연꽃의 아름다움에 넋을 잃을 지경이었다. 현종 역시 즐거운 마음으로 연꽃을 한참 동안 바라보더니 이렇게 말했다.

"연꽃의 아름다움도 말을 알아듣는 꽃에는 미치지 못하는구나."

이것은 양귀비의 아름다움이 연꽃에 비할 수 없을 만큼 빼어남을 말한 것이며, 현종의 양귀비에 대한 사랑을 나타내는 말이기도 하다.

이건 아니야

解풀 해 語말씀 어 花꽃 화

學

책 끈이 끊어지도록
열심히 책을 본다

노숙이 너무나 박식해진 그의 모습에 그만 놀라고 말았다. "아니, 여보게. 언제 그렇게 공부했나? 자네는 예전의 여몽이 아닐세그려." 그러자 여몽은 이렇게 대꾸했다. "무릇 선비란 헤어진 지 사흘이 지나 다시 만났을 땐 눈을 비비고 볼 정도로 달라져 있어야 하는 법이지요."

곡학아세 曲學阿世

잘못 배워
세상에 아부하다

▌ 배운 것을 올바로 펴지 않고 세상 사람들에게 아부하여 출세하려 하다.

[출전] 《사기史記》 〈유림전儒林傳〉

전한 경제 때 원고생이란 강직한 학자가 있었다. 그는 자기가 옳다고 생각한 것은 누구에게도 굽히지 않았다. 어느 날 경제의 어머니 두태후가 원고생을 불러 평소 좋아하던 노자에 관해 의견을 묻자 그가 대답했다.

"그는 종놈처럼 보잘것없습니다. 또한 그의 말은 쓸모없습니다."

이 말에 화가 난 두태후는 원고생을 짐승 우리에 가두고 돼지와 겨루게 했다. 경제는 원고생이 죄가 없다는 것을 알았기에 원고생에게 칼을 빌려 주어 돼지를 찌르게 했다. 그러자 두태후는 아무 말 없이 그 일을 없던 것으로 해 버렸다.

그 후 효무제가 즉위했을 때 당시 조정을 떠나 있던 원고생은 조정에 복귀하게 되었다. 원고생의 나이는 이미 아흔이었다. 그래서 아첨을 일삼는 여러 유학자들은 그가 나이가 많다며 미워하고 헐뜯었다. 특히 공손홍이란 젊은 학자는 원고생을 대놓고 무시했다. 그런 그에게 원고생이 조용히 충고했다.

"그대는 바로 배워 바로 말하기에 힘쓰라. 학문을 이용해서 세상에 아첨해서는 안 된다."

이에 공손홍은 원고생의 사람됨을 알아보고 그의 제자가 되기로 했다.

괄목상대 刮目相對

눈을 비비고
다시 보다

▌ 학식이나 재주가 전에 비하여 딴사람으로 보일 만큼 부쩍 늘다.

[출전] 《삼국지三國志》 〈오지吳志〉

오나라 왕 손권의 장수 중에 여몽이란 자가 있었다. 그는 학식이 부족한 사람이었으나 전쟁에서 공을 쌓아 장군이 되었다. 여몽은 공부하라는 손권의 충고를 받고 전쟁터에서조차 책을 보며 학문에 정진했다.

전쟁터를 시찰하던 재상 노숙이 너무나 박식해진 그의 모습에 그만 놀라고 말았다.

"아니, 여보게. 언제 그렇게 공부했나? 자네는 예전의 여몽이 아닐세그려."

그러자 여몽은 이렇게 대꾸했다.

"무릇 선비란 헤어진 지 사흘이 지나 다시 만났을 땐 눈을 비비고 볼 정도로 달라져 있어야 하는 법이지요."

후에 여몽은 노숙의 뒤를 이어 재상의 자리까지 올랐고, 촉의 명장 관우까지 사로잡는 큰 공을 세웠다.

> 하루가 다르게 내 학식이 늘어가고 있소

 책 끈이 끊어지도록 열심히 책을 본다 · 77

교학상장 教學相長

더불어
성장하다

▎ 가르치고 배우면서 서로 성장하다.

[출전] 《예기禮記》 〈학기學記〉

"좋은 안주가 있어도 먹어 보지 않으면 맛을 알 수가 없다. 또한 지극히 심오한 진리가 있다고 해도 배우지 않으면 그것이 왜 좋은지 알지 못한다. 그러므로 배운 다음에 자신의 부족함을 알 수 있으며, 가르친 다음에 비로소 어려움을 알게 된다. 자신의 부족함을 안 다음에야 능히 스스로 반성하고, 어려움을 안 다음에야 능히 스스로 강해질 수 있다. 그러므로 가르치고 배우면서 더불어 성장한다고 하는 것이다."

가르치기만 하고 배우기만 하는 상하 관계를 벗어나 스승은 제자를 가르침으로써 스스로 성장하고, 제자 또한 스승에게 배움으로써 학식을 갖춘 인재로 성장하는 것이다.

教 가르칠 교 學 배울 학 相 서로 상 長 길 장

낙양지가 洛陽紙價

낙양의 종이값이 오르다

▌ 책이 호평을 받아 많은 사람들에게 읽히다.

[출전] 《진서晉書》〈문원전文苑傳〉

진晉나라에 좌사라는 문인이 있었다. 시인인 그는 당대에 이름을 날렸지만, 젊은 시절에는 다른 사람들보다 약간 모자란 사람이었다. 그러나 언제부턴가 열심히 독서에 몰두하기 시작하더니 제법 훌륭한 글을 써내기 시작했다. 일단 붓을 잡으면 웅장한 시가 절로 나오는 것이었다. 그는 근무지에서 1년 만에 《제도부齊都賦》를 탈고했고, 도읍 낙양으로 이사한 뒤 촉한, 오나라, 위나라 세 나라 도읍의 변화를 읊은 《삼도부三都賦》를 10년 만에 완성했다. 그러나 알아주는 사람은 없었다.

그러던 어느 날이었다. 장화라는 유명한 시인이 《삼도부》를 읽어 보고 크게 칭찬했다.

"이것은 반班·장張의 유流이다."

후한 때 《양도부兩都賦》를 지은 반고班固와 《이경부二京賦》를 쓴 장형張衡 같은 대시인에게 좌사를 비유한 말이었다. 《삼도부》는 세상에 널리 알려지게 되었고, 선비들과 권문세가의 자제들은 너나없이 그 글을 베끼기 시작했다. 그러자 낙양의 종이값도 마구 오르게 되었다.

다기망양 多岐亡羊

갈림길에서 양을 잃어버리다

▌ 학문의 길이 다방면으로 나뉘어 있어 진리를 찾기 어렵다.

[출전] 《열자列子》〈설부說符〉

전국시대 때 양자라는 사상가가 있었다. 어느 날 그의 이웃집에서 양을 잃어버렸다. 그 집 사람들이 찾아 나섰으나 역부족이어서 양자네 하인까지 빌려 갔다. 양자가 말했다.

"어허, 양 한 마리를 잃었는데 어찌 찾아 나서는 사람이 그렇게 많소?"

"갈림길이 많기 때문입니다."

그들이 되돌아온 뒤에 양을 찾았느냐고 물으니 누군가가 대답했다.

"그 놈은 아주 잃어버렸습니다."

"어째서 잃어버렸다는 거요?"

"갈림길 속에 또 갈림길이 있더군요. 길을 헤맬 것 같아 그냥 왔습니다."

양자는 근심스러운 얼굴로 한동안 말도 하지 않고 웃지도 않았다. 그러자 그의 제자들이 그것을 이상하게 여겨 물었다.

"양은 천한 가축이고 선생님의 소유도 아닌데, 왜 그러십니까?"

양자가 대답을 하지 않아 제자들은 그 까닭을 알지 못했다.

어느 날 제자 맹손양이 그 얘기를 심도자에게 전했다. 심도자는 다음날 맹손양

· 80

과 함께 양자에게 가서 물었다.

"옛날에 삼형제가 있었는데 제나라와 노나라 지방을 노닐면서 같은 스승을 모시고 공부하고 돌아왔다 합니다. 아버지가 어짊과 의로움의 도란 어떤 것이냐고 물어보니, 첫째는 자신을 사랑한 다음에야 이름을 얻는 것이라고 대답했고, 둘째는 자신을 죽여서라도 이름을 얻는 것이라고 했으며, 막내는 자신과 이름을 온전히 지니는 것이라 했습니다. 선생님, 어느 것이 옳고 어느 것이 그른 것입니까?"

양자가 말했다.

"어떤 사람이 황하 가에 살면서 물에 익숙해지자, 배를 젓는 것을 직업으로 하여 많은 식구를 먹여 살릴 만한 이익을 얻었다. 그래서 그에게 배우러 오는 자들이 많았는데, 물에 빠져 죽는 사람들이 거의 반이나 되었다. 원래 헤엄치는 것을 배우려던 것이었지 물에 빠져 죽는 것을 배우려던 것은 아니었지만, 돈을 버는 사람도 있고 목숨을 잃은 사람도 있다. 그대는 어느 것이 옳고 어느 것이 그르다고 생각하는가?"

심도자는 묵묵히 나와 버렸다. 맹손양이 불만스러운 듯 말했다.

"어찌 그렇게 그대의 질문이나 선생님의 답변이나 어려운 것이오? 나는 도통 알다가도 모르겠소."

심도자가 말했다.

"큰 길에는 갈림길이 많아서 양을 잃게 되고, 공부하는 사람들은 방법이 많아서 목표를 잃게 되는 것이오. 학문이 원래 근본은 모두 같은 것인데도 나중에 차이가 나는 것은 이와 같은 것이오. 오직 같은 곳으로 돌아가고 동일한 곳으로 되돌아가야만 얻고 잃는 게 없게 되는 것이오. 당신은 선생님의 문하에서 선생님의 도를 잘 익혔으면서도 가르침에 통달하지 못하고 있으니 슬픈 일이오."

날실을 끊어 가르친
맹자의 어머니

▌학문을 중도에 그만두면 아무 쓸모가 없다.

[출전] 《열녀전烈女傳》

집을 떠나 타향에서 공부하던 어린 맹자가 어느 날 어머니가 매우 보고 싶어서 기별도 없이 집으로 돌아왔다. 어머니는 베틀 앞에 앉아 실을 짜고 있었다.

"그래, 공부는 다 마쳤느냐?"

"아직 마치지 못했습니다, 어머니."

그러자 어머니는 베틀의 날실을 끊어 버리고 꾸짖었다.

"네가 공부를 중도에 그만두고 돌아온 것은 지금 내가 짜고 있던 이 베틀의 날실을 끊어 버린 것과 같다."

어머니의 꾸지람에 크게 깨달은 맹자는 다시 스승에게 돌아가 전보다 더욱 열심히 공부하여 훗날 공자에 버금가는 성인이 되었다.

미안하다, 더 이상 공부를 못하겠어

아빠, 이러시면 아니되옵니다

칼을 뽑았으면 무라도 베어야지

맹모삼천 孟母三遷

자식을 가르치기 위해
세 번 이사하다

▎자식을 위해 이웃을 가려 사귀고 좋은 환경을 찾아가다.

[출전] 《열녀전烈女傳》

맹자는 어렸을 때 아버지를 여의고 홀어머니 손에 자랐다. 처음 맹자의 어머니는 맹자를 데리고 묘지 근처에서 살고 있었다. 그런데 어린 맹자가 묘지 파는 흉내만 내며 노는 것이 아닌가. 맹자의 어머니는 아이의 교육에 좋지 않다고 생각하여 시장 근처로 이사했다. 그런데 맹자가 이번에는 물건을 팔고 사는 장사꾼 흉내만 내는 것이었다. 그곳 역시 안 되겠다고 생각한 맹자의 어머니는 이번에는 서당 근처로 이사했다. 그러자 맹자는 책을 읽고 글을 배우며 어른을 공경하게 되었다. 맹자의 어머니는 이런 곳이야말로 자식을 기르는 데 더할 나위 없는 곳이라 여겨 기뻐했다.

맹자야, 이곳이 우리가 살 곳이다

책 끈이 끊어지도록 열심히 책을 본다 • 83

맹인모상 盲人摸象

맹인들이 코끼리의
형상을 말하다

▌ 전체를 보지 못하고 자기가 알고 있는 부분만 고집하다.

[출전] 《열반경涅槃經》

　　옛날 인도의 어떤 왕이 진리에 관해 말하다가 좌우에 있는 신하들에게 코끼리 한 마리를 끌고 오도록 했다. 그리고 맹인 몇 사람을 데려오게 했다.

　"맹인들에게 코끼리를 만져 보게 하시오."

　왕의 명을 받은 맹인들이 안으로 들어와 코끼리의 이곳저곳을 만지기 시작했다. 왕은 맹인들을 불러 각자 만져 본 코끼리가 무엇과 비슷한지에 대해 말하게 했다. 먼저 이빨을 만져 본 한 맹인이 말했다.

　"코끼리의 형상은 굵고 큰 무와 같습니다."

　그러자 귀를 만져 본 다른 맹인이 말했다.

　"아닙니다. 코끼리의 형상은 벼의 쭉정이를 골라내는 키와 같았습니다."

　다리를 만져 본 맹인이 나섰다.

　"아닙니다. 절구질하는 절구통과 같습니다."

　코끼리의 등을 만져 본 다른 맹인이 나섰다.

　"제가 보기에는 평탄한 침대 같습니다."

　코끼리의 뱃가죽을 만져 본 맹인이 말했다.

"코끼리의 형상은 배가 툭 튀어나온 옹기와 같습니다."

그러자 마지막으로 코끼리의 꼬리를 만져 본 맹인이 큰 소리로 외쳤다.

"천만의 말씀입니다. 모두 틀렸습니다. 코끼리의 형상은 굵은 밧줄과 똑같습니다."

이들은 서로 자기의 주장이 옳다고 우기며 시끄럽게 다투었다. 왕은 그들을 물러가게 한 다음 신하들에게 이렇게 말했다.

"보아라. 코끼리는 하나이거늘, 저 맹인들은 제각기 자기가 알고 있는 것만을 코끼리로 알면서도 부끄러워하지 않는구나. 진리도 이와 마찬가지이니라."

문일지십 聞一知十

하나를 들으면
열을 안다

■ 한 부분을 알면 다른 부분도 미루어 알 정도로 총명하다.

[출전] 《논어論語》 〈공야장公冶長〉

어느 날 공자가 제자 자공에게 물었다.

"너와 안회 중에 누가 더 나으냐?"

"제가 어찌 감히 회보다 낫기를 바라겠습니까? 회는 하나를 들으면 열을 알고,

저는 하나를 들으면 겨우 둘을 알 뿐입니다."

"그래, 네 말이 맞다."

공자의 제자 3천 명 중에 가장 뛰어난 인물은 안

회였다. 자공 또한 공자에게 칭찬받는 제자였으나

자만심이 강한 것이 흠이었다. 공자는 자공의 자만

하는 마음을 떠보기 위해 이 같은 질문을 던진 것이

었다.

나는 왜 열을
배우면 하나만
기억나는 거지?

聞 들을 문 ━ 하나 일 知 알 지 十 열 십

아랫사람에게 물어도 부끄럽지 않다

모르는 것이 있으면 자신보다 못한 사람에게도 기꺼이 물어본다.

[출전] 《논어論語》 〈공야장公冶長〉

춘추시대, 위나라 대부였던 공어는 매우 겸손하고 배우기를 좋아하는 사람이어서 사람들로부터 칭송을 받았다. 공어가 죽자, 위나라 왕은 사람들이 그의 호학好學 정신을 배우고 계승하도록 하기 위하여 공어에게 '문文'이라는 봉호封號(왕이 내리는 호)를 하사했다.

하지만 공자의 제자였던 자공은 다른 생각을 하고 있었다. 공어는 사람들이 말하는 것만큼 그렇게 훌륭하지 않으며, 또한 그렇게 높은 평가를 받아서는 안 된다는 것이다. 자공은 공자에게 물었다.

"공어의 시호는 무엇 때문에 문文입니까?"

공자가 대답했다.

"그는 영리하고 배우기를 좋아하여 아랫사람에게 묻는 것도 부끄러워하지 않았다. 그래서 그를 문文이라 했다."

뭐든 물어보시면 성심껏 대답해 드리겠습니다

머리에 피도 안 마른 것이…

글자를 아는 것이 걱정이다

▍ 너무 많이 아는 사람은 걱정도 많다.

[출전] 《삼국지三國志》

삼국시대 때 유비가 제갈량을 얻기 전에는 서서가 군사전략가로 활약하면서 많은 작전을 짜냈다. 서서의 계략에 여러 번 곤란한 상황에 빠졌던 조조는 자신의 부하 정욱에게 서서가 효자라는 사실을 듣고 서서의 어머니를 이용하여 서서를 자기 쪽으로 불러들이려는 계획을 꾸몄다.

그러나 서서의 어머니인 위부인은 학식이 높고 의를 아는 여인이어서 아들을 불러들이기는커녕 도리어 자기 걱정은 하지 말고 끝까지 한 명의 군주를 섬기라고 격려했다. 조조는 하는 수 없이 정욱의 계책에 따라 서서에게 보내는 위부인의 답장을 가로채서 글씨를 모방한 후, 조조의 호의로 잘 있으니 위나라로 돌아오라는 내용의 가짜 편지를 서서에게 보냈다.

편지를 받고 온 아들을 보고 위부인은 영문을 몰라 어리둥절해 했다. 아들의 말을 듣고 나서야 비로소 그것이 자신의 글씨를 모방한 거짓 편지 때문인 것을 알게 되었다.

"여자가 글자를 안다는 것이 걱정거리를 만든 근본 원인이었구나."

위부인은 자식의 앞길을 망치게 된 것을 한탄하며 스스로 목숨을 끊어 버렸다.

실사구시 實事求是

참된 일에서 옳은 것을 찾는다

▌실제 사실을 통해 진리를 구하다.

[출전]《후한서後漢書》〈하간헌왕덕전河間獻王德傳〉

《후한서》의 〈하간헌왕덕전〉에 나오는 '학문을 닦아 옛것을 좋아하며 일을 참되게 해서 옳은 것을 찾는다'에서 비롯된 말이다. 실사구시 운동은 헛된 이론만을 일삼는 송명이학宋明理學을 배격하고 객관적 사실을 통하여 정확한 판단과 해답을 얻고자 했다. 대표적인 인물로 황종희, 고염무, 대진 등을 들 수 있는데, 그중 대진은 이렇게 말했다.

"마땅히 학자는 남의 것으로 자신을 가리지 말고, 내 것으로 남을 가리지 말아야 한다."

'실사구시'는 청나라 초기의 고증학파로부터 시작되었는데, 그들은 정확한 고증을 중요시해서 과학적이고 객관적인 태도로 학문을 연구했다. 여기서 이론보다 실생활을 유익하게 하자는 실학實學이 나오게 된 것이다.

꽃을 집어 드니
미소를 띤다

▌말로 하지 않고 마음에서 마음으로 깨달음을 얻는다.

 [출전] 《대범천왕문불결의경大梵天王問佛決疑經》

　어느 날 석가가 제자들을 영산靈山에 불러 모았다. 그리고 그들 앞에서 손으로 연꽃 한 송이를 말없이 들어 보였다. 제자들은 석가가 왜 그러는지 그 뜻을 알 수 없었다. 가섭만이 그 뜻을 깨닫고 빙긋이 웃었다.

　석가가 가섭에게 말했다.

　"나에게는 정법안장正法眼藏(인간이 원래 갖추고 있는 뛰어난 덕), 열반묘심涅槃妙心 (번뇌를 벗어나 진리에 도달한 마음), 실상무상實相無相(불변의 진리), 미묘법문微妙法門(진리를 아는 마음)이 있다. 이것을 너에게 전해 주마."

　서로 말하지 않고도 마음과 마음이 통해 깨달음을 얻게 된다는 뜻이다. 불교에서는 승려에게 수행의 방향을 제시하는 중요한 화두이다.

■유사성어
• 교외별전敎外別傳 : 부처의 가르침을 마음으로 전하다.
• 불립문자不立文字 : 불교의 도는 글이나 말이 아닌 마음에서 마음으로 깨닫는다.
• 이심전심以心傳心 : 마음으로 마음을 전하다.

拈집을 염 華꽃 화 微작을 미 笑웃음 소

가죽끈이 여러 번 끊어지다

■ 책을 맨 가죽끈이 세 번이나 닳아 끊어질 정도로 책을 많이 읽다.

[출전] 《사기史記》 〈공자세가孔子世家〉

공자는 노년기에 《역경易經》을 읽는 것을 좋아하여 '책을 엮은 가죽 끈이 여러 번 끊어지도록 읽었다'고 한다.

고대 중국의 책은 대나무를 직사각형으로 잘라 거기에 글씨를 쓴 여러 장의 죽 간竹簡을 가죽끈으로 엮어 이은 것이었다. 《역경》은 읽기가 매우 어려운 책이어서 공자는 그 뜻을 알기 위해 여러 번 읽어야 했다. 위편韋編은 가죽끈을 가리키고 삼 절三絶은 여러 번 끊어진다는 뜻이니, 공자가 얼 마나 독서에 열중했는지를 알 수 있 는 대목이다.

또한 그는 이렇게 말했다.

"나에게 시간이 더 있다면, 역易의 도리를 모두 통달할 수 있을 것이다."

책 끈이 끊어지도록 열심히 책을 본다 · **91**

하나로써 꿰뚫다

> 하나의 이치로 모든 것을 꿰뚫다.

[출전] 《논어論語》〈이인里仁〉

공자가 증자에게 물었다.

"삼參(증자의 이름)아, 나의 도는 하나로써 꿰뚫었느니라."

증자가 대답했다.

"맞습니다."

공자가 나가자 다른 제자들이 물었다.

"방금 말씀이 무슨 뜻인가?"

그러자 증자가 대답했다.

"선생님의 도는 충忠과 서恕일 뿐이다."

공자가 말한 '하나'가 바로 '충서'이다. 이는 마음의 성의를 다하는 충실함과 남을 자신처럼 생각하는 동정심이며, 모두 유교의 중심 사상인 인仁으로 통한다. 다시 말해 '충'과 '서'가 인을 이루는 길이며, '일이관지'는 이러한 공자의 사상과 행동이 하나로 통일되어 있다는 뜻이다.

한 글자에 천금을 걸리라

▍이주 빼어난 글자나 시문

[출전] 《사기史記》 〈여불위열전呂不韋列傳〉

전국시대 말엽 제나라 맹상군, 조나라 평원군, 초나라 춘신군, 위나라 신릉군은 각각 수천 명의 식객을 거느리며 저마다 유능한 식객이 많음을 자랑하고 있었다.

한편 이들에게 질세라 많은 식객을 모아들인 사람이 있었다. 일개 상인 출신으로 당시 최강국인 진秦나라에서 어린 왕 정政(훗날의 시황제)으로부터 중부仲父라 불리며 위세를 떨치던 여불위였다. 정의 아버지인 장양왕이 태자가 되기 전 인질로 조나라에 있을 때 천금을 아낌없이 투자하여 오늘날의 영화를 거둔 인물이었다. 그는 막대한 재산을 풀어 식객 3천여 명을 모아들였다.

이 무렵 각국에서는 많은 책을 펴내고 있었는데, 특히 순자가 수만 자로 된 저서를 냈다는 소식을 듣고 여불위는 당장 식객들을 시켜 30만 자에 이르는 대작을 만들었다. 이 책은 천지만물과 고금古今의 일이 모두 적혀 있는 것이었다.

"이런 대작은 나 말고 누가 감히 만들 수 있단

■ 식객食客

권세가의 집에 얹혀 있으며 밥을 얻어 먹고 지내는 사람을 말한다. 여기저기서 모여드는 어중이떠중이 중에 유능하고 학식 있는 이들도 있어 식객을 두는 것은 인재를 얻는 방법이 되기도 했다.

말인가!"

의기양양해진 여불위는 이 책을 자기가 편찬한 양 《여씨춘추呂氏春秋》라고 이름 지었다. 그리고 이 《여씨춘추》를 도읍인 함양의 성문 앞에 진열하게 한 다음 그 위에 천금을 매달아 놓고 방을 써 붙였다.

"누구든지 이 책에서 한 자라도 덧붙이거나 빼는 사람에게는 천금을 주리라."

제후의 나라를 돌아다니는 유능한 선비나 빈객을 초대하기 위해 이렇게 선언한 것이다.

2001년 일본에서 뽑은 '올해의 한자'

戰(전쟁 전)

미국에서 발생한 9.11사건 등 갖가지 국제분쟁과 아프가니스탄 전쟁이 주요 배경이 되었다. 또 일본에서는 구조조정과 대량실업과 광우병 등으로 국민들의 생활이 '전쟁'과 같았다고 느끼는 사람들이 많았다.

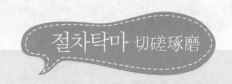
절차탁마 切磋琢磨

깎고 갈고 닦아서 빛을 내다

▌학문이나 기술 등을 열심히 갈고닦다.

[출전] 《논어論語》 〈학이學而〉

어느 날 자공이 공자에게 이렇게 물었다.

"선생님, 가난하더라도 남에게 아첨하지 않으며, 부자가 되더라도 교만하지 않는 사람이 있다면 그는 어떤 사람입니까?"

"좋긴 하지만 가난하면서도 도를 즐기고, 부자가 되더라도 예를 좋아하는 사람만은 못하느니라."

공자의 대답에 이어 자공이 또 이렇게 물었다.

"《시경》에 '현명하고 아름다운 군자는 뼈나 상아를 잘라서 줄로 간 것처럼, 또한 옥이나 돌을 쪼아서 모래로 닦은 것처럼 밝게 빛나는 것 같다'고 나와 있는데 이는 선생님께서 말씀하신 '수양에 수양을 쌓아야 한다'는 것을 말한 것일까요?"

공자는 이렇게 대답했다.

"사賜(자공의 이름)야, 이제 너와 함께 《시경》을 말할 수 있게 되었구나. 지나간 것을 알려 주니 앞으로 올 것까지 아는구나."

우물 안 개구리

▌ 식견이 좁아서 넓은 세상의 형편을 모르는 사람

[출전] 《후한서後漢書》 〈마원전馬援傳〉

신나라 말경, 마원이란 인재가 있었다. 그는 고향에서 조상의 묘를 지키다가 농서에서 활동하는 외효의 부하가 되었다. 그 무렵 공손술이 촉 땅에 성나라를 세우고 스스로 황제라 칭하고 있었다. 외효는 그가 어떤 인물인지 알아보기 위해 마원을 보냈다. 마원은 공손술이 고향 친구라서 반가이 맞아 줄 거라 생각했다. 공손술은 거드름을 피우며 말했다.

네 등이 세상에서 가장 넓지?

그럼

"옛 우정을 생각해서 자네를 장군에 임명할까 하는데, 어떤가?"

그러나 마원은 허세만 부리고 있는 이런 자가 어찌 천하를 호령할 수가 있겠는가 싶어 서둘러 돌아와 보고했다.

"공손술은 좁은 촉 땅에서 으스대는 우물 안 개구리입니다."

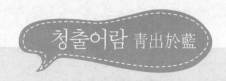

청출어람 靑出於藍

쪽빛에서 나온 푸른색이 쪽빛보다 푸르다

❚ 제자가 스승보다 낫다.

[출전] 〈순자荀子〉〈권학勸學〉

다음은 전국시대의 유학자로서 성악설을 주장한 순자의 글 중 한 구절이다.

"군자가 말하기를, 학문은 그만두어서는 안 되는 것이다. 푸른색은 쪽빛에서 나왔지만 쪽빛보다 푸르고, 얼음은 물로 이루어졌지만 물보다 차다. 군자가 널리 배우고 날마다 자주 반성하면 지혜로워져 행동에 실수가 없게 된다. 그러므로 높은 산에 올라가 보지 않으면 하늘의 높음을 알지 못하고, 고대의 현명한 왕이 남긴 말을 듣지 않으면 학문의 광대함을 알지 못한다."

순자는 비록 제자일지라도 학문을 열심히 닦는다면 스승의 능력을 넘어설 수 있다고 주장했다.

> **■ 성악설性惡說**
>
> 인간의 본성은 원래 이기적이고 악해서 후천적으로 선을 익혀야 한다는 학설이다. 이를 주장한 순자는 가르침과 예로써 인간의 본성을 바로잡아야 한다고 했다. 후에 엄격한 법으로 백성을 다스려야 한다는 한비자의 법가사상에 큰 영향을 미쳤다.

책 끈이 끊어지도록 열심히 책을 본다 · **97**

靑 푸를 청 出 날 출 於 어조사 어 藍 쪽 람

문장을 여러 번 다듬다

▌문장을 여러 번 생각하여 고치다.

[출전] 《당시기사唐詩紀事》

당나라 시인 가도가 어느 날 나귀를 타고 가는 도중에 열심히 시를 구상하고 있었다.

> 새는 연못가 나무에서 자고 鳥宿池邊樹
> 스님은 달 아래 문을 민다. 僧推月下門

그는 마지막 구에서 스님이 달 아래 문을 '민다推'로 할까, '두드린다敲'로 할까 고민하고 있었다. 그때 정신을 집중하여 너무나 골똘히 생각하다가 그만 고관이자 당대 최고의 문장가인 한유의 행차 대열을 방해하고 말았다.

가도는 한유 앞에 끌려 나왔으나 변명의 여지가 없었다. 그래서 깊이 사죄하고 솔직하게 설명했다. 한참 동안 생각에 잠겼던 한유가 말했다.

"여보게, 그건 '두드리다' 라고 하는 것이 좋겠네."

이리하여 문장을 다듬는 것을 '퇴고' 라고 하게 되었는데, 이것이 계기가 되어 한유와 가도는 둘도 없는 시우詩友가 되었다.

소가 땀을 흘리고 대들보까지 차다

▌수레에 실으면 소가 땀을 흘리고 집에 쌓으면 대들보까지 닿을 만큼 책이 많다.

[출전] 유종원의 〈육문통선생묘표陸文通先生墓表〉

당나라의 명문장가로 알려진 유종원이 같은 시대의 역사학자 육문통을 위해 쓴 묘표墓表에 있는 말이다. 묘표란 죽은 사람의 사적과 덕행을 기리는 문장으로 돌에 새겨 무덤 앞에 세우는 것이다.

"공자가 쓴《춘추》의 해석을 둘러싸고 천 명이나 되는 학자가 온갖 설명을 하고 있지만, 비뚤어진 해석이나 다른 학파에 대한 비난과 공격만이 눈에 띈다. 더욱이 그런 패거리들의 저작만이 세상에 넘쳐나, 그 양은 대들보까지 차고 내보내면 소와 말이 땀을 흘릴 정도이다. 한편 공자의 본뜻에 합치한 학설은 세상에 묻힌 채로 있다."

그는 학문계의 당시 상황을 이렇게 말하며 한탄했다.

汗 땀한 牛 소 우 充 찰 충 棟 용마루 동

형설지공 螢雪之功

반딧불과 눈빛으로
공부하다

■ 갖은 고생을 하면서도 부지런히 학문을 닦다.

[출전] 《진서晉書》〈차윤전車胤傳〉

　진晉나라의 차윤이란 사람은 어려서부터 공손하고 부지런하여 책을 많이 읽었으나, 가난하여 등불을 밝힐 기름을 넉넉히 얻지 못했다. 그래서 여름철이면 명주 주머니에 수십 마리의 반딧불을 담아 책을 비추며 읽기를 밤낮으로 하더니 뒤에 벼슬이 상서랑에 이르렀다. 지금 사람들이 공부방의 창을 형창螢窓이라 함은 여기서 비롯된 것이다.

　진나라의 손강 또한 젊었을 때 마음이 맑고 꿋꿋하였으나, 집안이 가난하여 기름이 없어 겨울철이면 하얗게 쌓인 눈에 비추어 책을 읽었다. 그는 뒤에 벼슬이 어사대부에 이르렀다.

　이들은 어려운 환경 속에서도 열심히 공부하여 크게 된 인물로 유명하다.

■ '독서'와 관련된 한자성어

• 남아수독오거서男兒須讀五車書 : 남자는 모름지기 다섯 수레의 책을 읽어야 한다.
• 독서백편의자현讀書百遍義自見 : 어려운 문장도 여러 번 반복해서 읽으면 깨우치게 된다.
• 수불석권手不釋卷 : 손에서 책을 놓지 않는다.
• 주경야독晝耕夜讀 : 낮에는 농사짓고 밤에는 책을 본다. 즉, 어려운 환경에서도 열심히 공부한다.

후생가외 後生可畏

후배들은
두려울 만하다

▌젊은 후배들은 어떤 훌륭한 인물이 될지 모르기 때문에 두려워할 만하다.

[출전] 《논어論語》 〈자한子罕〉

공자가 말했다.

"후생은 나이가 어리고 배움을 쌓을 수 있어 기대가 되므로 그 형세가 두려우니 어찌 그의 장래가 나의 오늘만 같지 못함을 알겠는가. 그러나 혹 스스로 힘쓰지 아니하고 늙어서도 세상에 이름이 들리지 않으면 두려울 것은 없다."

이 말은 젊었을 때 배움에 힘쓰라는 말이다. 또 후배들은 학문에 정진하고, 선배들은 학문을 닦는 태도가 겸손해야 한다는 것을 이른 것이기도 하다.

무서운 놈이야 벌써 20시간째 저러고 있어

六

材

주위에 인재가 없다면
너 자신이 인재가 되어라

"한신과 같은 인물은 나라에 없어서는 안 될 둘도 없는 인재입니다. 전하께서 오래도록 한중의 왕으로만 만족하신다면 한신이란 인물은 필요 없사오나, 반드시 천하를 얻으려 하신다면 한신 말고는 함께 큰일을 도모할 자가 없습니다. 전하의 목표가 천하라면 한신을 등용하십시오."

계군일학 鷄群一鶴

닭의 무리 속에
학 한 마리

▌ 평범한 사람들 속에 뛰어난 인물이 있다.

 [출전] 《진서晉書》〈혜소전嵇紹傳〉

　　위진시대에 죽림칠현竹林七賢이라 불리는 일곱 명의 선비가 있었다. 완적, 완함, 혜강, 산도, 왕융, 유령, 상수가 그들이었다. 이들은 혼란한 세상을 피해 산속에서 문학과 사상과 음악 등을 즐기며 세월을 보내고 있었다.

　　이들 중에서 특히 혜강은 문학적 재능이 뛰어난 인물이었으나, 억울한 죄를 뒤집어쓰고 그만 처형당하고 말았다. 그때 그에게는 열 살밖에 되지 않은 아들 혜소가 있었다.

　　혜소가 성장하자 혜강의 친구 중 한 명이었던 산도가 무제에게 혜소를 천거하며 말했다.

　　"옛말에 이르기를, 부자간의 죄는 서로 관련짓지 않는다고 했습니다. 혜소가 비록 혜강의 자식이긴 하오나 총명함이 춘추시대 진晉나라의 대부 극결에게 결코 뒤지지 않사오니 그를 비서랑으로 기용하시옵소서."

■ '학鶴'이 나오는 한자성어
- 운중백학雲中白鶴 : 구름 속의 흰 학처럼 고상한 기품을 가진 사람
- 학경불가단鶴脛不可斷 : 학의 다리가 길다고 자르면 안 된다. 각 사물에는 개성이 있으므로 함부로 손을 대는 것은 좋지 않다.
- 학수고대鶴首苦待 : 학처럼 목을 길게 빼고 몹시 기다린다.

무제가 기뻐하며 말했다.

"그대가 천거하는 사람이라면 승丞이라도 능히 감당할 것이오."

이리하여 혜소는 비서랑보다 높은 비서승에 임명되었다.

혜소가 입궐하던 날 그의 모습을 지켜보던 어떤 사람이 자못 감격하여 다음날 왕융에게 말했다.

"그는 닭의 무리 속에 있는 한 마리 학과 같았습니다."

"누가 말이오?"

"어제 구름처럼 모인 사람들 틈에서 입궐하던 혜소 말입니다."

그러자 왕융이 웃으며 말했다.

"그대는 혜소의 아버지를 본 적이 없어 모를 테지. 그는 혜소보다 훨씬 더 늠름했다네."

국사무쌍 國士無雙

둘도 없는
나라의 인재

▌나라에서 가장 뛰어난 인물

[출전] 《사기史記》 〈회음후열전淮陰侯列傳〉

한나라 원년, 한신이라는 사람이 있었다. 처음에 그는 초나라 군대에 속해 있었으나 아무리 전략을 제안해도 받아 주지 않는 항우에게 실망하여 한나라로 건너왔다. 그 후 한신은 우연한 일로 재능을 인정받아 군량을 관리하는 관리가 되었다. 이때부터 그는 한나라 승상인 소하와도 자주 말을 주고받았다.

소하는 한신이 비범한 인물이라고 생각하고 유방에게 그를 추천했다. 그러나 유방은 한신을 등용하지 않았다. 그 무렵 불리한 전쟁 상황과 고향에 대한 그리움으로 도망을 치는 사람들이 많았기에 한신 또한 이렇게 탄식하며 도망을 결심했다.

'전하께서 나를 찾지 않으시는구나!'

소하가 이 소식을 듣고 유방에게 보고도 하지 않고 한신을 뒤쫓았다. 소하가 도망쳤다는 말을 들은 유방은 크게 실망했다. 이틀이 지났을까. 소하가 돌아와 유방을 찾아왔다. 유방은 분노와 기쁨이 뒤섞인 채 소하를 꾸짖었다.

"승상이란 자가 도망을 치다니, 이 어찌된 일인가?"

"도망친 것이 아니오라 도망친 자를 잡으러 간 것이옵니다."

"그대가 쫓았던 자가 누구인가?"

"한신이옵니다."

"한신이라? 이제까지 열 명이 넘는 장군이 도망쳤지만 그대는 쫓아간 적이 없었소. 한신을 뒤쫓았다는 것은 거짓말이 아닌가?"

"다른 장군들은 모두 어디서든 쉽게 얻을 수 있는 자들입니다. 그러나 한신과 같은 인물은 나라에 없어서는 안 될 둘도 없는 인재입니다. 전하께서 오래도록 한 중의 왕으로만 만족하신다면 한신이란 인물은 필요 없사오나, 반드시 천하를 얻으려 하신다면 한신 말고는 함께 큰일을 도모할 자가 없습니다. 전하의 목표가 천하라면 한신을 등용하십시오. 그렇지 않으면 결국 한신은 달아날 것입니다."

이리하여 한신은 대장군에 임명되어 유방을 도와 천하를 통일하게 되었다.

■ 한신(?~B.C.196)
한나라 초기 무장으로 처음에는 초나라 항우 밑에 있다가 한왕 유방에게 합류했다. 한나라 군대를 지휘하며 전쟁에서 큰 공을 세워 초왕의 자리까지 올랐으나, 한나라의 기강이 잡힌 후에는 권력 다툼에서 밀려나 결국 부하에게 살해당하고 말았다.

낭중지추 囊中之錐

주머니 속의 송곳

▌ 재능이 뛰어난 사람은 숨어 있어도 남의 눈에 띤다.

[출전] 《사기史記》〈평원군열전平原君列傳〉

전국시대 말엽, 진秦나라의 공격을 받은 조나라 혜문왕은 평원군을 초나라에 보내어 구원군을 청하기로 했다. 평원군은 문무의 덕을 겸비한 수행원 스무 명과 동행하기로 하고 인재를 가렸다. 그러나 열아홉 명은 가렸지만 나머지 한 사람은 가릴 만한 인물이 없었다. 그때 모수라는 자가 자원하고 나섰다.

"제발 저를 수행원 중에 넣어 주십시오."

평원군이 말했다.

"선생은 나의 문하에 몇 해 동안이나 계셨는가?"

"3년 됐습니다."

"현명한 선비가 세상에 있으면 마치 송곳이 주머니 속에 있는 것처럼 그 끝이 즉시 나타나 남의 눈에 띄는 법이오. 그런데 내 집에 온 지 3년이나 되었다는 그대는 이제까지 단 한 번도 이름이 드러난 적이 없지 않소?"

"그러니 오늘 비로소 주머니 속에 넣어 주시기를 청하는 것입니다. 저를 좀더 빨리 주머니에 넣어 주셨더라면 벌써 송곳 자루까지 나왔을 것입니다."

이 재치 있는 답변에 만족한 평원군은 모수를 마지막 수행원으로 임명했다.

능서불택필 能書不擇筆

명필은 붓을 가리지 않는다

▌참다운 서예가는 필기구에 구애받지 않는다.

[출전] 《당서唐書》〈구양순전歐陽詢傳〉

당나라 때 서예의 4대 명필가는 우세남, 저수량, 유공권, 구양순이다. 이 중 구양순은 서성書聖 왕희지의 글씨체를 계승하여 익힌 후 자신의 개성을 담아 솔경체를 완성한 인물이다.

구양순은 비록 글씨를 잘 쓰기로 유명했지만, 붓이나 종이를 가리는 일이 없었다. 이와 달리 저수량은 붓이나 먹을 선택하는 일에 이만저만 까다롭지 않았다. 하루는 저수량이 우세남에게 물었다.

"내 글씨와 구양순의 글씨 중 어떤 것이 더 훌륭하다고 생각하십니까?"

우세남은 씩 웃으며 거침없이 말했다.

"구양순의 글씨가 훨씬 낫다고 생각합니다. 그는 붓이나 종이를 가리지 않고도 자기 마음대로 글씨를 쓸 수 있습니다. 그러니 당신은 구양순만 못하지요."

저수량은 자신의 글씨가 낫다는 말을 듣고 싶었지만, 우세남의 말이 옳았기 때문에 스스로 고개를 끄덕였다.

대기만성 大器晩成

**큰 그릇은
늦게 만들어진다**

▌크게 될 사람은 늦게 이루어진다.

[출전]《삼국지三國志》〈위지魏志 최염전崔琰傳〉·《후한서後漢書》〈마원전馬援傳〉

《삼국지》의 〈위지 최염전〉에 나오는 이야기다.

삼국시대, 위나라에 최염이라는 유명한 장군이 있었다. 그에게 최림이라는 사촌동생이 있었는데, 외모가 볼품없고 출세를 하지 못해 일가친척들에게도 무시를 당했다. 그러나 최염은 그의 인물됨을 알아보고 이렇게 말했다.

"큰 종이나 솥은 그렇게 쉽게 만들어지는 게 아니다. 마찬가지로 큰 재능을 가진 인물도 대성하기까지는 오랜 시간이 걸리는 법이지. 너도 그처럼 대기만성형이니 틀림없이 큰 인물이 될 것이다."

과연 최림은 마침내 황제를 보좌하는 삼공三公 중의 한 사람이 되었다.

《후한서》의 〈마원전〉에는 또 이런 이야기가 있다.

후한을 세운 광무제 때 마원이란 명장이 있었다. 그는 변방의 관리로 출발하여 복파장군伏波將軍까지 된 인물이다. 복파장군이란 전한 이후 큰 공을 세운 장군에게만 주는 칭호이다.

마원이 생전 처음 지방 관리가 되어 부임을 앞두고 형인 최황을 찾아가자 최황은 이렇게 충고했다.

·110

난 언제 뜨냐고…

"너는 이른바 대기만성형이다. 솜씨 좋은 목수가 산에서 갓 베어낸 나무를 시간과 노력을 들여 좋은 재목으로 다듬어내듯이 너도 네 재능을 살려 꾸준히 노력하면 큰 인물이 될 것이다. 부디 행실을 조심하고 신중하여라."

마원은 형의 진심 어린 충고를 가슴 깊이 새기고, 매사에 신중히 행동하며 노력하기를 게을리 하지 않아 후에 큰 인물이 되었다.

밥만 축내는
무능한 재상

다른 유능한 관리 덕분에 자리에 붙어 있는 무능한 재상

[출전] 《구당서舊唐書》〈노회신전盧懷愼傳〉

당나라 6대 황제인 현종이 과감한 개혁을 실시할 때 도운 인물이 재상 요숭이다. 현종이 사치를 추방하기 위해 문무백관의 호사스런 비단 관복을 불사르고, 조세와 부역을 줄여 백성들의 부담을 덜고, 형벌 제도를 바로잡은 것 등은 모두 요숭의 진언에 따른 개혁이었다.

요숭은 백성의 안정을 꾀하는 일이 곧 나라가 번영하는 지름길이라 믿고 늘 이 원칙을 지키려고 힘썼다. 일을 처리하는 데 신속하고 정확한 것은 누구도 따르지 못했다. 황문감黃門監(환관 감독부서의 으뜸 벼슬) 노회신도 예외는 아니었다.

노회신은 청렴결백하고 성실했으며, 욕심이 없어 자신의 재산을 가까운 친척이나 이웃에게 나누어 주었다. 그러나 업무 능력에서는 그다지 유능하지 못했다.

어느 날 휴가 중인 요숭의 일을 10여 일간 대신 맡은 적이 있었다. 그러나 요숭처럼 신속히 처리하지 못해서 일이 크게 늦춰지고 말았다. 이때 자신이 요숭에게 크게 미치지 못한다는 것을 안 노회신은 종종 중요한 일을 요숭에게 상의한 다음에야 처리하였다. 하지만 사람들은 노회신을 가리켜 '자리만 차지하고 있는 무능한 재상'이라고 비웃었다.

흰 눈썹이
최고다

▌ 형제 중에서 가장 뛰어난 사람 또는 여럿 중에서 가장 좋은 물건

[출전]《삼국지三國志》〈마량전馬良傳〉

중국 천하가 위, 촉, 오로 나뉘어 서로 패권을 다투던 때, 유비의 촉나라에 마량이라는 이름난 참모가 있었다. 그는 제갈량과 문경지교刎頸之交를 맺은 사이로, 한번은 세 치의 혀로 남쪽 변방의 흉악한 오랑캐 무리를 모두 부하로 삼는 데 성공할 정도로 덕성과 지략이 뛰어난 인물이었다.

오형제 중 맏이인 마량은 태어날 때부터 눈썹에 흰 털이 섞여 있었다. 그래서 고향 사람들은 그를 '백미'라고 불렀다.

그들 오형제는 '읍참마속泣斬馬謖'의 일화로 유명한 마속을 포함하여 모두 재주가 비범했는데, 그중에서도 마량이 가장 뛰어났다. 그래서 사람들은 마량을 이렇게 칭찬했다.

"마 씨의 다섯 형제 중에 가장 뛰어난 사람은 역시 백미로구나."

주위에 인재가 없다면 너 자신이 인재가 되어라 · 113

신언서판 身言書判

인물을 평가하는 네 가지 기준

▌ 관리를 뽑을 때 평가의 기준으로 삼았던 용모, 언변, 글씨, 판단력의 네 가지

[출전] 《당서唐書》 〈선거지選擧志〉

당나라 때 관리를 뽑는 네 가지 기준이 있었는데, 그 내용은 이러했다.

"인물을 뽑을 때 네 가지 기준이 있다. 첫째는 신身이다. 이것은 사람의 풍채와 용모가 뛰어난 것을 이른다. 아무리 신분이 높고 재주가 뛰어난 사람이라도 첫눈에 풍채와 용모가 뛰어나지 못하면 좋은 평가를 받기가 쉽지 않다. 둘째는 언言이다. 이것은 사람의 말솜씨나 말하는 태도가 분명하고 바른 것을 이른다. 사람이 아는 것이 많아도 말에 조리가 없고 그 뜻이 분명하지 않으면 이 또한 좋은 평가를 받기 어렵다. 셋째는 서書이다. 이것은 글씨체가 곧고 아름다운 것을 말한다. 예부터 글씨는 사람의 됨됨이를 드러내는 것이라 하여 매우 중요시했다. 마지막으로, 넷째는 판判이다. 사물의 이치를 깨달을 수 있을 정도로 판단력이 뛰어난 것을 말한다. 아무리 외모가 훌륭하고 말을 잘하고 글씨를 잘 써도 사물의 이치를 깨달을 줄 모르면 그 인물이 출중하다고 할 수 없다고 했다. 이러한 네 가지를 모두 갖추고 있으면 그 사람은 등용할 만하다."

나쁜 나무에는 그늘이 없다

▌덕망이 없는 사람은 주변에 따르는 무리가 없다.

[출전] 《순자荀子》

《순자》에 '수음조식樹陰鳥息' 이란 말이 나온다. 이것은 나무에 그늘이 있어야 새가 쉴 수 있다는 말이다. 나무에 가지가 없어 그늘이 없다면 누가 그 아래에서 쉴 수 있겠는가.

마찬가지로 사람이 나쁜 마음을 품고 있으면 그 주위에는 사람들이 모여들지 않는다. 덕이 있어야 다른 사람들이 따르는 것이다. 그러므로 원만한 대인관계에 힘쓰고 인격과 덕망을 갖추도록 노력해야 한다.

양금택목 良禽擇木

좋은 새는 나무를 가려
둥지를 튼다

▌ 현명한 사람은 자신의 재능을 알아주는 사람을 가려 섬긴다.

[출전] 《춘추좌씨전春秋左氏傳》 〈애공哀公 11년조〉

춘추시대, 공자가 천하를 돌아다니다 위나라에 갔을 때였다. 공문자
가 대숙질大叔疾을 공격하는 것에 대해 공자
에게 상의했다. 공자는 이렇게 대답했다.

"제사를 지내는 일이라면 배운 일이 있
습니다만 전쟁에 대한 것이라면 전혀 아
는 바가 없습니다."

공자는 자리에서 물러나 제자에게 서
둘러 수레에 말을 매라고 일렀다. 제자가
그 까닭을 묻자 공자가 대답했다.

"좋은 새는 나무를 가려서 둥지를 튼다고
했다. 현명한 신하는 훌륭한 군주를 섬겨야
하느니라."

둥지를 잘못 텄어~

良 좋을 양 禽 날짐승 금 擇 가릴 택 木 나무 목

철중쟁쟁 鐵中錚錚

여러 쇠 중에 좋은 소리를 내는 것

▌ 보통 사람 중에서 조금 뛰어난 사람

[출전] 《후한서後漢書》〈유분자전劉盆子傳〉

왕망이 전한을 멸망시키고 신나라를 세웠을 때부터 여기저기서 대규모 농민 반란이 일어났다. 그중 한나라 황실의 상징인 붉은색으로 눈썹을 그린다고 해서 적미赤眉라고 불렸던 반란군은 유분자를 왕으로 삼고 수도 장안으로 쳐들어갔다.

후한의 초대 황제인 광무제는 먼저 적미를 토벌하기로 하고 등우와 풍이를 보냈다. 그러나 전세가 불리해져 광무제가 나서서 겨우 항복을 받아냈다. 적미의 대장 번숭과 유분자를 꿇어앉히고 죄를 묻자, 유분자가 말했다.

"만 번 죽어 마땅하나 제발 살려만 주십시오."

광무제는 번숭에게 물었다.

"항복한 것을 혹 후회하지는 않는가?"

이때 번숭이 대답하기 전에 그들의 승상인 서선이 머리를 땅에 부딪치면서 말했다.

"천만의 말씀입니다. 호랑이의 입에서 벗어나 어머니의 품으로 돌아온 느낌입니다."

鐵 쇠 철 中 가운데 중 錚 쇳소리 쟁 錚 쇳소리 쟁

 주위에 인재가 없다면 너 자신이 인재가 되어라 · 117

광무제가 비웃으며 말했다.

"그대는 철중쟁쟁鐵中錚錚, 용중교교庸中佼佼한 자로군."

'철중쟁쟁'과 '용중교교'란 보통 사람 중에서 조금 나은 사람을 이른다. 광무제는 서선이 항복한 시기가 결코 이른 것은 아니지만, 끝까지 항복하지 않고 고집을 부리는 어리석은 사람보다는 낫다고 본 것이다.

푸른 하늘의 빛나는 해

▌푸른 하늘에서 빛나는 태양처럼 훌륭한 인물은 누구나 알아본다.

[출전] 한유의 〈여최군서與崔群書〉

당나라의 시인이자 정치가인 한유에게는 최군이라는 절친한 친구가 있었다. 한유는 지방 관리로 있는 그의 훌륭한 인품을 기리며 '최군에게 주는 글與崔群書'을 써 보냈는데, 명문名文으로 유명한 이 글에는 이런 구절이 있다.

"자네는 마음이 순수하고 맑아서 빛나는 태양과 같네. 그런데 자네의 인품을 의심하는 사람들은 이렇게 말하고 있네. '저마다 좋고 싫은 감정이 있을 터인데 현명한 사람이든 어리석은 사람이든 모두 흠모하니, 과연 그렇게 훌륭한 사람이 있을까?' 그래서 내가 그들에게 대답해 주었네. '봉황과 지초가 좋은 징조라는 것은 누구나 다 알고 있는 일이며, 청천백일이 맑고 밝다는 것은 노비들도 다 아는 사실이다'라고 말일세."

한편 '청천백일'은 환하게 밝은 대낮을 가리키거나 아무런 죄가 없이 결백하다는 뜻으로 쓰이기도 한다.

칠보지재 七步之才

일곱 걸음을 옮기며 읊은 시

▌ 일곱 걸음을 옮기는 사이에 시를 지을 정도로 아주 뛰어난 글재주

[출전] 《세설신어世說新語》〈문학文學〉

삼국시대 때 위나라 왕 조조는 시문을 좋아하여 우수한 작품을 많이 남긴 문장가로도 유명하다. 또한 그의 맏아들 비와 셋째 아들 식도 글재주가 출중했다. 특히 식의 글재주는 당대의 대가들도 칭송이 자자했다. 그래서 식을 더욱 총애하던 조조는 한때 비를 제쳐 놓고 식에게 후사를 물려줄 생각까지 했다.

비는 어릴 때부터 식의 글재주를 늘 시기해 오던 차에 후계자 책봉에서도 불리한 적이 있던 터라 식에 대한 증오심이 더욱 깊어졌다.

조조가 죽은 뒤 위왕이 된 비는 후한의 헌제를 폐하고 스스로 제위에 올라 문제라 일컬었다. 어느 날 문제가 조식을 불러 이렇게 명했다.

"일곱 걸음을 옮기는 동안에 시를 짓도록 하라. 짓지 못할 땐 중벌을 면치 못할 것이니라."

잠시 후 조식은 걸음을 옮기며 이렇게 읊었다.

콩대를 태워서 콩을 삶으니 煮豆燃豆

가마솥 속에 있는 콩이 우는구나. 豆在釜中泣

본디 같은 뿌리에서 태어났건만 本是同根生

어찌하여 이다지도 급히 삶아대는가. 相煎何太急

같은 부모를 둔 친형제간인데 어째서 이다지도 심히 핍박하느냐는 뜻의 이 칠보시七步詩를 듣고 문제는 얼굴을 붉히며 부끄러워했다.

태산과 북두칠성

학문이나 예술 분야의 제일인자 또는 사람들에게 가장 존경받는 인물

[출전] 《당서唐書》 〈한유전韓愈傳〉

당나라 문인 한유는 명문장가로 손꼽힌다. 한때 한직으로 좌천되는 등 순탄치 못한 벼슬살이를 한 그는 천성이 강직하고 학문과 사상 분야에서 뛰어난 업적을 남겼다.

한유는 절친한 벗인 유종원과 함께 자유로운 형식의 문체를 추구하는 고문부흥古文復興 운동에 앞장서기도 했다. 그 결과 후배들은 그를 존경하게 되었다. 이에 대해 《당서》의 〈한유전〉에 이렇게 적혀 있다.

"당나라가 성한 이래 한유는 육경六經(춘추시대의 여섯 가지 경서)으로 여러 학자들의 스승이 되었다. 한유가 죽은 뒤 그의 학문은 더욱 흥했으며, 학자들은 한유를 태산북두를 우러러보듯 존경했다."

태산泰山은 중국 제일의 명산으로, 중국에서는 옛날부터 성산聖山으로 추앙했다. 또 북두北斗는 북두칠성을 가리키는 말로, 모든 별들의 중심적인 존재로 받들어지고 있어 남에게 존경받는 훌륭한 인물을 비유할 때 쓴다.

태산이 무너지고
대들보가 꺾이다

█ 한 시대의 위대한 스승이나 존경하는 인물이 세상을 떠나다.

[출전] 《예기禮記》〈단궁檀弓〉

공자가 이른 아침에 지팡이를 끌고 문 앞을 거닐면서 노래를 불렀다.

"태산이 무너지려나, 대들보가 꺾이려나, 철인哲人이 병들려나."

그리고 방으로 들어가 문을 마주하고 앉았다. 자공이 공자의 노랫소리를 듣고
이렇게 말했다.

"태산이 무너진다면 나는 누구를 사모하고 우러러볼 것인가. 대들보가 꺾이고
철인이 병든다면 나는 어디에 의지해야 할 것인가. 선생님께서 병에 걸리시려는
가 보다."

자공이 방으로 들어가자, 공자가 말했다.

"사야, 너는 어찌하여 이다지도 더디 온단 말이냐. 사람이 죽으면 하후씨는 동
계東階 위에 안치했다. 동계는 주인이 오르내리는 계단이니 죽은 자를 주인으로
대우하는 것이다. 은나라 사람은 두 기둥 사이에 시신을 안치했다. 이는 죽은 이를
빈위賓位와 주위主位의 사이에 둔 것으로 신神으로 대우한 것이다. 한편 주나라 사
람은 서계西階 위에 죽은 자를 안치했는데, 이는 죽은 이를 손님으로 대접하는 것
이다. 나는 은나라 사람이다. 나는 어젯밤 꿈에 두 기둥 사이에 편안히 앉아 있었

材 주위에 인재가 없다면 너 자신이 인재가 되어라 · 123

다. 무릇 현명한 임금이 없는데 천하에서 누가 나를 임금으로 받들 것인가. 어젯밤 꾼 꿈은 내가 어진 임금이 될 조짐이 아니라 은나라 예법에 따라 안치될 조짐이었다. 나는 장차 죽으려는 것이다."

공자는 병들어 누운 지 7일 만에 제자들이 지켜보는 가운데 일흔네 살의 나이로 세상을 떠났다.

호랑이는 가죽을 남기고 사람은 이름을 남긴다

▌ 사람에게는 재물보다 명예가 소중하다.

[출전]《오대사五代史》〈왕언장전王彦章傳〉

당나라가 멸망한 뒤 5대五代가 교체하던 시기였다. 양나라에 성격이 우직한 왕언장이라는 장수가 있었는데, 싸울 때마다 항상 쇠창을 써서 '왕철창'이라 불렸다.

어느 날 주변국인 진나라가 국호를 다시 당으로 고치고 양나라를 공격해 들어왔다. 이때 왕언장이 출전했다가 크게 패하여 파면되었다. 그 후 당나라 군사가 다시 침입하였을 때 장수로 복귀했지만 포로가 되고 말았다.

당나라 왕이 왕언장의 용맹함이 아까워 항복하라고 설득하자, 왕언장이 말했다.

"아침에 양나라를 섬기고 저녁에 진나라를 섬기는 일은 할 수 없소."

왕언장은 결국 사형을 당했다. 그는 평소 속담을 통해 자신의 생각을 말하기를 좋아했는데, 그가 항상 입버릇처럼 하던 말은 이러했다.

"호랑이는 죽어 가죽을 남기고, 사람은 죽어 이름을 남긴다."

왕언장은 비록 학문을 닦지는 않았지만 한 나라의 장수로서 지켜야 할 명예만은 소중히 여기고 있었다. 그렇기에 당나라 왕의 제의를 주저없이 거절하고 죽음을 택할 수 있었던 것이다.

虎범호 死죽을사 留남길류 皮가죽피 人사람인 死죽을사 留남길류 名이름명

言

（七）

한 마디 말로
상대의 허를 찌른다

비록 좋은 말을 들었더라도 마음에 담아두지 않으면 이것은 스스로 그 덕을 버리는 것이다.
즉, 좋은 말은 마음에 간직하고 자기 것으로 하지 않으면 덕을 쌓을 수 없다는 말이다. 공자는
덕을 쌓기 위해서 끊임없는 노력이 필요하다고 했다.

공중에 떠 있는 누각

▌ 내용이 없는 문장 또는 비현실적인 일이나 사물

[출전] 《몽계필담夢溪筆談》

송나라의 학자이자 유능한 정치가였던 심괄이 쓴 글 중에 이런 구절이 있다.

"등주는 사면이 바다에 접하여 봄과 여름에는 저 멀리 하늘 끝에 성시누대城市樓臺의 모습을 볼 수 있다. 이 고장 사람들은 이것을 해시海市(신기루)라고 이른다."

훗날 청나라의 학자 적호는 《통속편通俗篇》에서 심괄의 글에 대해 다음과 같이 썼다.

"지금 말과 행동이 거짓에 찬 사람을 일컬어 '공중누각'이라고 말하는 것은 이것을 인용한 것이다."

'공중누각'은 겉모양은 그럴듯하지만 기초가 약해 오래 가지 못하는 것이나 불가능한 일을 비유할 때 주로 쓴다.

空빌공 中가운데중 樓다락누 閣누각각
공중에 떠 있는 누각

교묘한 말과
착한 척하는 얼굴빛

▎남의 환심을 사기 위해 아첨하는 교묘한 말과 보기 좋게 꾸미는 표정

[출전] 《논어論語》 〈학이學而〉

공자는 '말을 교묘하게 하며 얼굴빛을 좋게 하는 자들 중에는 어진 사람이 드물다'고 했다. 교巧는 좋게 하는 것이요 영令은 착한 것이니, 말을 좋게 하고 얼굴빛을 착하게 하여 겉으로 꾸며서 사람을 기쁘게 하려고 힘쓰면, 사람의 욕심이 제멋대로 되어 본래의 덕을 잃게 된다. 성인은 가볍고 많은 말을 하지 않고 오직 적게 말하니, 배우는 자가 깊이 경계해야 할 것이다.

말을 교묘하게 하고 얼굴 표정을 좋게 꾸미는 사람은 자신의 이익을 위해서 남에게 아첨하는 자가 많으므로 어진 사람이 거의 없다고 말한 것이다.

안녕하세요 전 우리 동네에서 제일 착한 아이예요

도청도설 道聽塗說

길에서 듣고
길에서 말하다

▍ 들은 이야기를 깊이 생각하지 않고 가볍게 옮기다.

[출전] 《논어論語》〈양화陽貨〉·《한서漢書》〈예문지藝文志〉

공자의 언행을 기록한 《논어》의 〈양화〉편에는 이런 글이 실려 있다.

"길에서 듣고 길에서 말하는 것은 덕을 버리는 것과 같다."

비록 좋은 말을 들었더라도 마음에 담아두지 않으면 이것은 스스로 그 덕을 버리는 것이다. 즉, 좋은 말은 마음에 간직하고 자기 것으로 하지 않으면 덕을 쌓을 수 없다는 말이다. 공자는 덕을 쌓기 위해서 끊임없는 노력이 필요하다고 했다.

또 《한서》의 〈예문지〉에는 이런 말이 있다.

"원래 소설의 기원은 임금이 백성의 풍속을 알기 위해 하급 관리(패관稗官)에게 명하여 서술토록 한 데서 비롯되었다. 즉, 세상 이야기라든가 길거리의 뜬소문은 길에서 듣고 길에서 말하는 무리가 지어낸 것이다."

소설이란 말은 이런 의미에서 처음에는 '패관소설'이라고 일컫기도 했다.

道 길 도 聽 들을 청 塗 길 도 說 말씀 설

마이동풍 馬耳東風

말 귀에 동풍이 스치다

▌ 남의 의견이나 충고를 귀 기울여 듣지 않고 흘려버리다.

[출전] 이백의 〈답왕십이한야독작유회答王十二寒夜獨酌有懷〉

당나라의 대시인 이백이 친구 왕십이의 〈한야독작유회寒夜獨酌有懷〉 (추운 방에 홀로 술잔을 기울이며 느낀 바 있어서)라는 시에 답하여 쓴 시의 일부이다.

세상 사람들이 우리 시를 듣고 모두 고개를 흔드니 世人聞此皆掉頭

마치 동풍이 말의 귀를 쏘는 것 같구나. 有如東風射馬耳

이백은 세상 사람들이 뛰어난 작품에 대해 무관심한 것을 말하고 있다. 동풍은 부드러운 봄바람으로, 이것이 말의 귀를 아무리 스쳐봤자 아프지도 가렵지도 않는다는 것이다.

귀를 삽으로 파야 말을 듣겠느냐!

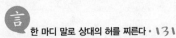

말 마 馬 귀 이 耳 동녘 동 東 바람 풍 風

창과 방패가
모두 강하다면

▌ 말이나 행동이 앞뒤가 맞지 않는다.

[출전] 《한비자韓非子》〈난세難勢〉

전국시대, 초나라에 한 장사꾼이 저잣거리에서 방패와 창을 늘어놓고 팔고 있었다. 그는 방패를 들어 올려 그 견고함을 자랑했다.

"이 방패의 견고함을 말할 것 같으면, 무엇으로도 뚫을 수가 없소이다."

그는 다시 예리한 창을 집어 들어 자랑했다.

"이 창의 날카로움을 말할 것 같으면, 무슨 물건이라도 뚫지 못하는 것이 없소이다."

그러자 구경하던 어떤 사람이 물었다.

"여보시오, 당신의 말은 앞뒤가 맞질 않소이다. 그대의 창으로 그대의 방패를 뚫는다면 어떻게 되는 것이오?"

장사꾼은 아무 대답도 하지 못하고 서둘러 자리를 떠났다.

矛창모 盾방패순

물의 物議

세상 사람들의 평판

▌ 세상 사람들이 어떤 일에 대해 이러쿵저러쿵하는 상태

[출전] 《한서漢書》 〈사기경전謝幾卿傳〉

한나라 무제 때 상서좌승이었던 사기경은 성격이 대범하고 술을 좋아하여 친구도 많았으나, 일에는 도무지 신경을 쓰지 않았다. 그러다 보니 조정의 규율을 지키는 것은 안중에도 없었다.

어느 날 사기경은 잔칫집에서 돌아오다가 보이는 술집을 지나치지 못하고 수레를 멈추어 일행과 함께 술이 다 떨어질 때까지 마셨다. 이때 그를 에워싼 구경꾼의 수는 헤아릴 수 없을 정도로 많았지만, 그는 전혀 신경 쓰지 않았다.

얼마 후 무제는 사기경이 지방을 토벌하는 데 실패한 것을 문책하여 파면했다. 그러나 이것은 사실상 명령을 수행하지 못해서라기보다는 그의 자유분방하고도 방탕한 생활 탓이었다.

이때 좌승 유중용이라는 사람도 파면되어 고향집으로 돌아가게 되었다. 사기경은 그와 함께 여전히 자유분방한 생활을 하며 보냈다. 덮개가 없는 수레를 타기도 하고 술에 취하여 방울을 손에 들고서 조가弔歌를 부르기도 했다. 세상의 '물의'는 조금도 마음에 두지 않았던 것이다.

한 마디 말로 상대의 허를 찌른다 · 133

物 만물 물 議 의논할 의

삼인성호 三人成虎

사람이 셋이면
호랑이도 만든다

▌ 거짓말이라도 여러 사람이 하면 곧이들린다.

[출전] 《전국책戰國策》〈위책魏策〉·《한비자韓非子》〈내저설內儲說〉

전국시대, 위나라 혜왕 때의 일이다. 태자와 신하 방총이 조나라의 도읍 한단에 인질로 가게 되었다. 떠나기 며칠 전에 방총이 혜왕에게 물었다.

"전하, 누가 지금 저잣거리에 호랑이가 나타났다고 한다면 믿으시겠습니까?"

"믿지 않을 것이오."

"그러면 두 사람이 똑같이 저잣거리에 호랑이가 나타났다고 한다면 어찌하시겠습니까?"

"역시 믿지 않을 것 같소."

"만약 세 사람이 똑같이 아뢴다면 그때는 믿으시겠습니까?"

혜왕은 심각한 얼굴을 하며 말했다.

"그때는 믿을 것이오."

"전하, 저잣거리에 호랑이가 나타날 수 없다는 것은 불을 보듯 명백한 사실이옵니다. 하오나 세 사람이나 똑같이 아뢴다면 저잣거리에 호랑이가 나타난 것이 되옵니다. 제가 떠난 뒤 저에 대해서 참언을 하는 자가 세 사람만은 아닐 것이옵니다. 전하, 바라옵건대 그들의 헛된 말을 귀담아 듣지 마시옵소서."

·134

혜왕은 다짐을 하듯 이렇게 명토 박았다.

"염려 마오. 누가 무슨 말을 하든 과인은 두 눈으로 본 것이 아니면 절대 믿지 않을 것이오."

그러나 방총이 떠나자마자 누군가가 혜왕에게 방총을 비방했다. 수년 후 태자는 풀려나 돌아왔으나, 혜왕에게 의심을 받은 방총은 끝내 돌아올 수가 없었다.

먼저 마음속에 들어온 말

▍이미 마음에 담아둔 고정된 생각

 [출전] 《한서漢書》〈식부궁전息夫躬傳〉

한나라 애제 때 능란한 말솜씨를 가진 식부궁이라는 사람이 있었다. 그는 흉노가 침공할 것이니 곧 대군을 변방에 배치해야 한다고 주장했다. 이에 황제는 승상인 왕가와 상의했다. 왕가가 말했다.

"무릇 정치하는 사람은 아첨하는 말, 부정하고 음험한 말, 너무 현란한 말, 너무 각박한 주장 때문에 괴로움을 당합니다. 아첨하는 말은 군왕의 덕을 깨고, 부정하고 음험한 말은 아랫사람들에게 원한을 품게 하며, 현란한 말은 간간이 올바른 도리를 파괴하고, 각박한 주장은 군왕의 은혜를 손상시킵니다. 옛날 진秦나라 목공은 욕심에 눈이 어두워 현명한 신하들의 주장을 듣지 않고 정나라를 치려 하다가 오히려 진晉나라에 정복되었습니다. 그 후 목공은 아첨하는 자들을 멀리하고 경험 많고 나이든 신하를 존중했기에 좋은 군주가 되었습니다. 폐하께서도 먼저 들은 말이 절대 옳다고 생각하지 마십시오."

그러나 황제는 왕가의 말을 따르지 않았다. 나중에 일이 잘못되자 황제는 식부궁을 감옥에 가두고 죽을 때까지 풀어주지 않았다.

말을
먹어 버리다

▎밥 먹듯이 말을 번복하고 거짓말을 하다.

[출전] 《춘추좌씨전春秋左氏傳》〈애공哀公 25년조〉

노나라 애공이 월나라에서 돌아왔을 때였다. 계강자와 맹무백이라는 두 대신이 마중 나와 축하 잔치를 베풀었다. 술을 마시며 맹무백이 애공의 어자御者인 곽중을 놀렸다.

"살이 많이 찌셨구려."

그러자 애공이 맹무백의 말을 받아 농담을 던졌다.

"이 사람은 말을 많이 먹으니까 살이 찔 수밖에 없지 않겠소?"

앞서 곽중은 두 대신이 자신을 이용하여 애공을 험담한다고 애공에게 귀띔해 준 적이 있었다. 애공은 곽중을 통해 자신을 비방해 온 두 대신을 비꼬아 말한 것이다.

속담이 한자성어를 만났을 때 ①

◈ 열 번 듣는 것보다 한 번 보는 게 낫다. 백문불여일견 百聞不如一見

◈ 하룻강아지 범 무서운 줄 모른다. 당랑거철 螳螂拒轍

◈ 입술이 없으면 이가 시리다. 순망치한 脣亡齒寒

◈ 아는 게 병이다. 식자우환 識字憂患

◈ 도랑 치고 가재 잡고, 마당 쓸고 동전 줍고. 일거양득 一擧兩得

◈ 원님 덕에 나팔 분다. 호가호위 狐假虎威

◈ 목마른 사람이 우물 판다. 임갈굴정 臨渴掘井

◈ 큰 그릇은 늦게 이루어진다. 대기만성 大器晩成

◈ 아픈 사람이 아픈 사람 마음을 안다. 동병상련 同病相憐

◈ 열 번 찍어 안 넘어가는 나무 없다. 마부작침 磨斧作針

◈ 숭어가 뛰니까 망둥이도 뛴다. 부화뇌동 附和雷同

◈ 손도 안 대고 코 풀려고 한다. 수주대토 守株待兔

◈ 양지가 음지 되고 음지가 양지 된다. 전화위복 轉禍爲福

◈ 손뼉도 마주 쳐야 소리가 난다. 고장난명 孤掌難鳴

◈ 빈대 잡으려다 초가삼간 태운다. 교각살우矯角殺牛

◈ 서당개 삼 년이면 풍월을 읊는다. 당구풍월堂狗風月

◈ 세 살 버릇 여든까지 간다. 삼세지습지우팔십三歲之習至于八十

◈ 엎친 데 덮친 격이다. 설상가상雪上加霜

◈ 콩 심은 데 콩 나고 팥 심은 데 팥 난다. 종과득과 종두득두種瓜得瓜 種豆得豆

◈ 달면 삼키고 쓰면 뱉는다. 감탄고토甘呑苦吐

◈ 모기 보고 칼 뽑는다. 견문발검見蚊拔劍

◈ 고생 끝에 낙이 온다. 고진감래苦盡甘來

◈ 그 아버지에 그 아들. 부전자전父傳子傳

◈ 열 길 물속은 알아도 한 길 사람 속은 모른다. 수심가지 인심난지水深可知人心難知

◈ 내 코가 석 자. 오비삼척吾鼻三尺

◈ 쇠 귀에 경 읽기. 우이독경牛耳讀經

◈ 귀에 걸면 귀걸이, 코에 걸면 코걸이. 이현령비현령耳懸鈴鼻懸鈴

◈ 새 발의 피. 조족지혈鳥足之血

◈ 끼리끼리 어울린다. 유유상종類類相從

양약고구 良藥苦口

좋은 약은
입에 쓰다

▌충언은 귀에 거슬리나 결국은 자신을 이롭게 한다.

[출전] 《사기史記》〈유후세가留侯世家〉

진秦나라 시황제가 죽자 폭정에 시달렸던 민중들이 진나라 타도를 외치며 들고일어섰다. 특히 유방은 황제 자영에게 항복을 받고 왕궁을 차지하게 되었다. 궁중에는 온갖 진귀한 보물들이 헤아릴 수 없이 많았다. 마음이 해이해진 유방이 그대로 궁궐에 머물려고 하자 번쾌가 간했다.

"아직 천하는 통일되지 않았나이다. 지금부터가 큰일이오니 지체없이 왕궁을 물러나 적당한 곳에 진을 치도록 하시옵소서."

유방이 듣지 않자 이번에는 현명하기로 이름난 참모 장량이 간했다.

"지금 전하의 임무는 천하를 위해 남은 적을 소탕하고 민심을 안정시키는 것이옵니다. 그런데도 벌써 부와 권세에 현혹되어 포악한 진시황의 횡포를 배우려 하신다면 그 전철을 밟게 될 것이옵니다. 원래 충언은 귀에 거슬리나 행실에 이롭고, 독한 약은 입에 쓰나 병에 이로운 법이옵니다. 번쾌의 진언을 들으소서."

유방은 신하들의 말을 따라 왕궁을 떠나 패상이란 곳에 진을 쳤다.

난간을
부러뜨리다

▌진심으로 간곡하게 충고하다.

[출전] 《한서漢書》 〈주운전朱雲傳〉

전한시대, 어느 날 주운이 상소를 올려 성제에게 아뢰었다.

"지금 조정 대신 중에는 군주에게 아첨하고, 백성들에게 아무 보탬도 되지 못한 채 자리만 지키고, 나라의 재물만 축내는 자가 있습니다. 그는 폐하의 총애를 잃을까 두려우면 못 하는 일이 없는 자입니다. 저에게 검을 내려 주시면 아첨꾼 하나를 베어 나머지 무리에게 본보기로 보일 것입니다."

"그 자가 누구란 말이오?"

"바로 장우입니다."

장우는 성제가 스승으로 존경하는 인물이었다. 성제가 크게 노하여 말했다.

"미천한 신하가 윗사람을 비방하고 조정에서 황제의 스승을 욕보였으니, 죽음을 면치 못할 것이다!"

성제가 신하들에게 주운을 끌어내라고 명했다. 그때 주운은 나가지 않으려고 난간을 붙잡았는데 그만 난간이 부러졌다. 그는 단지 자신은 조정을 걱정할 뿐이라고 외치며 끝내 끌려 나가고 말았다.

이에 좌장군 신경기가 관冠을 벗고 성제 앞에서 머리로 바닥을 치면서 말했다.

"저 사람은 평소에 성품이 강직하여 물불을 가리지 않는 자로 세상에 널리 알려져 있습니다. 그의 말이 옳다면 죽여서는 아니 되고, 그의 말이 그르다고 해도 마땅히 용서해야 할 것입니다. 저 역시 감히 죽음으로 아뢰옵니다."

신경기가 머리를 바닥에 치면서 피가 흘렀는데 성제의 화가 풀린 뒤에야 그는 행동을 멈추었다. 나중에 신하들이 부러진 난간을 바꾸려고 하자 성제는 이렇게 말했다.

"바꾸지 마라. 직언을 하는 신하의 본보기로 삼을 것이니라."

KBS 〈도전! 골든벨〉 196회 문제

Q 다음과 같은 뜻을 가진 한자어에 공통으로 등장하는 동물은 무엇일까요?

― 가장 요긴한 부분을 끝으로 하여 일을 마침을 이르는 말

― 어려운 관문을 통과하여 출세하게 된다는 한자어

― 시작은 거창하나 뒤로 갈수록 흐지부지해짐을 뜻하는 고사성어

정답 용 (화룡점정畵龍點睛 / 등용문登龍門 / 용두사미龍頭蛇尾)

중구난방 衆口難防

여러 사람의 입은
막기가 어렵다

▌많은 사람들이 떠들어대면 막기 어렵다.

[출전]《십팔사략 十八史略》

주나라 여왕은 약해져 가는 주 왕실의 세력을 키우기 위해 혁신적인 정책을 펼쳤다. 이때 수입을 증대시키기 위해 이공을 등용했는데, 그는 노골적인 착취 방법을 쓰려고 했다. 이에 소공이 반대하며 이렇게 말했다.

"백성들의 입을 막는 것은 개천을 막는 것보다 어려운 것입니다. 강물이 막혔다가 터지면 많은 사람들이 다치게 됩니다. 백성들도 마찬가지입니다. 그러므로 강을 다스리는 사람은 물이 흘러가도록 하고, 백성을 다스리는 사람은 백성이 각자 생각하는 바를 말로 할 수 있게 해야 합니다."

그러나 왕은 소공의 말을 따르지 않았고, 결국 백성들이 들고일어나자 도망을 했다.

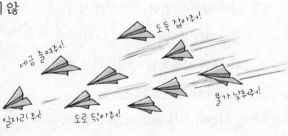

도둑 잡아줘!

세금 줄여줘!

일자리 줘!

도로 닦아줘!

물가 낮춰줘!

한 마디 말로 상대의 허를 찌른다 · 143

衆 무리 중 口 입 구 難 어려울 난 防 막을 방

청담 淸談

맑고
고상한 대화

▌ 이익에 얽매이지 않은 고상한 이야기

[출전] 《안씨가훈顔氏家訓》

위진시대는 불안한 정치와 잦은 전쟁으로 혼란스러웠다. 특히 정치 권력자들과 그들의 추종 세력들의 횡포가 나날이 극심해졌다. 이런 현실에 등을 돌린 사대부들은 산림에 은거하여 노장사상이라든가 고상하고 운치 있는 이야기를 나누며 거문고와 술로 그 시름을 잊고 있었다. 그중 대나무 숲에 파묻혀 토론을 즐기던 죽림칠현이 있었으니 완적, 혜강, 산도, 향수, 유령, 완함, 왕융이 그들이었다.

그들은 조정의 관리들을 비판하고, 위선적인 예의범절을 무시하는 등 파격적인 말과 행동을 일삼아 오히려 세상 사람들에게 비난의 대상이 되기도 했다. 또한 세속적인 이해관계나 명예는 염두에 두지 않았다.

이들이 시를 읊고 노닐며 나누었던 이야기들을 후세 사람들이 맑고 고상하다 하여 '청담'이라 한 것이다.

> **● '담談'이 들어간 한자어**
> ● 농담弄談 : 실없는 말
> ● 덕담德談 : 잘 되기를 바라는 말
> ● 밀담密談 : 몰래 하는 비밀 이야기
> ● 여담餘談 : 본래 줄거리와 관계 없는 말
> ● 장담壯談 : 확신을 가지고 자신 있게 하는 말
> ● 항담巷談 : 거리에 떠도는 소문
> ● 험담險談 : 남을 헐뜯는 말

한 치의 쇠붙이로 살인을 하다

▌ 간단한 말로 약점을 찌르거나 감동시키다.

[출전] 《학림옥로鶴林玉露》

《학림옥로》는 남송의 유학자 나대경이 시문에 대한 논평과 자기 집에 찾아온 손님들과 주고받은 대화를 기록한 것이다. 그중 종고선사가 선禪에 대해 논한 대목에 이러한 내용이 있다.

"수레 가득 무기를 싣고 온다고 해서 사람을 죽일 수 있는 것이 아니다. 나는 한 치도 안 되는 칼만 있어도 사람을 죽일 수 있다."

여기서 '사람을 죽인다'는 것은 자기 마음속의 속된 생각을 없애는 것을 의미한다. 그러나 오늘날에는 짧은 말 한 마디로 상대방의 허를 찔러 상대방을 당황하게 만들거나 감동시키는 경우를 가리킨다.

치인설몽 痴人說夢

바보에게
꿈 얘기를 하다

▌ 앞뒤 분별없이 아무렇게나 지껄이다.

[출전] 《냉재야화冷齋夜話》

당나라 때 서역의 고승인 승가가 여행을 하고 있을 때였다. 남다른 그의 행동에 어떤 이가 물었다.

"당신은 성이 무엇何이오?"

"내 성은 하何요."

"어느 나라 사람何國人이오?"

"하국 사람何國人이오."

뒷날 당나라의 문인 이옹이 승가를 위해 비문을 쓸 때, 이것이 승가가 농담으로 받아넘긴 대답인 줄도 모르고 비문에다 '대사의 성은 하이고 하국 사람이었다'고 썼다고 한다.

남송의 혜홍이란 사람은 이옹에 대하여 다음과 같이 평했다.

"이것이 바로 어리석은 사람에게 꿈을 이야기한 것이다. 결국 이옹은 꿈을 참인 줄로 믿고 말았으니 정말로 어리석은 자라 할 것이다."

·146

行

지나침 없이 알맞게 행동해서
손해 보는 건 없다

토끼가 달려가다가 그루터기에 부딪혀 그만 목이 부러져 죽었다. 토끼를 공짜로 얻게 된 농부는 농사일보다 토끼를 잡는 것이 더 나으리라 싶어 농사일은 집어치우고 그루터기를 지키면서 토끼가 오기만을 기다렸다. 그러나 토끼는 다시 나타나지 않았다.

칼이 빠진 곳을 배에 표시하다

▌ 어리석고 미련하여 융통성이 없다.

[출전] 《여씨춘추呂氏春秋》〈찰금察今〉

춘추전국시대, 어느 초나라 사람의 이야기다. 어느 날 그는 매우 소중한 칼을 품에 안고 강을 건너고 있었다. 강 한가운데쯤 왔을까. 그만 칼을 물에 빠뜨리고 말았다. 그는 즉시 주머니칼을 꺼내서 배에다 칼을 빠뜨린 장소를 표시해 놓았다.

'칼이 떨어진 자리를 표시해 놓았으니 나중에 칼을 찾을 수 있겠지.'

배가 언덕에 닿자 그는 뱃전의 표시를 따라 물속으로 뛰어들었다. 그러나 이곳저곳 아무리 찾아도 칼은 보이지 않았다. 그는 배가 움직였다는 사실은 생각하지 않았던 것이다.

·148

허물을 고쳐 착한 사람이 되다

▌ 잘못을 뉘우치고 착한 사람으로 다시 태어나다.

[출전] 《진서晉書》〈본전本傳〉

진晉나라 혜제 때 양흠 지방에 주처라는 사람이 있었다. 그는 열 살 때 아버지를 잃고 그때부터 하릴없이 방탕한 생활을 하며 지냈다. 걸핏하면 남에게 주먹을 휘둘러서 마을 사람들이 혀를 내둘렀다.

그런 주처가 철이 들면서 자신의 잘못을 깨닫고 새 사람이 되겠다는 결심을 했다. 하지만 마을 사람들은 그를 계속 피하기만 했다. 결국 주처가 사람들에게 어떻게 하면 자기의 말을 믿어 주겠느냐며 도움을 청하자 사람들은 말했다.

"남산의 호랑이와 다리 밑에 사는 교룡蛟龍을 죽인다면 자네의 말을 믿겠네."

마을 사람들은 주처가 호랑이와 교룡에게 죽기를 바라고 이런 말을 한 것이었다. 주처는 목숨을 건 사투 끝에 호랑이와 교룡을 죽이고 마을로 돌아왔다. 그러나 아무도 반갑게 맞아주는 사람이 없었다. 이에 실망하여 마을을 떠나 동오東吳에 가서 학자 육기에게 자초지종을 이야기했다. 육기가 격려하며 말했다.

"마음잡고 예전의 잘못을 고쳐 새 사람이 되면 자네의 앞날은 밝을 것이네."

주처는 용기를 얻어 10년 동안 학문과 덕을 쌓은 후 마침내 인심人心을 얻고 대학자가 되었다.

改 고칠 개 過 허물 과 遷 옮길 천 善 착할 선

경원 敬遠

공경하되 멀리하라

▌겉으로는 존경하는 듯하나 속으로는 꺼리고 멀리하다.

[출전] 《논어論語》〈옹야雍也〉

어느 날 제자 번지가 지知란 무엇이냐고 묻자, 공자가 번지에게 이렇게 대답했다.

"백성이 해야 할 도리에 힘쓰고, 귀신을 공경하되 멀리하는 것이다."

이 말은 불가사의한 존재에 의지하여 인격을 완성하기보다는 현실 세계에서 도덕적인 완성을 중요시하라는 말이다. 그러나 오늘날에는 자신보다 실력이나 인격이 더 뛰어나면 그 사람을 꺼리고 피한다는 의미로 쓰이고 있다.

닭처럼 울고
개처럼 도둑질하다

▍아무리 미천한 사람도 작은 재주가 있으면 남을 도울 수 있다.

[출전] 《사기史記》 〈맹상군열전孟嘗君列傳〉

　　전국시대 중엽, 제나라 맹상군은 선정을 베풀며 널리 인재를 모아 천하에 명성을 떨쳤다. 수천 명에 이르는 그의 식객 중에는 문무지사文武之士는 물론 신분이 미천한 자들도 있었다.

　　진秦나라의 소양왕이 제나라의 귀족인 맹상군이 현명하다는 말을 듣고 맹상군을 만나기를 요청했다. 맹상군이 진나라로 가려고 하자 식객들이 모두 반대하고 나섰다. 그중 소대가 이렇게 말했다.

　　"오늘 아침 제가 밖에서 돌아오는데 나무인형과 흙인형이 말하는 것을 들었습니다. 나무인형이 '하늘에서 비가 오면 그대는 무너질 것이다'라고 말하자, 흙인형은 '나는 흙에서 태어났으니 무너져도 흙으로 돌아갈 뿐이다. 만약 하늘에서 비가 오면 그대는 떠내려갈 뿐 멈추는 곳을 알지 못할 것이다'라고 하였습니다. 지금 진나라는 호랑이와 이리 같은 나라입니다. 그런데 군주께서 가고자 하시니 만약 다시 돌아오지 못한다면 흙인형의 비웃음을 면치 못할 것입니다."

　　결국 맹상군은 길을 떠나지 않았다.

　　얼마 후 맹상군은 왕명으로 진나라에 가지 않을 수 없게 되었다. 맹상군은 귀한 여우 가죽옷을 소양왕에게 선물로 전했다. 소양왕은 그를 보자마자 진나라의 재상으로 삼고자 했다. 그러나 신하들이 나서서 말했다.

"맹상군은 당대의 어진 사람이지만 국정을 맡게 되면 반드시 제나라의 이익을 생각하고 진나라의 일은 나중으로 미룰 것이니, 어찌 그에게 재상직을 맡기겠습니까?"

이리하여 소양왕은 맹상군을 재상으로 삼는 대신 잡아 가두어 놓고 기회를 보아 죽이려고 했다. 이를 안 맹상군은 소양왕의 애첩에게 자신을 풀어줄 것을 간청했다. 애첩은 자신에게도 여우 가죽옷을 달라고 했다. 맹상군은 난감했다. 수천 금이나 되는 여우옷을 당장 구할 수도 없는 노릇이었다. 식객들과 의논해 보았지만 달리 방법이 없었다. 이때 말석에 있던 '구도'가 선뜻 나섰다.

"제게 맡겨 주십시오."

구도는 한밤중에 개의 흉내를 내면서 궁중의 창고로 숨어들어 가 여우옷을 훔쳐 왔다. 이리하여 여우옷을 받은 소양왕의 애첩이 맹상군을 풀어줄 것을 청하자 소양왕은 마침내 맹상군의 귀국을 허락했다.

맹상군이 일행을 거느리고 서둘러 국경으로 향하고 있을 때, 소양왕은 맹상군을 놓아준 것을 뒤늦게 후회하고 그를 잡아오라며 병사를 급히 보냈다. 한밤중에 국경에 닿은 맹상군 일행은 거기서 더 나아갈 수가 없었다. 첫닭이 울 때까지는 관문을 열지 않기 때문이다. 일행이 안절부절못하고 있는데, 식객 중에 '계명'이란 자가 닭 울음 소리를 냈다. 그러자 동네 닭들이 울기 시작했다. 마침내 관문을 빠져나온 일행은 말에 채찍을 가하여 쏜살같이 어둠 속으로 사라졌다. 진나라의 병사들이 관문에 닿은 것은 그 직후였다.

계포일낙 季布一諾

계포의
약속

▌한 번 약속하면 반드시 지킨다.

[출전]《사기史記》〈계포전季布傳〉

계포는 초나라 출신으로 항우와 유방이 천하를 놓고 다툴 때 항우의 대장으로 용맹을 떨치던 인물이다. 그는 자신이 한 약속은 반드시 지키는 신의 있는 사람으로 유명했다.

한편 초나라 출신의 조구생은 권력가에게 아첨하며 돈만 아는 인물이었다. 고위 환관 조동 등을 섬기고 두 장군과 친했다. 계포가 이 소식을 듣고 편지를 보내서 두 장군에게 간했다.

"조구생은 덕이 있는 자가 아니라고 들었습니다. 그와 교제하지 마십시오."

어느 날 조구생이 두 장군의 소개장을 얻어 계포를 만나려 했다. 이때 두 장군이 조구생을 말리며 나섰다.

"계 장군은 당신을 좋아하지 않으니 가지 않는 게 좋을 듯하오."

그러나 조구생은 무리하게 소개장을 얻어 가지고 떠났다. 그리고 사람을 시켜서 먼저 계포에게 소개장을 보냈다. 계포는 크게 노하여 조구생을 기다렸다. 얼마 뒤 조구생이 와서 계포에게 간곡히 말했다.

"초나라의 속담에, 황금 100근을 얻느니 계포의 승낙 한 마디를 얻는 게 낫다고

行 지나침 없이 알맞게 행동해서 손해 보는 건 없다 · 153

하는데, 장군은 어떻게 이런 명성을 얻을 수 있었습니까? 또 저도 초나라 사람이고 장군도 역시 초나라 사람인데, 제가 천하를 다니면서 장군의 명성을 널리 알리면 장군의 명성이 천하에 떨칠 것이 아닙니까? 그런데 어찌 저를 이렇게 대하십니까?"

그러자 계포는 크게 기뻐하여 그를 수개월 동안 머무르게 하며 상객으로 대접했다. 그 후 계포의 명성이 더욱더 유명해진 것은 조구생 덕분이었다.

지나침은 모자란 것과 같다

▌어느 쪽으로든지 치우침 없이 중용의 길을 걸어야 한다.

[출전] 《논어論語》 〈선진先進〉

어느 날 자공이 공자에게 물었다.

"선생님, 사師(자장의 이름)와 상商(자하의 이름) 중 누가 어진 사람입니까?"

공자가 말했다.

"사는 지나치고 상은 미치지 못한다."

자공이 다시 물었다.

"그렇다면 사가 낫습니까?"

그러자 공자는 대답했다.

"지나친 것은 미치지 못한 것과 같다."

■ '급及'이 들어간 한자성어

• 족탈불급足脫不及 : 맨발로 뛰어도 따라가지 못한다. 재능에 차이가 있어 도저히 따라잡을 수 없다.

• 학여불급學如不及 : 학문은 미치지 못함과 같다. 그러니 쉬지 말고 노력해야 한다.

• 후회막급後悔莫及 : 아무리 후회해도 어쩔 수 없다.

過 지날 과 猶 같을 유 不 아니 불 及 미칠 급

과전이하 瓜田李下

의심받을 짓은
처음부터 하지 마라

▌ 오이밭에서는 신을 고쳐 신지 않고, 오얏나무 아래에서는 갓을 고쳐 쓰지 않는다.

[출전] 《열녀전烈女傳》〈절의節義〉

전국시대, 제나라 위왕 때의 일이다. 위왕이 즉위한 지 9년이나 되었지만, 간신 주파호가 국정을 제멋대로 휘둘러 왔던 탓에 나라 꼴이 말할 수 없을 정도로 어지러웠다. 이를 보다 못한 후궁 우희가 위왕에게 아뢰었다.

"전하, 주파호는 속이 검은 사람이오니 그를 내치시고 북곽 선생과 같은 어진 선비를 등용하소서."

이에 주파호는 우희와 북곽 선생이 전부터 서로 좋아하는 사이라고 모함하기 시작했다. 위왕은 우희를 옥에 가두고 철저히 조사하라고 명했고, 이미 주파호에게 매수된 관원은 억지로 죄를 꾸며내려고 했다. 상황을 이상하게 여긴 위왕이 우희를 불러 직접 죄를 물었다. 우희가 대답했다.

"전하, 제가 한마음으로 전하를 모신 지 10년이 되었사오나 오늘날 불행히도 간신들의 모함에 빠졌습니다. 만약 저에게 죄가 있다면 그것이 '오이밭에서 신을 고쳐 신지 말고, 오얏나무 아래에서 갓을 고쳐 쓰지 말라'는 말이

▌유사성어

• 오비이락烏飛梨落 : 까마귀 날자 배 떨어진다. 연관 없는 일들이 동시에 일어나서 관계 있는 것처럼 오해를 받는다.

있는데도, 남에게 의심받을 일을 한 것과 제가 옥에 갇혀 있는데도 누구 하나 편들어 주는 사람이 없다는 저의 부덕함입니다. 이제 저를 죽이신다 해도 저는 변명하지 않겠사오나 주파호와 같은 간신만은 내쳐 주시옵소서."

위왕은 우희의 충심 어린 호소를 듣고 즉시 주파호 일당을 삶아 죽이고 어지러운 나라를 바로잡아 나갔다.

구부러진 것을 바로잡으려다 너무 곧게 되다

▌잘못을 바로잡으려다가 지나쳐서 나쁜 결과를 얻다.

[출전] 《후한서後漢書》〈중장통전仲長統傳〉

중장통은 동한 영제 때의 유명한 문인이다. 그는 당시의 혼란한 정치 상황에 대해 다음과 같이 언급했다.

"제왕들 중 어떤 이는 썩 총명하지 못해 나라 안에 자신을 반대하는 사람이 없다고 생각하고 스스로 자만하게 된다. 그리하여 나라 안의 모든 업적을 모두 자기의 공로로 돌리며 아무도 자신을 비판하지 못하리라 믿는다. 그 결과 온 나라가 분란에 휘말리게 되고 이민족들은 이 틈을 노려 침범해 오며, 마침내 나라는 무너지고 왕조는 멸망하게 된다. 그러다 태평성대를 이루면 사람들은 모두 부정한 기풍과 혼란을 바로잡고자 하나, 굽은 것을 바로잡으면서 정도를 지나치기도 한다. 그리하여 효과를 얻으려다 도리어 예상한 목적에 이르지 못할 수도 있다."

■유사성어

• 교각살우 矯角殺牛 : 소의 뿔을 바로잡으려다가 소를 죽인다.
• 소탐대실 小貪大失 : 작은 것을 탐하다가 큰 손실을 입는다.

아교로 붙이고 거문고를 타다

▌규칙만 고수하여 융통성이 없고 고지식하다.

[출전] 《사기史記》 〈염파인상여열전廉頗藺相如列傳〉

전국시대, 조나라 효성왕 때의 일이다. 진秦나라의 대군이 조나라를 공격해 오자, 조나라 왕은 염파를 장군으로 임명하고 진을 치게 했다. 진군이 자주 조군을 격파했으므로 조군은 성벽을 견고히 하고 나가 싸우지 않았다. 진군이 자주 도전해 왔으나 염파는 맞서려 하지 않았다. 이때 조왕이 진나라의 이간책에 속고 말았다.

"진이 꺼리는 것은 다만 마복군 조사의 아들 조괄이 장군이 되는 것뿐이다."

진나라가 퍼뜨린 이 소문을 그대로 믿은 조왕은 조괄을 장군으로 삼아 염파를 대신하게 했다. 그러자 인상여가 말했다.

"전하께서 헛소문만 들으시고 조괄을 쓰시는 것은 마치 거문고의 기둥을 아교로 붙여 고정시키고 거문고를 뜯는 것과 같습니다. 조괄은 그저 자기 아버지가 남긴 병법 책을 읽을 수 있을 뿐, 변화하는 상황에 따라 행동하지는 못합니다."

그러나 왕은 듣지 않고 조괄을 장군으로 삼았다. 인상여의 말대로 조괄은 고지식하게 병서대로만 싸우다가 진나라의 전술에 걸려들고 말았다. 조괄은 진군에게 죽임을 당했고, 조나라 군사 40만이 목숨을 잃었다.

지혜로운 토끼는 굴을 판다

▌갑작스러운 난관에 대처하기 위해 미리 준비하다.

[출전] 《사기史記》 〈맹상군열전孟嘗君列傳〉

전국시대, 제나라의 재상 맹상군의 식객 중에 풍환이라는 자가 있었다. 어느 날 풍환은 설薛 땅의 백성들에게 빌려 준 돈을 거두어 오라는 맹상군의 명을 받고 그곳으로 가게 되었다. 곧 빚이 있는 자들을 불러모았다. 그리고 차용증서를 꺼내 맞춰 보고 이자를 낼 수 있는 사람에게는 원금상환 기일을 정해 주고, 가난하여 이자를 낼 수 없는 자의 차용증서는 받아서 불태운 후 이렇게 말했다.

"맹상군께서 돈을 빌려 주시는 이유는 돈이 없는 백성들이 생계를 이어갈 수 있게 하기 위함이오. 또 이자를 받는 것은 가난한 식객들을 돌보기 위함이오. 지금 부유한 사람들에게 기한을 정해 주고, 형편이 어려운 사람에게 차용증서를 받아 태우는 것으로 빚을 포기하였소. 이렇게 훌륭한 분을 배반해서야 되겠소?"

백성들은 기뻐하며 절을 했다. 맹상군이 이 소식을 듣고 격노하여 즉시 풍환을 불러들였다. 맹상군이 까닭을 묻자 풍환은 대답했다.

"빚을 재촉만 하고 받을 수 없게 된다면, 위로는 선생께서 이익에 눈이 어두워 백성을 사랑할 줄 모르는 사람이 되고, 아래로는 백성이 군주를 배반하고 빚진 것을 가졌다는 불명예를 안게 됩니다. 이러면 백성들을 달래고 군주의 명성을 높이는 것이 못 됩니다. 쓸모없는 차용증서를 불살라 버리고 실없는 계산을 포기한 것은 설의 백성들에게 군주의 명성을 높이려고 한 일입니다."

맹상군은 이를 이해하고 사과했다. 그로부터 1년 후 새로 즉위한 민왕이 진秦나라와 초나라의 비방에 현혹되어 맹상군을 파면했을 때, 설 땅의 백성들은 100리 길도 멀다 하지 않고 나와서 맹상군을 위로했다. 이것이 지혜로운 토끼가 미리 굴을 파듯 풍환이 맹상군을 위해 만든 첫 번째 굴이었다.

풍환은 맹상군에게 수레와 돈을 얻어 위나라로 가서 혜왕을 설득했다.

"지금 제나라 왕이 맹상군을 파면했으니, 그는 왕을 원망하여 반드시 제나라를 배반할 것입니다. 그를 불러들이시면 제나라의 실정을 알 수 있을 것입니다."

혜왕은 맹상군을 자신의 사람으로 만들어야겠다고 생각하고 곧 황금과 수레를 맹상군에게 보냈다. 그러나 맹상군은 이미 도착한 풍환의 말에 따라 그것을 받지 않았다. 그러기를 세 차례나 했다. 이 소문은 민왕에게까지 들어갔다. 민왕은 즉시 맹상군에게 자신의 잘못을 사과하고 다시 재상직을 주었다. 이것이 풍환이 맹상군을 위해 판 두 번째 굴이었다.

풍환은 맹상군에게 설 땅에 선대의 종묘를 세우도록 했다. 이리하면 앞으로도 민왕이 맹상군을 함부로 대하지 못할 것이고, 자신의 목숨도 지킬 수 있을 것이기 때문이다. 이것이 바로 그의 세 번째 굴이었다.

입에는 꿀을 바르고 뱃속에는 칼을 감춘다

▌ 말로는 친한 체하지만 속으로는 은근히 해칠 생각을 품고 있다.

[출전] 《십팔사략十八史略》

당나라 현종 때 이임보라는 재상이 있었다. 그는 뇌물로 환관과 후궁들의 환심을 사고 현종에게 아첨하여 마침내 재상이 되었다. 또한 당시 양귀비에게 빠져 정사를 멀리하는 현종의 비위를 맞추면서도 조정의 일에 깊이 관여하고 있었다.

바른 말을 하는 충신이나 자신의 권위를 위협하는 신하가 나타나면 가차없이 제거했을 뿐만 아니라, 백성들의 간곡한 충언이 현종의 귀에 들어가지 못하도록 철저하게 감시했다. 이런 그를 두려워한 벼슬아치들이 이렇게 말했다.

"이임보는 현명한 사람을 미워하고 능력 있는 사람을 질투하여 자기보다 나은 사람을 배척하고 억누르는 무서운 사람이다. 사람들이 그를 보고 입에는 꿀이 있고 뱃속에는 칼이 있다고 말한다."

구상유취 口尙乳臭

입에서 젖비린내가 난다

▌상대가 어리고 그의 말과 행동이 유치하다.

[출전] 《사기史記》 〈고조기高祖記〉

한나라 고조 유방이 한신을 시켜 위나라를 정벌하기로 하고, 위나라 사정을 잘 알고 있는 사람을 불러 그쪽 사정을 물었다.

"위나라의 대장이 누구인가?"

"백직이라는 자입니다."

그러자 유방이 말했다.

"입에서 젖비린내가 나는 놈이구나. 어찌 우리 한신을 당해낼 수 있겠느냐."

유방은 즉시 한신에게 명하여 위나라 군대를 공격하게 했다.

行 지나침 없이 알맞게 행동해서 손해 보는 건 없다 · 163

비단옷 입고 밤길을 가다

▌아무리 잘해도 남이 알아주지 않는다.

[출전] 《사기史記》〈항우본기項羽本紀〉

유방에 이어 진秦나라의 도읍 함양에 도착한 항우는 유방과 달랐다. 그는 유방이 살려 두었던 세 살밖에 되지 않은 황제 자영을 죽이고 아방궁에 불을 질러 석 달 동안 불타는 광경을 지켜보았다. 또한 시황제의 무덤도 파헤쳐서 엄청난 금은보화를 몽땅 차지했다.

달밤에 뭐하는겨?

나 어때?

항우의 이런 무모한 행동이 이어지자 곁에 있던 범증이 간곡히 말렸다. 그러나 항우는 듣지 않고 오히려 재물과 식량을 거두어 강동으로 돌아가고 싶어했다.

이때 한생이라는 사람이 말했다.

"함양은 사방이 산과 강으로 둘러싸여 요충지로 손색이 없고, 땅도 비옥합니다. 이곳을 도읍으로 정하시고 천하를 호령하소서."

그러나 항우의 눈에 비친 함양은 황량한 땅일 뿐이었다. 그는 하루바삐 고향으로 돌아가 자신의 성공을 과시하고 싶었다.

　　"부귀한 몸으로 고향으로 돌아가지 않으면, 비단옷을 입고 밤길을 가는 것과 같으니 누가 알아주겠는가."

　　항우에게 함양에 도읍을 정할 뜻이 없다는 것을 안 한생은 자리에서 물러나 말했다.

　　"초나라 사람은 원숭이에게 옷을 입히고 갓을 씌운 것처럼 지혜가 없다고 하더니, 그것이 정말이구나."

　　이 말을 전해 들은 항우는 크게 노하여 한생을 죽였다.

2002년 일본에서 뽑은 '올해의 한자'

歸 (돌아올 귀)

북한에 납치당했던 일본인들 중 5명이 24년 만에 돌아온 것에 의미를 두었다. 또한 일본 부동산 거품 때문에 붕괴되었던 경제가 다시 안정을 되찾았다.

行 지나침 없이 알맞게 행동해서 손해 보는 건 없다 · 165

기우 杞憂

하늘이
무너지지나 않을까

| 굳이 안 해도 되는 쓸데없는 걱정

[출전] 《열자列子》〈천서天瑞〉

옛날 기나라에 하늘과 땅이 무너지지 않을까 걱정을 하는 사람이 있었다. 또 하늘이나 땅은 무너지지 않을 것이라며 걱정할 필요가 없다고 주장하는 사람이 있었다. 장려자라는 사람이 그들의 얘기를 듣고서 웃으며 말했다.

"무지개, 구름, 안개, 바람, 비 따위는 기운이 쌓여 하늘에 이루어진 것들이다. 산, 강, 바다, 쇠, 돌, 불, 나무 등과 같은 것은 형체가 쌓여 땅에 이루어진 것들이다. 기운이 쌓인 것임을 알고 흙덩이가 쌓인 것임을 안다면 어찌 무너지지 않는다고 말할 수 있겠는가. 하늘과 땅이란 공허한 가운데 있는 한 가지 미세한 물건이요, 사물 가운데서 가장 큰 것이어서 원래 끝장이 나기도 어렵고 다하기도 어렵게 되어 있는 것이다. 그것이 무너질까 걱정하는 사람은 진실로 너무나 멀리 생각하기 때문이요, 그것이 무너지지 않는다고 말하는 사람도 역시 옳지 않다. 하늘과 땅은 무너지지 않을 수가 없는 것이니 곧 언젠가는 무너지게 될 것이다. 또 그것이 무너질 때가 온다면 어찌 걱정하지 않을 수가 있겠는가."

열자가 그 말을 듣고 웃으면서 말했다.

"하늘과 땅이 무너질 것이라고 말하는 사람도 잘못이지만, 하늘과 땅이 무너지

·166

우리나라 기 杞憂

지 않을 것이라고 말하는 사람도 역시 잘못이다. 무너질지, 무너지지 않을지는 우리로서는 알 수가 없는 일이다. 그러므로 태어날 때는 죽음을 알지 못하고 죽을 때는 태어날 때를 알지 못하며, 올 때는 가는 것을 알지 못하고 갈 때는 오는 것을 알지 못하는 것이다. 하늘과 땅이 무너지고 안 무너지는 것을 어찌 마음에 담아 두겠는가. "

이 이야기는 사람은 분에 넘치는 생각을 떨쳐 버리고 자연의 질서에 따라 편안한 마음으로 삶을 누려야 한다는 것을 전하고 있다.

남취 濫吹

엉터리로
악기를 불다

┃ 무능한 사람이 유능한 체하다.

[출전] 《한비자韓非子》〈내저설內儲說〉

임금이 신하를 다스리는 일곱 가지 방법이 있다.

"첫째, 여러 가지 일의 단서를 비교하고 검토해야 한다. 둘째, 잘못은 반드시 처벌하여 임금의 위엄을 세운다. 셋째, 잘한 것은 반드시 상을 주어 신하들이 능력을 다하게 한다. 넷째, 일일이 신하들의 말을 듣고 그대로 하는지 살펴야 한다. 다섯째, 의심스러운 명령을 내려 보기도 하고 거짓으로 일을 시켜 보기도 해야 한다. 여섯째, 아는 것을 감추고 모르는 체하고 물어보아야 한다. 일곱째, 거꾸로 말을 해 보기도 하고 반대되는 일을 해 보기도 해야 한다. 이러한 일곱 가지가 임금이 신하를 다스릴 때 해 보아야 할 일이다."

이 중 넷째의 예에 관한 이야기가 있다.

제나라의 선왕은 악공들에게 생황(통에 대나무관들을 돌려 세운 관악기)을 불게 할 때면 항상 300명이 합주하게 했다. 성 밖에 살고 있는 풍각쟁이들이 왕을 위해서 생황을 불겠다고 나서자 선왕은 기뻐하며 쌀을 주어 그들을 불렀다. 온 사람이 전부 수백 명이나 되었다.

세월이 흘러 민왕이 새 군주가 되었는데 그는 홀로 연주하는 것을 좋아했다. 그러자 생황을 불던 자들이 모두 도망치고 말았다. 그들 가운데는 엉터리가 많았던 것이다.

한편 한나라 소후는 이렇게 말했다.

"피리를 부는 자는 많은데 누가 잘 부는지는 알 수 없구나."

그러자 한 신하가 말했다.

"한 사람씩 불도록 시켜 보십시오."

늙은 말의 지혜

▌ 아무리 하찮은 것일지라도 저마다 장기나 장점을 지니고 있다.

[출전] 《한비자韓非子》〈설림說林〉

춘추시대, 제나라 환공 때의 일이다. 환공은 재상 관중과 대부 습붕과 함께 고죽국(하북성)을 정벌하러 나섰다가 돌아오는 길이었다. 갈 때는 봄이었으나 돌아올 때는 겨울이었으므로 그만 길을 잃고 말았다. 관중이 말했다.

"이럴 때는 늙은 말의 지혜가 필요하다."

그리고 늙은 말을 앞세우더니 그 뒤를 따라가며 길을 찾았다. 한참 길을 가는데 이번에는 산중에 물이 없어 목이 말랐다. 습붕이 말했다.

"개미는 겨울이 되면 산의 남쪽에 살고, 여름이면 북쪽에 사는 법이다. 그리고 높이가 한 치 가량 되는 개미집이 있으면 그 아래 여덟 자 되는 땅 속에 물이 있다."

그의 말을 듣고 땅을 파 보자 역시 물이 나왔다. 관중과 같은 현인이나 습붕과 같은 지혜로운 사람도 모르는 것이 있으면 주저하지 않고 늙은 말이나 개미조차 스승으로 삼은 것이다.

늙을수록 씩씩하다

▌ 나이가 들었어도 패기를 잃지 않고 오히려 굳세다.

100세

진작 운동 좀 할걸~

3세

[출전] 《후한서後漢書》〈마원전馬援傳〉

　한나라 광무제 때 마원이라는 사람이 있었다. 학식과 무예가 뛰어나 나라를 위해 크게 쓰일 인물이었다. 마원은 훗날 군수를 보좌하면서 그 현을 감찰하는 독우관이 되었다.

　어느 날 죄수를 호송하는 일을 맡게 되었는데, 이런저런 하소연을 하는 죄수들에게 동정심을 느껴 그들을 풀어주고 북쪽으로 도망가는 신세가 되었다. 그때 친구들과 담소를 나누면서 이렇게 말했다.

　"대장부의 의지는 어려울 때는 더욱 굳세어야 하며, 늙으면 더욱 왕성해야 한다."

　그 후 마원은 광무제의 휘하에 있게 되었다. 광무제는 마원을 복파장군으로 임명하여 남방의 교지交趾(북베트남)를 평정하게 했다.

　얼마 후 동정호 일대의 만족蠻族이 반란을 일으키자 광무제가 군대를 파견하였으나 전멸하고 말았다. 이 소식을 들은 마원이 자신에게 군대를 달라고 청하자 광무제는 이렇게 말했다.

"그대의 나이가 이미 적지 않으니 원정은 삼가는 것이 나을 듯하오."

"소신의 나이가 비록 예순둘이나 갑옷을 입고 말도 탈 수 있으니, 어찌 늙었다고 할 수 있습니까?"

마원은 말에 안장을 채우고 훌쩍 올라탔다. 광무제는 웃으며 말했다.

"늙을수록 씩씩하구려."

결국 마원은 군대를 이끌고 만족을 공격하여 그들의 항복을 받아냈다.

KBS 〈도전! 골든벨〉 201회 문제

Q 다음 한자성어 중 12간지 동물에 해당하지 않는 것은 무엇일까요?

① 토사구팽兔死狗烹   ② 오비이락烏飛梨落

③ 조삼모사朝三暮四   ④ 화룡점정畵龍點睛

※도움말 12간지 : 쥐, 소, 호랑이, 토끼, 용, 뱀, 말, 양, 원숭이, 닭, 개, 돼지

ⓒ 정답 ④

당랑거철 螳螂拒轍

사마귀가 앞발로
수레를 막아서다

▌제 분수는 모르고 강한 적에게 무모하게 덤벼들다.

[출전] 《회남자淮南子》〈인간훈人間訓〉

춘추시대, 제나라 장공 때의 일이다. 어느 날 장공이 수레를 타고 사냥터로 가던 도중 벌레 한 마리가 앞발을 휘두르며 수레바퀴를 향해 덤벼드는 것을 보았다. 장공이 물었다.

"허, 저건 무슨 벌레인고?"

그러자 마부가 대답했다.

"사마귀입니다. 앞으로 나아갈 줄만 알지 뒤로 물러설 줄은 모르는 놈인데, 자기 분수는 생각지도 않고 강한 적에게 마구 덤벼드는 버릇이 있사옵니다."

"저 벌레가 만약 인간이라면 틀림없이 천하에서 제일가는 장수가 되었을 것이다. 비록 벌레이지만 그 용기가 가상하구나. 수레를 돌려 피해 가도록 하라."

장공은 사마귀의 행동이 경솔한 줄은 알지만, 한편으로 그 용기 있는 행동을 칭찬하여 수레를 피한 것이다.

行 지나침 없이 알맞게 행동해서 손해 보는 건 없다 · 173

용을 잡는 재주를 어디에 쓰고

▌대단한 기술인 것 같지만 사실은 쓸모가 없다.

[출전] 《장자莊子》 〈열어구列禦寇〉

주나라에 사는 주평만은 지리익에게 용을 잡는 법을 배웠다. 3년 동안 배운 그 지식으로 그는 사람들에게 용을 어떻게 잡아야 하는지, 어떤 칼을 써야 하는지, 머리는 어떻게 눌러야 하는지, 또 배는 어떻게 갈라야 하는지에 대해 길게 설명해 주었다. 그러자 한참을 듣고 있던 어떤 사람이 물었다.

"당신이 배운 용 잡는 기술은 대단하오. 하지만 대체 어디 가서 용을 잡는단 말이오?"

이에 주평만은 아무런 대답을 못 하고 말았다.

안중에 두지 않고 무시하다

▌어떤 대상에 관심을 갖지 않는다.

[출전] 《후한서後漢書》〈광무기光武紀〉

후한 광무제 유수는 한나라를 빼앗아 신나라를 세운 왕망을 멸하고, 유현을 황제로 세워 한나라를 다시 일으켰다. 그 후 대사마大司馬로서 각지의 반란군을 무찌르고, 부하들에게 추대되어 제위에 올랐으나 천하를 통일하기 위해 싸움은 여전히 계속했다. 이윽고 제 땅과 강회 땅이 평정되자 중원은 거의 광무제의 세력권으로 들어왔다.

그러나 벽지인 진 땅의 외효와 산간오지인 촉 땅의 공손술만은 항복해 오지 않았다. 중신들은 두 반란군을 토벌할 것을 계속 진언했으나, 광무제는 이렇게 말하며 듣지 않았다.

사람 말이 말 같지 않냐?

"이미 중원은 평정되었으니 이제 그들은 안중에 둘 것 없소."

광무제는 그간 많은 고생을 함께한 병사들을 하루 속히 고향으로 돌려보내어 쉬게 해 주고 싶었다.

度 법도 도 外 바깥 외 視 볼 시

돈제일주 豚蹄一酒

돼지 발과 술 한 잔

▌ 작은 성의로 많은 것을 구하려 하다.

[출전]《사기史記》〈골계열전滑稽列傳〉

순우곤은 제나라 사람으로, 익살이 풍부하고 말주변이 좋아 주변국에 사신으로 자주 갔다.

위왕 8년, 초나라가 크게 군대를 동원하여 제나라를 침공했다. 위왕은 순우곤을 불러 조나라로 가서 구원병을 청해 오라 하고, 황금 100근과 수레 10대를 준비하게 했다. 그때 순우곤이 하늘을 쳐다보며 어찌나 웃었던지, 그 바람에 갓끈이 죄다 끊어져 나갔다. 위왕이 물었다.

"그대는 가져가는 물건이 적다고 생각하는가?"

"오는 길에 길가에서 풍작을 비는 사람을 보았습니다. 돼지 발 하나와 술 한 잔만을 놓고 이렇게 빌고 있었습니다. '뙈기밭의 수확량이 많아져 광주리에 넘치고, 나쁜 논에도 오곡이 풍성히 익어 집 안에 찰찰 차게 해 주십시오.' 저는 그가 가진 건 적고 원하는 건 크다는 것을 알았습니다. 그래서 그걸 생각하고 웃었던 것입니다."

위왕은 더 많은 금은보화를 추가해서 보내기로 했다. 순우곤이 재물을 싣고 조나라에 가자, 조나라 왕은 정병 10만과 수레 1천 대를 내어 주었다.

득롱망촉 得隴望蜀

농서 땅을 얻고 나니
촉 땅을 바라는구나

▌ 원하는 것을 얻어도 사람의 욕심은 끝이 없다.

[출전] 《후한서後漢書》〈광무기光武紀〉

후한 광무제 유수가 제위에 올라 낙양을 수도로 정했을 때였다. 그 무렵 장안에 웅거하고 있는 적미의 유분자를 비롯하여 농서에는 외효, 하서에는 두융, 촉에는 공손술, 수양에는 유영, 노강에는 이헌, 임치에는 장보 등이 세력을 형성하고 있었다. 이들 중 일부는 스스로 황제라 칭하고 있었다.

광무제는 먼저 적미의 유분자를 토벌하고 이어 유영, 이헌, 장보 등을 차례로 토벌해 나갔다. 두융은 항복한다는 뜻을 표했으므로 남은 것은 농서의 외효와 촉의 공손술 두 사람이었다.

100억만 더 있으면 좋겠다

그중 세력이 약한 외효는 나날이 강성해지는 광무제의 기세에 겁을 먹고 촉의 공손술과 손을 잡고 대항하려 했다. 그러나 공손술의 냉대로 외효는 공손술과 손을 잡으려던 생각을 버리고 광무제와 손을 잡으려 했다. 하지만 광무제도 그가 신하가 될 것을 요구하자 이를 거절했다.

그 후 광무제와 대립 상태에 있던 외효가 죽

得 얻을 득 隴 땅이름 롱 望 바랄 망 蜀 나라이름 촉

行 지나침 없이 알맞게 행동해서 손해 보는 건 없다 · 177

고, 뒤를 이은 외구순이 광무제에게 항복함으로써 마침내 농서의 땅은 완전히 평정되었다. 이때 광무제는 이렇게 말했다.

"인생이란 만족을 모른다. 이미 농서를 얻었는데 다시 촉을 바라게 되는구나. 매번 군사를 일으킬 때마다 머리카락이 희어진다."

남아 있는 것은 촉의 공손술뿐이었다. 결국 광무제는 대군을 일으켜 촉을 정벌하고 전국을 평정한 후 후한 제국의 기초를 굳혔다.

KBS 〈도전! 골든벨〉 204회 문제

Q 다음에서 설명하는 한자성어에 공통으로 들어갈 알맞은 숫자는 무엇일까요 ?

 - 광대한 것 속의 보잘것없는 존재를 나타내는 성어
 - 많은 가운데 섞인 아주 적은 것을 나타내는 성어
 - 글씨를 힘차고 시원하게 쭉 써 내림을 나타내는 성어

정답 일—(창해일속(滄海一粟), 구우일모(九牛一毛), 일필휘지(一筆揮之)

·178

도끼를 갈아
바늘을 만들다

▌ 아무리 어려운 일이라도 참고 계속하면 반드시 성공한다.

[출전] 《당서唐書》〈문예전文藝傳〉

시선詩仙이라 불렸던 당나라의 시인 이백이 어렸을 때였다. 어느 날 이백은 공부에 싫증이 나서 스승에게 말도 하지 않고 산을 내려갔다. 집을 향해 걷고 있던 이백이 냇가에 이르렀을 때 한 노파가 바위에 열심히 도끼를 갈고 있었다. 이상하게 생각한 이백이 물었다.

"할머니, 지금 뭘 하고 계세요?"

"바늘을 만들려고 도끼를 갈고 있단다."

"그렇게 큰 도끼가 간다고 바늘이 될까요?"

"그럼, 되고말고. 중도에 그만두지만 않는다면 만들 수 있지."

'중도에 그만두지 않는다'는 말이 이백의 마음을 움직였다. 이백은 노파에게 공손히 인사하고 다시 산으로 올라갔다.

무병자구 無病自灸

병에 걸리지도 않았는데 뜸을 뜨다

▌불필요한 일에 힘을 쏟아 화를 부르다.

[출전] 《장자莊子》〈도척盜蹠〉

공자의 친구인 유하계에게 도척이라는 동생이 있었다. 도척이 부하들을 거느리고 도적질을 하자 모든 백성들이 괴로워했다.

공자가 유하계를 찾아가 도척을 설득해 보겠다고 나섰다. 그러나 도척이 이 소리를 듣고 크게 노하여 오히려 공자에게 말했다.

"너는 문왕과 무왕의 도를 닦고 천하의 변론을 도맡아 후세를 가르친다고 하면서 큼직한 옷에 잔 띠를 두르고 감언이설甘言利說로 천하의 임금들을 속이고 부귀를 찾고자 하니, 도둑놈치고 너보다 큰 도둑놈은 없다."

공자는 도척을 설득하기는커녕 한달음에 달려 나와 핏기 없는 얼굴빛으로 도망치고 말았다. 그때 동문 밖에서 유하계를 만났다. 유하계가 물었다.

"혹 도척을 만나고 오는 것인가?"

그러자 공자가 하늘을 우러러 탄식하며 말했다.

"그렇네. 나는 이른바 병도 없는데 뜸질을 한 격이네. 호랑이 머리를 쓰다듬고 호랑이 수염을 가지고 놀다가 하마터면 호랑이에게서 벗어나지 못할 뻔했네."

쓸모가 없기에 천수를 누리다

▌쓸모없는 것도 나름대로 쓸모가 있다.

[출전] 《장자莊子》 〈인간세人間世〉

남백자기가 상구商丘 지방을 유람할 때 큰 나무 한 그루를 보았다. 그 나무는 보통 나무와 달라 그늘 속에 네 마리 말이 끄는 수레 천 대는 족히 숨길 만했다.

"이것이 무슨 나무인가? 반드시 특이한 재목이 되겠다."

그는 이렇게 말하면서 나뭇가지를 우러러보았다. 그러나 자세히 보니 그 가지는 구불구불해서 마룻대나 대들보로도 쓸 수가 없었고, 또 그 밑둥치도 뒤틀리고 속이 비어 관조차 만들 수 없었다. 잎을 따서 씹어 보니 입 안이 부르터 상처가 났고, 냄새를 맡으면 3일 동안 취해서 깨어나지를 못했다. 남백자기는 말했다.

"이것은 과연 쓸모가 없는 나무로구나. 그래서 이렇게까지 자랐구나. 아, 저 신인神人들도 이 나무처럼 쓸모가 없었기에 천명을 즐길 수가 있는 것이로구나."

묵적지수 墨翟之守

묵적이 끝까지
성을 지키다

■ 자기의 주장이나 의견을 굽히지 않고 끝까지 지킨다.

[출전] 《묵자墨子》 〈공수반公輸盤〉

송나라의 기술자였던 공수반이 초나라로 건너가 성을 공격하는 데 쓰이는 운제雲梯라는 무기를 만들었다. 이 소식을 들은 송나라의 유학자 묵자는 그를 만나러 열흘 밤낮을 달려 초나라로 갔다. 묵자는 공수반을 만나 말했다.

"송나라가 그대를 푸대접한다고 무기를 만들어 치려 하다니, 이게 무슨 짓이오?"

"나도 의를 아는 사람이니 사람을 죽이지는 않소."

묵자는 공수반을 설득하기 어렵자 공수반에게 자신을 초나라 왕에게 데리고 가 달라고 부탁했다. 묵자가 초나라 왕 앞에 가서 물었다.

"전하, 새 수레를 가진 사람이 이웃의 헌 수레를 훔치려 하고, 비단옷을 입은 사람이 이웃의 누더기를 훔치려 한다면 이들은 어떤 사람이겠습니까?"

"손버릇이 나쁜 사람일 것이오."

"그러면 크고 강한 초나라가 작고 약한 송나라를 정벌하는 것은 어떻게 설명하시겠습니까? 제 생각에는 전하께서 송나라를 정벌하시면 의리만 저버릴 뿐 얻는 것은 하나도 없을 것 같습니다."

초나라 왕이 당황해 하며 말했다.

"무기를 만든 것은 단지 공수반의 실력이 궁금했을 뿐이오."

묵자는 초나라 왕에게 공수반의 무기를 자신이 직접 막아 보겠다고 말했다. 곧 묵자와 공수반의 모의 대결이 벌어졌다. 묵자는 허리띠를 끌러 성을 만들고 나무 조각으로 기계를 만들었다. 공수반은 아홉 번이나 성을 공격하는 방법을 바꾸면서 새로 개발한 무기로 공격했으나 묵자는 아홉 번 모두 이를 막아냈다. 결국 공수반은 패배를 인정할 수밖에 없었다. 공수반은 묵자를 보며 말했다.

"나는 그대를 막아내는 방법을 알지만 말하지는 않겠소."

초나라 왕이 그 까닭을 물으니 묵자가 대신 대답했다.

"공수 선생은 저만 죽이면 일이 모두 이루어질 거라고 생각하고 있습니다. 그러나 제가 죽으면 제 밑에 있는 제자 300명이 이미 제가 만든 기계를 가지고 송나라에서 초나라 군대를 기다리고 있을 것입니다. 여기서 저를 죽인다 해도 그들을 막을 수는 없을 것입니다."

이렇게 해서 초나라 왕은 송나라를 치려던 계획을 포기하고 말았다.

묵자의 원래 이름은 묵적墨翟이며, '묵적지수'를 줄여 '묵수墨守'라고도 한다. 오늘날에는 융통성 없이 낡은 관습을 지키려는 태도를 가리키며 부정적 의미로 쓰이기도 한다.

미생지신 尾生之信

약속을 하면 꼭 지키는
미생의 믿음

▌미련하고 융통성이 없다.

 [출전] 《사기史記》〈소진열전蘇秦列傳〉·《장자莊子》〈도척盜蹠〉

춘추시대, 노나라에 미생이란 사람이 있었다. 남하고 약속을 하면 무슨 일이 있어도 꼭 지키고자 하는 사람이었다.

어느 날 미생이 한 여자와 다리 밑에서 만나기로 약속을 했다. 미생은 약속한 시각에 맞춰 그곳으로 갔으나 아무리 기다려도 여자는 나타나지 않았다. 갑자기 장대비가 쏟아져 개울물이 점점 불어나고 있었다.

시간이 지나자 다리가 잠기고 허리까지 잠기더니 급기야 목까지 물이 차올랐다. 머리까지 물에 잠긴 지 얼마 후 미생은 다리 기둥을 부둥켜안은 채 익사하고 말았다. 미생은 여자와의 약속을 굳게 믿고 끝까지 기다렸던 것이다.

미생에 대해《사기》의 〈소진열전〉에서는 신의 있는 인물이라고 긍정적으로 평가하고 있다. 하지만《장자》의 〈도척〉편에서는 이렇게 혹평을 하고 있다.

"이런 사람은 사지가 찢겨 죽은 개나 물에 떠내려가는 돼지와 다를 바가 없고, 표주박을 들고 비는 거지나 다름이 없다. 쓸데없는 명분에 목숨을 걸며 진정한 삶이 무엇인지 모르는 것이다."

통발을 뛰어넘은 큰 물고기

▌통제할 수 없을 정도로 제멋대로 날뛰다.

[출전] 《후한서後漢書》〈양기전梁冀傳〉

한나라 순제 때 황후의 오빠인 양기란 자가 있었는데, 원래 성질이 포악하고, 직업도 없이 도박 따위로 세월을 보내다가 누이가 황후가 되면서 서서히 권력을 쥐게 되었다. 그리고 20년간 실권을 장악하고 횡포를 부렸다.

순제가 죽자 그는 겨우 두 살짜리 조카인 충제를 황제 자리에 올렸고, 충제가 일찍 죽자 이번에는 여덟 살의 질제를 즉위시켰다. 그런데 질제는 어릴 때부터 총명하여 양기의 횡포가 이만저만 눈에 거슬리던 것이 아니었다.

어느 날 질제가 신하들과 마주한 자리에서 양기를 바라보며 말했다.

"그대가 발호장군跋扈將軍이로군."

이 말은 고기를 잡는 기구인 통발을 뛰어넘어 도망친 큰 물고기처럼 양기의 행동이 방자함을 비유한 것이었다. 양기는 이 말을 듣고 화가 나서 후에 질제를 독살시켰다.

跋 뛰어넘을 발 扈 통달할 호

行 지나침 없이 알맞게 행동해서 손해 보는 건 없다·185

곁에 아무도 없는 것처럼 행동하다

▌ 주위 사람을 전혀 의식하지 않고 제멋대로 행동하다.

[출전] 《사기史記》〈자객열전刺客列傳〉

진시황이 천하를 통일하기 직전에 포악무도한 진시황을 암살하려다 실패한 자객 중 한 명인 형가라는 사람의 이야기다. 독서와 검술을 좋아했던 형가는 여러 나라를 전전하다가 연나라에서 비파를 잘 연주하는 고점리를 만나게 되었다.

형가와 고점리는 의기투합하여 매일 저잣거리에서 술을 마셨다. 취기가 돌면 고점리는 비파를 연주하고 형가는 노래를 불렀다. 그러다가 감정이 복받치면 마치 곁에 아무도 없는 것처럼 함께 엉엉 울었다.

그러던 어느 날 진시황에게 원한을 품고 있던 연나라의 태자 단丹이 형가에게 진시황을 암살해 달라고 부탁을 했다. 형가는 단의 부탁을 위해 진나라로 떠났지만, 암살 계획이 실패하여 진시황에게 죽임을 당하고 말았다.

잔과 그릇이 어지럽게 널려 있다

▎ 술을 마시고 한창 노는 모양이나 술자리가 끝날 무렵의 어지럽혀진 모습

[출전] 《사기史記》〈골계열전滑稽列傳〉

전국시대 초엽, 제나라 위왕 때의 일이다. 갑자기 초나라의 침략을 받은 위왕은 언변이 좋은 순우곤을 조나라에 보내어 원군을 청했다. 이윽고 순우곤이 10만의 원군을 이끌고 돌아오자 초나라 군대는 어둠을 타서 철수하고 말았다. 위기를 모면하게 되자 위왕은 크게 기뻐했다. 순우곤의 공을 치하하며 잔치를 베풀고 물었다.

"그대는 얼마나 마시면 취하는가?"

"신은 한 되를 마셔도 취하옵고 한 말을 마셔도 취하옵니다."

"허, 한 되를 마셔도 취하는 사람이 어찌 한 말을 마실 수 있단 말인가?"

"경우에 따라 주량이 달라진다는 뜻이옵니다. 만약 고관대작들이 지켜보는 자리에서 마신다면 두려워서 한 되도 못 마시고 취할 것이오며, 근엄한 친척 어른들을 모시고 마신다면 자주 일어서서 술잔을 올려야 하므로 두 되도 못 마시고 취할 것이옵니다. 또 옛 벗을 만나 회포를 풀면서 마신다면 그때는 대여섯 되쯤 마실 수 있을 것이옵니다. 허나 동네 남녀들과 어울려 놀면서 마신다면 그때는 여덟 되쯤 마시면 취기가 두서너 번 돌 것이옵니다. 그리고 해가 지고 남녀가 무릎을 맞대고 술잔과 그릇이 어지럽게 흩어져 있는데, 안주인이 손님들을 돌려보낸 뒤 제 곁에서 얇은 속적삼의 옷깃을 헤칠 때면 그때는 한 말이라도 마실 것이옵니다."

이어 순우곤은 술을 좋아하는 위왕에게 이렇게 간했다.

"전하, 술이 극에 달하면 혼란스러워지고 즐거움이 극에 달하면 서글퍼진다고 하였습니다. 모든 일이 다 그러하옵니다."

그 후 위왕은 반드시 순우곤을 곁에 두고 술을 마셨다.

술잔 속에 비친 뱀의 그림자

▌쓸데없는 의심을 품고 혼자 잘못 보고 엉뚱한 것으로 착각하다.

[출전] 《진서晉書》〈악광전樂廣傳〉

진晉나라에 악광이라는 사람이 있었다. 그는 어려서 아버지를 여의고 집안이 가난했다. 하지만 혼자 공부를 하면서도 영리하고 신중해서 늘 사람들에게 칭찬을 받으며 자랐다. 벼슬길에 올라서도 마찬가지였다.

이런 악광이 하남 태수로 있을 때였다. 자주 놀러 오던 친구가 웬일인지 발길을 끊고 찾아오지 않았다. 악광은 이상하다는 생각이 들어 그를 찾아가 물어보았다.

"자네, 웬일인가? 요샌 통 얼굴도 안 비치고?"

친구는 이렇게 대답했다.

"저번에 우리가 술을 마셨을 때 말일세. 그때 술을 막 마시려는데 술잔 속에 뱀이 보이는 게 아니겠나. 기분이 언짢았지만 그냥 마셨지. 그런데 그 후로 몸이 좋지 않다네."

악광은 이상한 일도 다 있다고 생각했다. 지난번 술자리는 관가의 자기 방이었다. 집으로 돌아가 술을 마신 방을 둘러보았다.

벽에는 활이 걸려 있었는데, 활에 옻칠로 뱀이 그려져 있는 게 아닌가. 안광은 친구를 다시 불러서 저번에 앉았던 그 자리에 앉히고 술을 따라 주었다.

"어떤가? 뭐가 보이나?"

"그렇네. 전번과 마찬가지일세."

그러자 안광은 빙그레 웃으며 말했다.

"허허, 그건 저 활에 그려져 있는 뱀일세."

친구는 그제야 깨닫고 병이 씻은 듯 나았다.

■유사성어

• 반신반의半信半疑 : 믿으면서 한편으로는 의심하다.
• 의심암귀疑心暗鬼 : 의심하는 마음이 있으면 귀신이 나온다.

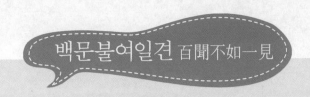

백문불여일견 百聞不如一見

백 번 듣느니
한 번 보는 것이 낫다

▌무엇이든지 직접 경험을 해야 확실히 알 수 있다.

[출전] 《한서漢書》 〈조충국전趙充國傳〉

전한 선제 때의 일이다. 한나라 군대가 반란을 일으킨 서북 변방의 강족光族과 싸우다 패하고 말았다. 선제는 어사대부 병길에게 조충국 장군을 찾아가 강족에 맞설 장수로 누가 적당한지 물어보라고 했다.

당시 조충국은 일흔 살이 넘은 노장이었다. 일찍이 무제 때 흉노에게 포위된 와중에도 끝까지 싸워 다른 군사들을 구해낸 적이 있었다. 그는 그 공으로 오랑캐 토벌전의 선봉장으로 활약했다. 조충국을 찾아간 병길이 어명을 전하자, 조충국이 대답했다.

"나를 능가할 사람이 어디 있겠소?"

이 말을 들은 선제가 조충국을 불러 물었다.

"강족을 물리칠 계책이 있으면 말해 보시오. 또 병력은 얼마나 필요하겠소?"

"폐하, 백 번 듣는 것이 한 번 보는 것만 못하오니, 직접 현지를 살핀 후에 계책을 말씀드리겠사옵니다."

얼마 후 현지를 조사하고 돌아온 조충국은 강족에 맞설 좋은 계책을 내놓을 수 있었다.

백안시 白眼視

눈을 하얗게 뜨고
흘겨보다

▌상대방을 무시하거나 업신여기다.

[출전] 《진서晉書》〈완적전阮籍傳〉

죽림칠현 중에 완적이라는 사람이 있었다. 그는 겉치레를 중시하는 사람을 보면 속물이라고 여겨 눈을 하얗게 뜨고 흘겨보았다. 그러나 마음에 드는 상대를 만났을 때는 친밀한 눈빛으로 따뜻이 맞으며 기뻐했다.

이때 흘겨보는 것을 '백안白眼'이라고 하는데, 흘겨볼 때 눈의 흰자위가 많이 드러나기 때문이다. 반대로 좋은 마음으로 남을 보는 것을 '청안靑眼'이라고 한다.

어느 날 죽림칠현의 한 사람인 혜강의 형 혜희가 완적을 만나러 왔다. 그런데 완적이 '백안시'하며 차갑게 대하자, 혜희는 그냥 돌아갔다. 얼마 뒤 이번에는 혜강이 술과 거문고를 가지고 완적을 찾아가자, 완적은 무척 기뻐하며 반갑게 맞이해 주었다.

白흴백 眼눈안 視볼시

부화뇌동 附和雷同

천둥이 치면
만물도 따라 울린다

▌ 자신의 뚜렷한 생각이나 주장이 없이 남의 의견에 동조하다.

[출전] 《예기禮記》〈곡례曲禮〉·《논어論語》〈자로子路〉

《예기》의 〈곡례〉편에 나오는 말이다.

"다른 사람의 의견을 자신의 의견인 것처럼 여기지 말고, 다른 사람의 의견을 쉽게 따르지 마라. 옛 성현들의 행동을 모범으로 삼고, 선왕의 가르침에 따라 행동해야 한다."

또한 《논어》의 〈자로〉편에 다음과 같은 말이 있다.

"군자는 화합하고 아첨하지 아니하며, 소인은 아첨하되 화합하지 않는다."

'화和'라는 것은 어긋나는 마음이 없는 것이고, '동同'이라는 것은 아부하려는 마음이 있는 것이다. 군자는 의를 숭상하고 남을 자신처럼 생각하여 화합하지만, 소인은 이익을 따지는 사람이므로 이해관계가 맞는 사람과 행동하느라 화합하지 못한다는 뜻이다.

'부화뇌동'은 보통 남의 말을 생각없이 따르는 태도를 말한다.

行 지나침 없이 알맞게 행동해서 손해 보는 건 없다 · **193**

호랑이 굴에 들어가야 호랑이 새끼를 잡는다

▌ 모험을 하지 않고서는 큰일을 해낼 수 없다.

[출전] 《후한서後漢書》 〈반초전班超傳〉

후한 명제 때 무인 반초는 서쪽 오랑캐 나라인 선선국에 사신으로 가게 되었다. 그런데 반초 일행을 후하게 대접하던 선선국의 왕이 어느 날 갑자기 태도가 돌변하여 그들을 박대하기 시작했다. 반초가 궁궐 안에 무슨 일이 있음을 직감하고 부하를 시켜 알아보니, 선선국에 흉노의 사신이 100명이나 되는 군사를 이끌고 왔다는 것이었다. 반초는 즉시 일행을 불러 말했다.

"선선국의 왕이 우리들을 죽이지 않는다면, 아마 흉노국의 사신에게 넘길 것이오. 오늘 밤 흉노의 숙소를 습격합시다. 호랑이 굴에 들어가지 않고는 호랑이 새끼를 잡을 수 없소."

그날 밤 반초 일행은 흉노의 숙소를 습격하여 불을 지르고 모두 죽였다. 이 일로 선선국과 주변의 오랑캐 나라들이 한나라에 복종하게 되었다.

여기까지 오긴 했는데 널 어떻게 잡아야 하나…

·194

사이비 似而非

겉은 비슷하나
속은 전혀 다르다

■ 진짜같이 보이나 실은 가짜인 것

[출전] 《맹자孟子》 〈진심盡心〉

만장이 맹자에게 물었다.

"마을 사람들이 다 훌륭한 사람이라고 칭찬한다면, 그런 사람은 어디를 가든 훌륭한 사람일 것입니다. 그런데 공자께서는 어찌 그들을 가리켜 덕을 해치는 사람이라고 말씀하셨을까요?"

맹자가 대답했다.

"그들을 비난하려 해도 비난할 것 없고, 풍자하려 해도 풍자할 것이 없다. 또 집에 있으면 성실한 척하고 세상에 나아가서는 청렴한 척한다. 그래서 사람들이 다

이건, 짝퉁!

사이비
도사

似 같을 사 而 어조사 이 非 아닐 비

좋아하고 스스로 옳다고 생각하지만 그들과는 더불어 요순의 도에 들어갈 수 없으니 덕의 적이라고 하신 것이다. 공자께서는, '나는 사이비를 미워한다. 풀을 미워하는 것은 싹을 어지럽게 할까 두려워함이요, 말을 잘하는 것을 미워하는 것은 의를 어지럽게 할까 두려워함이요, 입바르고 실없는 것을 미워하는 것은 믿음을 어지럽게 할까 두려워함이다. 정나라 음악을 미워하는 것은 풍류를 어지럽게 할까 두려워함이요, 자줏빛을 미워하는 것은 붉은 빛을 어지럽게 할까 두려워함이요, 사이비 군자를 미워하는 것은 덕을 어지럽게 할까 두려워함이다' 라고 하셨다."

다시 말해서 '사이비'는 소신 없이 겉만 그럴듯하게 번지르르하여 다른 사람의 생각을 혼란스럽게 만드는 사람을 말한다. 이 때문에 공자는 사이비를 '덕을 해치는 사람'이라고 보고 미워한 것이다.

서시가 눈살을 찌푸리다

▌남의 단점을 장점으로 여기고 흉내 내다.

[출전] 《장자莊子》〈천운天運〉

춘추시대 말엽, 월나라의 절세미인 서시는 가슴앓이 병을 앓고 있었다. 그래서 길을 걸을 때마다 가슴 통증으로 늘 눈살을 찌푸렸는데, 같은 마을의 추녀가 이것을 보고 매우 아름답게 여겨 집에 돌아가서 가슴을 움켜쥐고는 서시처럼 눈살을 찌푸렸다. 그러자 마을 사람들이 모두 놀라 집 안으로 들어가 대문을 잠그고 아무도 밖에 나오려 하지 않았다.

이 이야기는 외형에만 사로잡혀 장단점을 가리지 못하는 어리석은 사람을 신랄하게 비판한 것이다.

지나침 없이 알맞게 행동해서 손해 보는 건 없다·197

송나라 양공의 어진 정

▎ 불필요한 동정이나 배려

[출전] 《춘추좌씨전春秋左氏傳》 〈희공僖公 22년조〉

춘추시대, 송나라 양공은 홍수泓水라는 강을 끼고 초나라 군대와 맞서게 되었다. 송나라 군사들은 이미 대열을 정비했으나 초나라 군사들이 아직 강을 건너지 못해 대열을 정비하지 못했다. 목이가 말했다.

"저들보다 우리 수가 적으니 저들이 아직 물을 다 건너지 못하고 있을 때 공격해야만 합니다."

그러나 양공은 남의 약점을 이용하는 것은 군자의 도리가 아니라고 여기고 공격하지 않았다. 얼마 후 초나라 군사가 물을 다 건넜으나 아직 진형을 갖추지 못했다. 그러자 또 한번 목이가 공격하자고 말했지만 양공은 이렇게 말했다.

"아직은 공격해서는 안 된다. 군자는 부상한 사람을 다치게 하지 않고, 늙은 사람을 잡지 않는다. 옛날에도 불리한 처지에 있는 적은 괴롭히지 않았다. 나는 대열이 갖춰지지 않은 적을 향해 진격하라는 북을 치지는 않겠다."

마침내 초나라가 진형을 다 갖추고 나서야 송나라는 공격을 시작했다. 그러나 결과는 송나라의 참패로 끝났고, 양공은 다리를 다쳐 이듬해 죽고 말았다.

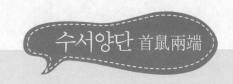

쥐가 구멍에서
요리조리 살피다

▌ 이쪽저쪽 눈치를 보며 상황을 살펴 이로운 쪽을 택하다.

[출전] 《사기史記》 〈위기魏其 무안후열전武安候列傳〉

전한 7대 황제 무제 때의 일이다. 5대 문제의 황후 조카인 위기후魏其候 두영과 6대 경제의 황후 동생인 무안후武安候 전분은 같은 외척이었지만 사이가 좋지 못했다. 두영의 위세는 점점 위축되고, 전분은 권력이 상승하여 막강한 세력을 지니고 있었다.

어느 날 두영의 친구인 관부 장군이 고관대작들이 모인 잔치에서 전분에게 대드는 실수를 범했다. 관부가 두영을 무시하는 한 관리를 꾸짖었는데 전분이 그를 두둔하고 나섰기 때문이다. 관부는 전분에게 끝까지 사죄하지 않고 버텼다. 결국 일이 커져 무제가 중신들과 회의까지 열었다.

"그대들은 누구에게 잘못이 있는 것 같소?"

그러자 어사대부 한안국이 이렇게 대답했다.

"폐하, 양쪽 모두 옳고 그름이 있어 가리기가 어렵사옵니다."

중신들의 불분명한 태도 때문에 회의는 아무런 결론 없이 끝났다. 나중에 전분이 화가 나서 한안국을 이렇게 질책했다.

"그대는 어찌하여 구멍에서 머리만 내밀고 살피는 쥐처럼 망설인 것이오?"

수석침류 漱石枕流

돌로 양치질하고
흐르는 물을 베개로 삼다

▌ 남에게 지기 싫어서 억지를 쓰거나 고집을 부리다.

[출전] 《진서晉書》〈손초전孫楚傳〉

진晉나라 초엽, 풍익 태수를 지낸 손초가 벼슬길에 나가기 전 젊었을 때의 일이다. 당시 사대부 간에는 노장의 철학적 이치를 중요하게 여기고 그것에 대해 논하는 청담이 유행하고 있었다. 손초도 죽림칠현처럼 속세를 떠나 산속에 은거하기로 하고 친구 왕제에게 속마음을 털어놓았다.

이때 '돌을 베개 삼아 눕고 흐르는 물로 양치질하는 생활을 하고 싶다'고 말해야 할 것을, 반대로 '돌로 양치질하고 흐르는 물을 베개로 삼겠다'고 잘못 말하고 말았다. 왕제가 웃으며 잘못을 지적하자, 자존심이 강한 데다 글재주까지 뛰어났던 손초는 아무렇지 않게 이렇게 대꾸했다.

"흐르는 물을 베개로 삼겠다는 것은 옛날 은사隱士인 허유와 같이 쓸데없는 말을 들었을 때 귀를 씻기 위해서이고, 돌로 양치질을 한다는 것은 이를 닦기 위해서라네."

물방울이 돌을 뚫는다

▌작은 노력이라도 끈기 있게 하면 큰일을 이룰 수 있다.

[출전] 《학림옥로鶴林玉露》

북송 때 장괴애라는 현령이 있었다. 어느 날 그는 관아를 돌아보다가 창고에서 황급히 튀어나오는 한 관원을 발견했다. 당장 잡아서 조사해 보니 상투 속에서 엽전 한 푼이 나왔다. 관아의 창고에서 훔친 것이었다. 장괴애는 즉시 형리에게 명하여 곤장을 치라고 했다. 그러자 그 관원이 장괴애를 노려보며 이렇게 말했다.

"그까짓 엽전 한 푼 훔친 게 그렇게 큰 죄입니까?"

장괴애는 화가 치밀었다.

"네 이놈! 하루에 한 푼이면 천 날은 천 푼이다. 또 물방울도 끊임없이 떨어지면 돌에 구멍을 뚫는다고 했다!"

장괴애는 말을 마치자마자 칼을 빼어 그의 목을 치고 말았다.

水물수滴물방울적穿뚫을천石돌석

그루터기에서
토끼를 기다리다

■ 어리석게 되지도 않을 일을 고집하다.

[출전] 《한비자韓非子》〈오두五蠹〉

송나라 때 어떤 농부가 밭을 갈고 있었다. 밭 가운데 나무 그루터기가 있었는데, 토끼가 달려가다가 그루터기에 부딪혀 그만 목이 부러져 죽었다. 토끼를 공짜로 얻게 된 농부는 농사일보다 토끼를 잡는 것이 더 나으리라 싶어 농사일은 집어치우고 그루터기를 지키면서 토끼가 오기만을 기다렸다. 그러나 토끼는 다시 나타나지 않았다. 농부는 송나라 사람들의 웃음거리가 되었다.

백날
기다려
봐라

둘째 손가락이 움직인다

▌음식이나 사물에 대한 욕심이 간절하다.

[출전] 《춘추좌씨전春秋左氏傳》〈선공宣公 4년조〉

어떤 초나라 사람이 큰 자라를 정나라 영공에게 바쳤다. 마침 송이라는 사람과 자가라는 사람이 함께 영공을 뵙기 위해 궁으로 들어왔는데, 송의 식지食指(둘째 손가락)가 저절로 움직였다. 송이 그것을 자가에게 보여 주며 말했다.

"식지가 움직일 때면 꼭 맛있는 음식을 먹게 되더군."

그렇지 않아도 궁에서는 자라 요리를 하고 있던 참이었다. 두 사람이 서로 마주 보며 웃자 영공이 그 이유를 물었다. 자초지종을 들은 영공이 말했다.

"아무리 식지가 움직여도 내가 주지 않으면 먹지 못할 것이 아닌가?"

영공은 장난기 어린 말을 던지고 요리사에게 요리 한 그릇을 덜 가져오라고 시켰다. 그리하여 막상 대신들과 자라 요리를 먹게 되었을 때 송에게만은 요리를 주지 않았다. 화가 난 송은 모욕을 당한 것을 분하게 생각하고 자라를 삶은 솥으로 달려가 고기를 건져 먹고 말했다.

"이렇게 먹었는데 내 말이 맞지 않는단 말인가?"

그리고 바로 집으로 돌아가 버렸다. 송의 이런 태

■ '손가락'을 가리키는 한자어

• 거지巨指 : 엄지손가락
• 식지食指 : 집게손가락
• 중지中指 : 가운뎃손가락
• 약지藥指 : 약손가락
• 소지小指 : 새끼손가락

行
지나침 없이 알맞게 행동해서 손해 보는 건 없다 • 203

食 먹을 식 指 손가락 지 動 움직일 동

도를 무례하다고 여긴 영공은 그를 죽여 버릴 작정까지 하게 되었다.

　한편 송도 자기가 무사하지 못할 것을 알고 있었으므로 아예 선수를 치려고 마음먹고 있었다. 그래서 자가에게 상의를 했다. 자가는 고개를 저으면서 말했다.

　"오래된 가축도 죽이려 들면 마음이 아픈 법인데 군주를 어떻게 그럴 수 있겠는가."

　그러나 송은 포기하지 않고 자가를 설득하여 마침내 그해 여름 영공을 죽이고 말았다.

귀신처럼 나타났다가 사라지다

▌귀신처럼 행방을 예측할 수가 없다.

 [출전] 《회남자淮南子》〈병략훈兵略訓〉

다음과 같은 말이 있다.

"겉으로 보아서 아군의 계략, 진 치는 일, 군대의 세력과 무기가 적군이 대책을 세울 수 있을 만큼 허술하다면 별로 교묘한 것이 못 된다. 교묘한 행동은 귀신이 나타났다 사라지는 것처럼 별처럼 빛나고 하늘처럼 움직인다. 그 나아가고 물러남과 굽히고 펴는 것은 아무런 징조도 나타나지 않는다."

'신출귀몰'한 인물로 동에 번쩍 서에 번쩍 하는 홍길동 같은 사람을 생각해 볼 수 있겠다.

 지나침 없이 알맞게 행동해서 손해 보는 건 없다·**205**

암중모색 暗中摸索

어둠 속에서
더듬어 찾다

▌ 어림짐작으로 무엇을 알아내거나 은밀히 사건의 단서를 찾아내다.

[출전]《수당가화隋唐佳話》

당나라 여황제 측천무후 때 허경종이란 학자가 있었다. 그는 방금 만났던 사람조차 기억하지 못할 정도로 건망증이 심했다. 어느 날 허경종의 친구가 그의 건망증을 비웃으며 이렇게 말했다.

"학문에는 조예가 깊은 사람이 사람의 얼굴은 잘 기억하지 못하다니. 혹시 일부러 그러는 건 아닌가?"

그러자 허경종이 대답했다.

"자네처럼 이름 없는 사람의 얼굴이야 기억하기 어렵지만, 천하에 이름을 날린 문장의 대가라면 어둠 속에서 손으로 더듬어서라도 알아볼 수 있다네."

■ 측천무후(625~705)
당나라 제3대 고종의 황후로, 아픈 고종을 대신한다는 핑계로 실권을 잡고 중국 역사상 유일한 여황제가 되었다. 제위에 오른 뒤 국호를 주周로 고치고 스스로 성신황제聖神皇帝라 칭했다.

양두구육 羊頭狗肉

양 머리를 걸어 놓고 개고기를 판다

▋ 겉은 그럴싸하나 속은 실속이 없다.

[출전]《안자춘추晏子春秋》

춘추시대, 제나라 영공은 궁중의 후궁들이 남자처럼 차려입고 다니는 것을 좋아했다. 그러자 나라 안의 모든 여자들이 남장을 하고 다녔다. 영공은 관리들을 시켜 일반 백성은 그러지 못하도록 영을 내렸다.

"여자이면서 남장을 하는 사람은 옷을 찢어 버리고 허리띠를 잘라 버릴 것이다."

그러나 금지령은 잘 지켜지지 않았다. 영공이 신하에게 그 까닭을 물으니 신하가 대답했다.

"전하께서는 궁중의 여인들에게는 남장을 허용하시면서 궁 밖의 여인들에게는 금지하셨사옵니다. 이는 밖에는 양 머리를 걸어 놓고 안에서는 개고기를 파는 것과 같사옵니다. 이제라도 궁중의 여인들에게도 남장을 금하시옵소서. 그러면 궁 밖의 여인들도 감히 남장을 하고 다니지 못할 것이옵니다."

영공은 즉시 그의 제안을 따랐다. 그러자 다음날부터 제나라에서는 남장한 여자를 찾아볼 수 없었다.

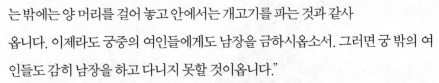

양포지구 楊布之狗

나갈 때는 하얗더니
돌아올 때는 까맣다

▌겉모양만 변한 것을 속까지 바뀌었다고 하다.

[출전] 《한비자韓非子》 〈설림說林〉

전국시대 때 어느 날 양주의 동생 양포가 흰 옷을 입고 밖에 나갔다가 비를 맞아서 검은 옷으로 갈아입고 돌아왔다. 그런데 그의 집 개가 주인을 알아보지 못하고 짖으며 달려들었다. 양포는 화가 나서 개를 때리려 했다. 그때 형 양주가 와서 말렸다.

"개를 때리지 마라. 너 같으면 개가 하얀 털인 채로 밖에 나갔다가 까맣게 되어 돌아오면 의심하지 않겠느냐?"

楊 버들 양 布 베 포 之 어조사 지 狗 개 구

나무 위에서
물고기를 구하다

▌목적과 수단이 맞지 않으면 아무것도 얻을 수 없다.

[출전] 《맹자孟子》 〈양혜왕梁惠王〉

전국시대 때 여러 나라 중에 동쪽의 제나라는 서쪽의 진秦나라와 남쪽의 초나라와 함께 대국이었다. 제나라의 선왕宣王도 유능한 군주였다. 양나라를 거쳐 제나라로 향하던 맹자는 선왕에게 기대를 하고 있었다. 그러나 시대가 요구하는 것은 왕도정치王道政治가 아니라 무력과 책략을 수단으로 하는 패도정치覇道政治였으며, 선왕은 천하 통일에 대한 꿈을 품고 있었다. 선왕은 맹자를 만나자 이렇게 청했다.

"제나라 환공과 진나라 문공의 일을 들려주시겠소?"

"전하께서는 전쟁을 일으켜 병사와 신하를 위태롭게 하고, 제후와 원한을 맺어야 마음이 편하시겠습니까?"

"아니오. 나에겐 큰 소원이 있소."

"그것이 무엇이옵니까?"

선왕이 웃기만 하자, 맹자는 질문을 던져 대답을 이끌어내기로 했다.

"살진 것과 달콤한 것이 입에 만족스럽지 못하며, 가볍고 따뜻한 옷이 만족스럽지 못하십니까? 아니면 아름다운 여인이나 총애할 사람이 부족하십니까? 그런 것

은 모든 신하들이 전하께 충분히 제공할 것인데, 어찌 그런 것들 때문에 이러십니까?"

"나에겐 그런 사소한 욕심은 없소."

선왕이 맹자의 교묘한 화술에 끌려들 듯하자 맹자가 다그치듯 말했다.

"그렇다면 전하의 바람은 천하를 통일하고 사방의 오랑캐들까지 깨우치고자 하는 것이겠지요. 일방적인 무력으로 그러한 바람을 이루려 하는 것은 나무에 올라가 물고기를 잡으려 하는 것과 같습니다."

무력으로는 천하 통일을 이룰 수 없다는 맹자의 말뜻을 헤아린 선왕은 깜짝 놀라 물었다.

"정말 그렇겠소?"

"나무에 올라 물고기를 구하는 일은 물고기만 구하지 못할 뿐이지만, 무력으로 다른 나라의 마음을 구하는 것은 몸과 마음을 다하더라도 결국 백성을 해치고 나라를 망치는 재앙을 가져올 것입니다."

이 말에 선왕은 해결책을 물었고, 맹자는 선왕에게 인의仁義에 바탕을 둔 왕도정치론을 이야기하기 시작했다.

옥상가옥 屋上架屋

지붕 위에
또 지붕을 얹다

▌별로 필요 없는 일을 이중으로 하다.

[출전] 《세설신어世說新語》〈문학文學〉·《안씨가훈顏氏家訓》

동진東晉의 유중초가 수도 건강의 아름다움을 묘사한 〈양도부揚都賦〉라는 시를 지었을 때, 그는 먼저 이 글을 친척인 유양이라는 재상에게 보냈다. 유양은 친척간의 정을 생각해서 과장된 평을 해 주었다.

"그의 양도부는 좌태충이 지은 〈삼도부三都賦〉와 비교해도 손색이 없다."

그러자 사람들은 서로 다투어 유중초의 시를 베껴서 벽에다 붙여 놓고 감상했다.

태부 사안석이 이렇게 나무랐다.

"저 시는 마치 지붕에 또 지붕을 얹은 것 같구나. 똑같은 소리를 반복한 데 지나지 않아. 저런 것을 가지고 잘 되었다니!"

결국 남의 것을 모방해서 만든 서툰 문장이란 뜻이다.

이로부터 한참 뒤인 남북조시대에 안지추라는 학자가 자손들을 위해 쓴《안씨가훈》의 서문에는 다음과 같이 적혀 있다.

"위진시대 이래 쓰인 모든 책들은 내용이 중복되고 서로 남의 흉내만 내고 있어 그야말로 지붕 밑에 지붕을 만들고 평상 위에 평상을 만든 것과 같다."

사람의 신분이
어찌 정해져 있겠는가

▍왕과 제후, 장수와 정승의 씨가 따로 있지 않듯 신분은 노력에 따라 달라진다.

[출전] 《사기史記》〈진섭세가陳涉世家〉

진시황제가 죽고 호해가 즉위하였다. 호해는 진시황제와는 달리 황제의 재목이 못 되어 환관인 조고의 손아귀에서 놀아나 백성들을 도탄에 빠뜨렸다. 이때 조정에서는 이문里門 왼쪽에 살고 있는 빈민들을 변방 근처의 어양 지역으로 옮겨 가도록 했는데, 진승과 오광이란 자가 이들을 통솔하게 되었다.

이들이 대택향大澤鄉까지 갔을 때였다. 큰 비가 쏟아지는 바람에 도로가 무너져서 갈 수가 없게 되었다. 기한 내에 도착하지 못하면 죽임을 당해야 했다. 진승과 오광은 지금 달아나도 죽을 것이니 차라리 나라를 위해 죽는 것이 낫다고 생각하여 농민들을 모아 반란을 일으키기로 했다. 진승과 오광은 사람들에게 이렇게 호소했다.

"기한을 어기면 마땅히 모두 죽임을 당해야 한다. 만약 죽지 않는다고 해도 나중 일은 알 수가 없다. 대장부로 태어나 세상에 이름 한 번 남기고 죽어야 하지 않겠느냐? 왕과 제후, 장수와 정승의 씨가 어찌 따로 있겠느냐!"

평소 황제의 폭정에 괴로워하던 사람들이라 이 말을 듣고 모두 따르기로 했다. 이들은 진나라를 멸망시킨 불씨가 되었다.

요령부득 要領不得

요령을 얻지 못하다

▐ 말이나 글 또는 사건의 중요한 부분을 찾을 수 없다.

[출전] 《사기史記》〈대완전大宛傳〉

한나라 무제 때는 흉노의 침략이 빈번하여 항상 근심거리였다. 이때 농서 서북쪽에 있는 월지月氏의 왕이 흉노에게 격파되어 머리뼈가 술 담는 그릇으로 만들어지자 월지는 흉노에게 복수의 칼을 갈게 되었다.

무제는 월지와 힘을 합쳐 흉노를 무찌를 계획을 세우고 장건이란 사람을 사신으로 보냈다. 그러나 장건 일행은 도중에 흉노에게 붙잡혀 10여 년 동안 흉노 땅에 있게 되었다. 장건은 그곳에서 결혼하여 자식까지 낳았으나 자신의 임무를 잊지 않고 있었다.

장건은 감시가 점점 소홀해지자 일행을 데리고 탈출하여 월지로 향했다. 그리고 우여곡절 끝에 월지에 도착하여 왕에게 무제의 뜻을 전했다. 그러나 월지는 땅이 비옥하고 침략자들도 거의 없어 안락한 나날을 보내고 있었으며, 흉노에게 복수할 생각도 전혀 없었다. 장건은 끝내 월지의 뜻이 무엇인지 요령을 얻지 못하고 1년 남짓 머물다가 한나라로 돌아가기로 했다.

도중에 장건은 또 흉노에게 잡혀 1년간 억류당했다. 그가 다시 한나라로 돌아온 것은 13년의 시간이 흐른 뒤였다.

우공이산 愚公移山

우공이
산을 옮기다

▌어떤 큰일이라도 끊임없이 노력하면 반드시 이룰 수 있다.

[출전] 《열자列子》〈탕문湯問〉

옛날 기주의 남쪽과 하양의 북쪽 사이에 태형太形과 왕옥王屋이라는 두 산이 있었는데 넓이가 700리, 높이는 1만 길이나 되었다.

아흔이 다 되어 가는 우공이라는 노인은 두 큰 산이 집의 앞뒤를 가로막고 있어 다닐 때마다 괴로웠다. 어느 날 우공은 가족을 모아 놓고 상의했다.

"우리들이 힘을 다해 저 험한 산을 평평히 하는 게 좋겠다. 괜찮겠느냐?"

모두 동의했으나 그의 아내만은 무리라며 반대했다.

"아니, 늙은 당신의 힘으로 어떻게 저 큰 산을 깎는다는 말이오? 또 파낸 흙은 어디다 버린단 말이오?"

"발해의 끝머리인 은토隱土의 북쪽에다 버릴 것이오."

이튿날 아침부터 우공은 세 아들과 손자들을 데리고, 돌을 깨고 흙을 파서 삼태기에 담아 발해까지 갖다 버리기 시작했다. 한 번 갔다 돌아오는 데 꼬박 1년이 걸렸다.

어느 날 친구인 지수가 그것을 보고 웃으면서 말렸다. 그러자 우공은 정색을 하고 말했다.

·214

"비록 내가 죽어도 내 자식이 남아 있네. 내 자식은 또 손자를 낳을 것이고, 손자는 또 자식을 낳아 대가 영원히 이어질 것이네. 그러나 산은 여기서 더 불어나지 않을 테니 나중에는 평평해지고 말 게 아닌가."

이 말을 듣고 깜짝 놀란 것은 두 산을 지키는 산신령이었다. 산이 없어지면 큰일이라고 생각한 산신령은 옥황상제에게 호소했다. 그러나 우공의 끈기에 감동한 옥황상제는 힘센 과아씨의 두 아들을 시켜 하나는 삭동 땅에, 하나는 옹남 땅에 업어서 옮겨 놓게 했다. 그래서 두 산이 있었던 원래 자리에 지금은 작은 언덕조차 없다고 한다.

의심이 생기면
귀신이 나온다

▌ 의심에서 비롯된 망상이나 선입견으로 잘못 판단하다.

[출전]《열자列子》〈설부說符〉

어떤 사람이 가지고 있던 도끼를 잃어버렸다. 누군가가 훔쳐간 것이 아닌가 하고 생각하니, 암만해도 옆집 아들이 수상했다. 자기를 만나기만 하면 슬금슬금 도망치려는 듯한 태도나 말투가 어딘가 겁을 먹고 있는 듯했다. 그래서 그 사람은 그가 도끼를 훔친 도둑이 틀림없다고 생각하게 되었다.

그런데 어느 날 산에서 땅을 파헤치다 도끼를 찾게 되었다. 자기가 나무를 하러 왔다가 놓아두고는 잊어버렸던 것이다. 도끼를 가지고 집으로 돌아오다 다시 옆집 아들을 만났는데, 이제는 그의 행동이 전혀 수상해 보이지 않았다.

사람이 의심하는 마음을 갖고 있다면, 있지도 않은 귀신이 나온다고 한다. 즉, 마음 속에 의심이 생기면, 아무리 옳고 그른 것도 편견과 선입견에 사로잡히기 마련이다.

우씨!
자꾸 악마가
따라다녀

·216

인면수심 人面獸心

얼굴은 사람
마음은 짐승

│ 사람의 도리를 지키지 않고 흉악한 행동을 하는 사람

[출전] 《한서漢書》〈열전列傳〉

　　한때 한나라는 사회적으로 안정되고 경제적으로도 풍족하여 흉노가 자주 침입해 왔다. 흉노의 수십만이나 되는 기마병은 해마다 한나라의 북방 국경을 넘어 들어와 농가를 습격했으며, 가축을 약탈하고 무고한 백성들을 죽이거나 납치했다. 한 무제는 흉노를 정벌하기 위해 수년 동안 전투를 하며 그들의 침공에 맞섰다.

　　흉노에 대해 역사가 반고는 이렇게 썼다.

　　"오랑캐들은 머리를 풀어헤치고 옷깃을 왼쪽으로 여미며, 사람의 얼굴을 하였으되 마음은 짐승과 같다."

나보다
흉악한
인간이다~

人 사람 인 面 얼굴 면 獸 짐승 수 心 마음 심

지나침 없이 알맞게 행동해서 손해 보는 건 없다 **· 217**

해는 저물고
갈 길은 멀다

▌시간이 너무 없어서 뜻하는 바를 이루기가 힘들다.

[출전] 《사기史記》〈오자서열전伍子胥列傳〉

오자서는 초나라 사람으로 아버지는 오사이고 형은 오상이다. 그의 선조 오거는 초의 장왕을 섬기면서 명성과 덕망을 쌓아 그 후손들은 초나라에 이름이 알려져 있었다. 그런데 평왕 때 아버지 오사는 비무기의 참언으로 형 오상과 함께 죽었고, 오자서는 도망치는 신세가 되고 말았다.

복수의 뜻을 품고 오자서는 이 나라 저 나라 떠돌다가 오나라 공자 광匡에게 의탁하게 되었다. 광은 왕을 죽이고 왕위에 올랐는데, 그가 바로 합려이다. 그는 오자서를 불러 외교를 담당하는 행인行人으로 임명하고 함께 국사를 논했다. 오자서는 손무와 함께 합려를 도와 여러 차례 초나라로 진격했는데, 마침내 합려왕 9년 초에 수도인 영을 함락시켰다.

오자서는 초나라에 들어와서 먼저 10년 전에 죽은 평왕의 묘를 파헤치고 관을 끌어냈다. 관 속에서 끄집어낸 평왕의 시체가 땅 위에 뒹굴었다. 아버지와 형이 살해된 지 17년이 지난 터였다. 오자서는 손 끝에 혼신의 힘을 모아 회초리를 들고 시체를 향해 마구 매질했다. 치고 또 치고 끝없이 반복했다. 그 행동이 너무 무자비하여 주위 사람들은 차마 바라볼 수가 없었다. 그는 회초리로 300대를 때린 후에야 겨우 멈추었다.

　이때 산중에 숨어 지내던 오자서의 친구 신포서가 사람을 시켜 오자서에게 말을 전했다.

　"자네의 복수가 너무 심하지 않은가. 사람이 많이 모이면 하늘의 뜻도 이길 수 있으나 일단 하늘의 뜻이 정해지면 무모한 인간을 깨우칠 수도 있다고 했네. 자네는 본래 평왕의 신하였으면서 어찌 하늘의 뜻을 어기는가?"

　그러자 오자서가 답했다.

　"돌아가서 신포서에게 전하라. 해는 저물고 갈 길은 멀다. 그래서 초조한 나머지 도에 어긋난 행동을 할 수밖에 없었다고."

　자신이 이제 늙었음을 안 오자서는 자신의 과격한 행동을 나이 탓으로 돌리려고 했다.

목이 말라야
우물을 판다

■ 사전에 준비 없이 있다가 일이 닥치면 허둥대며 서두른다.

[출전] 《안자춘추晏子春秋》〈내편內篇〉

춘추시대, 노나라 소공이 제나라로 도망쳤다. 제나라 경공이 그렇게
된 원인을 물었다. 소공이 대답했다.

"처음부터 충신을 등용하지 않은 것이 너무나 후회스럽습니다."

경공은 소공이 자신의 과오를 깨닫고 있다고 여기고, 안자에게 소공이 노나라로
돌아가도록 도와주면 현명한 군주가 되지 않겠느냐고 물었다. 안자가 대답했다.

"대개 어리석은 자는 후회가 많고, 자신이 현명하다고 생각합니다. 물에 빠진
자는 물길을 살피지 않았기 때문이며, 길을 잃은 자는 길을 묻지 않았기 때문입니
다. 물에 빠지고서야 물길을 찾고, 길을 잃고서야 길을 묻는 것은 전쟁이 터져야
무기를 만들고, 음식을
먹다가 목이 메어야
급히 우물을 파는 것과
같습니다. 이것은 아무리
빨리 해도 이미 때가 늦은 것
입니다."

큰일이다
또 늦었어

저수하심 低首下心

머리를 숙여
마음을 아래로 향하다

▌ 남에게 머리를 숙이고 복종하다.

[출전] 한유의 〈제악어문祭鰐魚文〉

당나라 중기의 대표적 문장가이자 정치가인 한유는 동주 낙양 사람이었다. 그는 헌종의 노여움을 사는 바람에 사형을 당할 뻔했으나 다행히 목숨만은 건져 조주자사로 좌천되었다.

한유가 임지에 도착하자 백성들이 각자 자신의 문제를 상소하였는데, 그중 하나가 악어에 관한 것이었다. 악어가 골짜기에 모여 있다가 갑자기 들이닥쳐서 가축을 잡아먹고 사람까지 해친다는 것이었다. 한유는 〈제악어문〉이라는 글을 썼다.

"악어들에게 일주일간의 시간을 줄 테니 남쪽 바다에 가 살도록 하라. 만약 이를 어기면 포수를 시켜 모두 죽여 버릴 것이다."

또한 글 중에 다음과 같은 문장이 있다.

"내가 비록 어리석고 약하나 어찌 악어를 위해 머리를 숙이고 마음을 아래로 향하겠는가."

행行 지나침 없이 알맞게 행동해서 손해 보는 건 없다 · 221

 속담이 한자성어를 만났을 때 ②

❧ 가난하면 친구들이 떠난다. 문전작라 門前雀羅

　　Poverty parts friends.

❧ 오늘 넘어진 사람도 내일이면 일어설 수 있다. 새옹지마 塞翁之馬

　　He that falls today may rise tomorrow.

❧ 많을수록 즐겁다. 다다익선 多多益善

　　The more the merrier.

❧ 인내는 돌도 녹여낸다. 마부작침 磨斧作針

　　Patience wears out stones.

❧ 주사위는 던져졌다. 건곤일척 乾坤一擲

　　The die is cast.

❧ 우물 안 개구리는 큰 바다를 모른다. 정중지와 井中之蛙

　　The frog in the well knows nothing of the great ocean.

❧ 물통 속의 물 한 방울. 구우일모 九牛一毛

　　A drop in a bucket.

❧ 대낮에 등불 들고 다니기. 금의야행 錦衣夜行

　　To carry a lantern in midday.

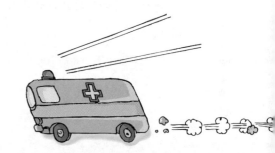

❧ 늦과일이 잘 익는다. 대기만성 大器晚成

　　Late fruits keep well.

❧ 도망가는 게 최고의 방법이다. 삼십육계 三十六計
   The best of plans is to run away.

❧ 하나를 보면 열을 안다. 문일지십 聞一知十
   See one and know ten.

❧ 불행은 혼자서 오지 않는다. 설상가상 雪上加霜
   Misfortune seldom comes alone.

❧ 독수리는 개구리와 싸우지 않는다. 도외시 度外視
   The eagle does not make war against frogs.

❧ 오늘은 왕, 내일은 허무함. 호접지몽 胡蝶之夢
   Today a king, tomorrow nothing.

❧ 허공에서 낚시질하고 바다에서 사냥을 한다. 연목구어 緣木求魚
   To fish in the air, to hunt in the sea.

❧ 오늘은 어제의 제자. 온고지신 溫故知新
   Today is yesterday's pupil.

❧ 지금 하지 않으면 영원히 못한다. 천재일우 千載一遇
   Now or never.

❧ 돌멩이 하나로 두 마리 새를 잡는다. 일거양득 一擧兩得
   To kill two birds with one stone.

❧ 훌륭한 어머니는 선생 100명과 같다. 맹모삼천 孟母三遷
   One good mother is worth a hundred school teachers.

전거후공 前倨後恭

전에는 거만하다가
나중에는 공손하다

▌ 상대편의 처지에 따라 대하는 태도가 달라지다.

[출전] 《사기史記》〈소진열전蘇秦列傳〉

춘추전국시대 때 연, 조, 제, 초, 위, 한이 합종을 약속하여 소진은 이 여섯 나라의 재상을 겸임하게 되었다. 어느 날 조나라의 왕에게 상황을 보고하러 가는 도중 고향에 들렀다. 소진을 따르는 마차와 짐이 너무 많아서 왕의 행렬 같았다. 소진의 가족들은 그런 소진을 곁눈으로만 볼 뿐 감히 쳐다보지를 못했다. 소진이 웃으면서 형수에게 말했다.

"전에는 거만하시더니 지금은 왜 이리 공손하십니까?"

형수가 넙죽 엎드려 얼굴을 땅에 대고 말했다.

"도련님은 지위가 높고 재산이 많으니까요."

소진이 길게 탄식하며 말했다.

"가족들조차 내가 부귀하면 두려워하며 공경하고, 가난하면 가볍게 보고 업신여기는구나. 하물며 세상 사람들이야 어떻겠느냐!"

소진은 재물을 가족과 벗들에게 나누어 주었다.

만만한 사람 앞에서는 뻣뻣하고

높은 분 앞에서는 숙이고

前 앞 전 倨 거만할 거 後 뒤 후 恭 공손할 공

조명시리 朝名市利

명성은 조정에서
이익은 시장에서

▌무슨 일이든 적당한 곳에서 해야 한다.

[출전] 《전국책戰國策》〈진책秦策〉

전국시대, 진秦나라 혜문왕이 촉과 한 중에 어떤 나라를 먼저 공격할 것인지를 고민하고 있었다. 조정에서는 재상 장의와 중신 사마조가 격론을 벌였다. 사마조는 촉 땅을 정벌하면 국토도 넓어지고 백성들의 생활 형편도 좋아질 것이라고 주장했고, 반대로 장의는 한나라를 공격하여 중원으로 진출하는 것이 낫다고 주장했다. 다음은 장의가 혜문왕에게 제안한 말이다.

"먼저 위와 초 두 나라와 동맹을 맺고, 한의 삼천 지방으로 출병한 다음 주나라의 외곽을 공격하십시오. 그렇게 하면 주나라는 천자天子를 상징하는 보물인 구정九鼎(하나라 우왕 때에 금으로 만든 솥)을 지키기 어렵다는 것을 알고 내놓을 것입니다. 그때 천하를 호령하면 누가 감히 복종하지 않겠습니까. 그러나 촉을 정벌하면 군사와 백성만 힘들 뿐 무슨 이익이 있겠습니까. 옛말에, 명성은 조정에서 다투고 이익은 저자에서 다툰다고 했습니다. 삼천 지방은 천하의 저자이고, 주 왕실은 천하의 조정입니다. 그런데도 전하께서는 이것을 취하려 하지 않으시고 하찮은 촉을 정벌하려 하고 계십니다."

그러나 혜문왕은 사마조의 의견에 따라 촉을 정벌하기로 했다.

조장 助長

싹이 자라는 것을
도와주다

▌서두르다가 오히려 일을 망치다.

[출전]《맹자孟子》〈공손추公孫丑〉

송나라에 어떤 농부가 있었다. 그는 벼가 자라지 않는 것이 안타까웠다. 볏모를 심었으나 겉으로는 잘 자라지 않아 보였던 것이다. 농부는 초조한 마음에 볏모를 빨리 자라게 할 생각으로 조금씩 위로 뽑아 올렸다. 그리고 집에 돌아와 말했다.

"하루 종일 벼가 자라는 것을 도왔더니 오늘은 피곤하구나."

이 말을 이상하게 여긴 아들이 논에 달려가 보니 벼가 다 말라 죽어 있었다.

한편 제자 자하가 정치에 관해 물었을 때 공자가 한 대답도 위의 이야기와 뜻이 통한다. 공자는 이렇게 대답했다.

"빨리 되기를 바라지 말고, 작은 이익에 눈을 팔지 마라. 빨리 되기를 바라면 거기에 이르지 못할 것이며, 작은 이익에 눈을 팔면 큰일을 이룰 수 없다."

助 도울 조 長 길 장

천려일실 千慮一失

천 가지 생각 중에
하나의 실수

▋지혜로운 사람이라도 많은 생각을 하다 보면 실수를 한다.

[출전]《사기史記》〈회음후열전淮陰侯列傳〉

한나라 고조의 명에 따라 대군을 이끌고 조나라로 쳐들어간 한신은 조군을 크게 격파하고, 지혜와 덕망을 겸비한 이좌거까지 사로잡았다.

한신은 손수 이좌거의 포박을 풀어 준 뒤 상석에 앉히고 잔치를 베풀어 위로했다. 그리고 한나라의 천하 통일에 마지막 걸림돌로 남아 있는 연나라와 제나라를 공략할 방책을 물었다. 그러나 패한 장수는 병법을 논하지 않는 법이라며 이좌거는 굳게 입을 다물었다. 한신이 여러 번 정중히 청하자, 그는 이렇게 말했다.

"지혜로운 사람이라도 많은 생각을 하다 보면 반드시 하나쯤은 실수가 있고, 어리석은 사람이라도 많은 생각을 하다 보면 하나쯤은 얻는 것이 있다고 했습니다. 성인은 미친 사람의 말에서도 좋은 말은 골라서 듣는다고 합니다. 제 생각 가운데 하나라도 좋은 것이 있으면 정말 다행일 것입니다."

그 후 이좌거는 한신의 참모가 되어 커다란 공을 세웠다.

지나침 없이 알맞게 행동해서 손해 보는 건 없다 • 227

천리안 千里眼

멀리 천리까지
내다보는 눈

▌먼 곳에서 일어나는 일까지 잘 알아내다.

[출전] 《위서魏書》 〈양일전楊逸傳〉

남북조시대, 북위 장제 때의 일이다. 사람들은 광주자사 양일을 '천리안'이라 불렀다. 누가 일러 주지도 않았지만 직접 본 것처럼 일을 처리했기 때문이다. 그는 거만하지도 않고 청렴하여 백성들을 위해 열심히 일했다.

양일은 백성을 나라의 근본으로 생각했기에 흉년이 계속되어 굶어 죽는 사람이 많아지면 식량을 나누어 주기도 했다. 또 사소한 부정 행위라도 결코 용서하지 않았기 때문에 관리들은 두려워했지만, 백성들은 부모나 형제처럼 그를 흠모했다.

사실 예전에는 관리가 지방 시찰이나 출장을 나갔을 때, 백성들이 잔치다 선물이다 하여 여러 가지로 갖다 바치는 것이 많아 부담이 적지 않았다. 그런데 양일이 부임한 이후에는 출장 나가는 사람이 도시락을 갖고 다니게 되어 민폐가 거의 사라졌다.

어떤 사람이 양일에 대해 묻자, 부하가 대답했다.

"그분은 천리안입니다. 모든 것을 다 꿰뚫어 보시지요."

그러나 천리안 양일도 3년 후에 모함을 받아 죽고 말았다.

철면피 鐵面皮

얼굴에
철판을 깔다

▌부끄러움을 모르는 뻔뻔스러운 사람

[출전] 《북몽쇄언北夢瑣言》

옛날 왕광원이란 사람이 있었다. 열심히 공부해서 진사 시험에도 합격했으나 출세욕이 지나쳐 아첨을 일삼는 자였다. 한번은 한 고관이 술에 취해 회초리를 들고 그에게 이렇게 말했다.

"자네를 때리고 싶은데 맞겠는가?"

그러자 왕광원은 웃으며 말했다.

"나리의 회초리라면 맞는 것도 영광입니다."

고관은 사정없이 왕광원에게 회초리를 휘둘렀다. 같이 있던 친구가 집으로 돌아오는 길에 부끄럽지 않냐고 물으니, 왕광원이 태연하게 말했다.

"그런 사람에게 잘 보여서 나쁠 게 뭐
있나."

당시 사람들은 그를 가리켜 이렇게
말했다.

"광원의 낯가죽은 두껍기가 열 겹
의 철갑과 같다."

나보다 낯짝이
두꺼우시군요

鐵쇠 철 面얼굴 면 皮가죽 피

취모구자 吹毛求疵

털을 불어
흠집을 찾는다

▌남의 조그만 잘못을 기를 쓰고 찾아내다.

[출전] 《한비자韓非子》〈대체大體〉

한비자는 천하를 다스리는 임금의 도리를 이렇게 말했다.

"현명한 군주는 작은 지혜로 큰 뜻을 해치지 않고, 사사로운 속임수로 자신을 힘들게 하지 않는다. 나라를 다스리는 것과 나라가 혼란스러워지는 것은 법에 따르고, 옳음과 그름은 상과 벌에 맡긴다. 죄의 가벼움과 무거움은 법도에 맡겨 하늘의 도리를 어긋나게 하지 않는다. 또한 사람의 고유한 성품을 존경하며, 털을 불어 헤쳐 가면서 작은 흠집을 찾아내는 짓도 하지 않는다. 마지막으로 사람의 말에서 흠 자국을 살피는 짓도 하지 않는다."

> ■ 한비자(B.C.280?~B.C.233)
> 전국시대 말기의 사상가로, 인간은 선하지 않다고 여겨 엄격한 법으로 백성을 다스려야 한다고 주장했다. 그의 저서 《한비자》는 형벌의 명칭과 방법을 논한 것이다.

포호빙하 暴虎憑河

범을 맨손으로 잡고
황하를 걸어서 건넌다

▎죽음을 두려워하지 않는 무모한 용기

[출전] 《논어論語》〈술이述而〉

공자가 안회에게 말했다.

"알아주는 사람에게 등용되면 재능을 발휘하고 그렇지 않으면 재능을 간직할 줄 아는 사람은 오직 나와 너뿐일 것이다."

그때 자로는 공자가 유독 안회만을 인정해 주는 것을 보고 자기의 용맹을 자부하여 공자에게 물었다.

"선생님께서 삼군三軍을 통솔하신다면 누구와 함께 하시겠습니까?"

공자가 말했다.

"나는 범을 맨손으로 잡으려 하며 황하를 걸어서 건너겠다는 자와는 함께 하지 않을 것이다. 반드시 일에 대해 두려워하고 즐기면서 성공시킬 수 있는 사람과 함께 할 것이다."

공자는 모든 일이 용기만으로 되는 것이 아니라 신중한 검토와 그에 대한 대책이 앞서야 한다는 것을 자로에게 깨우쳐 준 것이다.

暴 맨손으로 칠 포 虎 범 호 憑 기댈 빙 河 물 하

行

지나침 없이 알맞게 행동해서 손해 보는 건 없다·231

풍성학려 風聲鶴唳

바람소리와
학의 울음소리

▌아무것도 아닌데 작은 소리에도 놀라 겁을 집어먹는다.

[출전] 《진서晉書》 〈사현전謝玄傳〉

동진東晉 효무제 때, 진秦나라 왕 부견이 100만 대군을 이끌고 동진으로 공격해 들어왔다. 진秦군이 비수 언덕에 진을 치자, 동진의 선봉도독 사현은 군사를 보내 비수를 건너게 해 주면 싸우겠다고 정중히 청했다.

'약간 뒤로 물러섰다가 적이 반쯤 건넜을 때 공격하리라.'

부견은 이렇게 생각하고 그 제의를 수락했다. 그런데 진의 군세는 뒤로 물러선 후부터 계속 퇴각하여 멈출 수도 없게 되어 버렸다.

사현의 군대는 강을 건너 계속 추격해 들어왔다. 부견의 군사들은 앞선 자를 밀치고 자기가 먼저 도망가려고 밀고 밀리면서 서로 밟혀 죽기 일쑤였다. 이때 잔뜩 겁을 먹은 병사들은 바람소리와 학의 울음소리에도 적이 추격해 오는 것으로 잘못 알고 그저 도망치기 바빴다.

낙엽 떨어지는 소리야!

어머, 깜짝이야!

風 바람 풍 聲 소리 성 鶴 학 학 唳 울 려

함부로 날뛰는
필부의 용맹

▎좁은 소견을 가지고 함부로 날뛰는 소인의 용기

[출전] 《맹자孟子》 〈양혜왕梁惠王〉

제나라 선왕이 맹자에게 물었다.

"이웃나라와 교류하는 데 방법이 있소?"

맹자가 대답했다.

"오직 어진 사람만이 대국으로 소국을 섬길 수 있습니다. 그러므로 은나라 탕왕은 갈나라를 섬겼고, 주나라 문왕은 곤이昆夷를 섬겼던 것입니다. 또 오직 지혜로운 자만이 소국으로 대국을 섬길 수 있습니다. 그러므로 주나라 태왕이 훈육을 섬겼고, 구천이 오나라를 섬긴 것입니다. 대국으로서 소국을 섬기는 자는 하늘의 뜻을 즐거워하는 자이고, 소국으로서 대국을 섬기는 자는 하늘의 뜻을 두려워하는 자입니다. 하늘의 뜻을 즐거워하는 자는 천하를 지키고 하늘의 뜻을 두려워하는 자는 자기 나라를 지킬 뿐입니다."

"그러나 나에게는 고질적인 버릇이 있으니, 바로 용맹을 좋아하는 것이오."

"작은 용맹을 좋아하지 마십시오. 칼을 어루만지고 상대방을 노려보며 '저것이 어찌 감히 나를 당하겠는가?' 하고 말하는 것은 필부의 용기로 한 사람을 대적할 때나 부리는 용기이니, 전하께서는 더 큰 용기를 가지십시오."

한단지보 邯鄲之步

한단의 걸음걸이를 흉내 내다

▌ 자신의 본분을 잊고 남의 흉내를 내면 양쪽을 다 잃게 된다.

[출전] 《장자莊子》 〈추수秋水〉

전국시대 때 유행의 도시인 조나라의 한단에는 걸음을 멋지게 걷는 사람들이 있었다. 이를 배우려고 연나라 수릉 땅의 한 청년이 한단으로 갔다. 그는 매일 한단의 거리에서 사람들이 걷는 모습을 보면서 따라해 보았지만 잘 되지 않았다. 고향의 걸음걸이를 잊고 새로 한단의 걸음걸이를 배우려고 한 것이다.

그러나 그는 제대로 배우지 못한 채 중도에서 그만두고 고향으로 돌아갈 수밖에 없었다. 결국 자기 본래의 걸음걸이도 잊고 한단의 걸음걸이도 제대로 배우지 못하고 고향으로 엉금엉금 기어갔다.

하늘과 땅 사이에 가득 한 커다란 기상

▌ 조금도 부끄러울 바 없는 용기 또는 해방되어 자유롭고 즐거운 마음

[출전] 《맹자孟子》〈공손추公孫丑〉

맹자는 진정한 용기는 마음이 흔들리지 않는 것(부동심不動心)이라 말했다. 그러자 공손추가 물었다.

"선생님의 부동심과 고자告子의 부동심은 어떤 차이가 있습니까?"

"고자는 이해할 수 없는 말을 억지로 이해하지 말라고 했는데, 그것은 소극적 태도이다."

공손추가 다시 물었다.

"선생님께서는 어떤 점이 그보다 나은 것입니까?"

"나는 말을 알고 호연지기를 기르노라."

"호연지기란 무엇입니까?"

"호연지기는 지극히 크고 강해서 방해만 받지 않으면 하늘과 땅에 가득 차게 된다. 그러나 정의와 도리가 없으면 쉽게 약해지기 때문에 행동할 때 조금이라도 꺼리는 것이 있으면 사라지고 만다."

浩 넓을 호 然 그러할 연 之 어조사 지 氣 기운 기

화사첨족 畵蛇添足

뱀의 발까지
그리다니

▌안 해도 될 쓸데없는 일을 덧붙여 하다가 도리어 일을 그르치다.

[출전] 《전국책戰國策》 〈제책齊策〉

전국시대, 초나라에 사당의 제사를 받드는 사람이 있었다. 그는 가까운 벼슬아치들에게 큰 잔으로 한 잔씩 술을 따라 주려고 했다. 그러나 술이 부족한 것을 알고 한 사람이 이렇게 제안했다.

"땅 위에 뱀을 그리되 제일 먼저 그린 사람이 마시기로 하는 것이 어떤가?"

모두 찬성하고 제각기 땅바닥에 뱀을 그리기 시작했다. 이윽고 가장 먼저 뱀을 그린 사람이 술잔을 집어 들고 말했다.

"이 술은 내가 마시게 됐네. 어떤가? 멋진 뱀이지? 발도 있으니."

그때 막 뱀을 다 그린 다른 사람이 재빨리 술잔을 빼앗아 단숨에 마셔 버린 후에 이렇게 말했다.

"세상에 발 달린 뱀이 어디 있는가? 그건 뱀이 아닐세."

술잔을 빼앗긴 사람은 공연히 쓸데없는 짓을 했다고 후회했지만 이미 소용이 없었다.

그걸 왜
그리니?
나 발 없어

사이좋게 지내되 함께 어울리지는 않는다

▌다른 사람과 항상 조화를 이루려 하지만 아첨하지는 않는다.

[출전] 《논어論語》 〈자로子路〉

공자가 말했다.

"벗과 사귈 적에 군자는 화하고 아첨하지 않으나 소인은 아첨하고 화하지 못한다."

'화和' 라는 것은 어긋나는 마음이 없이 조화를 이루는 것이고, '동同'이라는 것은 아부하는 것을 말한다. 군자는 의를 숭상하므로 아부하지 않고, 소인은 이익을 얻으려 하므로 화한다는 뜻이다. 여기에 관한 일화가 있다.

제나라 경공이 사냥에서 돌아올 때 간신 양구거가 수레를 몰고 나아가 경공을 맞이했다. 이를 보고 경공이 양구거를 칭찬하자, 재상 안영이 이를 국 끓이기에 비유하며 양구거의 행동을 비판했다.

"요리사가 고깃국을 끓일 때 싱거우면 소금을 넣고 짜면 물을 넣듯이 임금이 옳다고 하는 것에 대해 잘못이 있으면 바로잡아 주는 것이 아니라, 옳다고 하면 옳다고 말하고 그르다고 하면 그르다고 말하는구나."

안영은 양구거를 아첨은 하지만 화하지 못하는 소인으로 보았던 것이다.

行 지나침 없이 알맞게 행동해서 손해 보는 건 없다 · 237

計

남을 제압하려면
선수를 쳐라

저공은 어쩔 수 없이 원숭이에게 나누어 줄 먹이를 줄이기로 했다. "앞으로는 도토리를 아침에 세 개, 저녁에 네 개를 주겠다." 그러자 원숭이들이 일제히 화를 냈다. "그렇다면 아침에 네 개, 저녁에 세 개를 주겠다." 원숭이들은 좋아라 하며 기뻐했다.

만전을 기하는
아주 완전한 계책

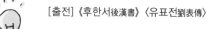

때와 장소에 맞게 적절히 갖추어진 가장 안전한 계책

[출전]《후한서後漢書》〈유표전劉表傳〉

후한 말 조조와 원소가 관도에서 치열한 전투를 벌였다. 이때 조조의 군대는 3만이었고, 원소의 군대는 10만이었다. 전세가 불리해진 조조는 도읍인 허창으로 후퇴할까 고민했다. 그러나 원소는 싸움에서 명장 안량과 문추를 잃는 큰 타격을 받아서 조조를 섣불리 공격하지 못하게 되었다. 그래서 당시 형주 태수였던 유표에게 도움을 청했다.

유표는 의심이 많고 우유부단했다. 원소의 요청을 받아들이기는 했지만 군대를 움직이지는 않았다. 양쪽의 전세를 지켜보면서 누구에게도 도움을 주지 않고 있었다. 이것을 본 한숭과 유선이 유표를 설득했다.

"우리가 가만히 있으면 그들에게 원한을 사게 될 것입니다. 조조는 반드시 원소를 격파한 다음 우리를 공격해 올 것입니다. 그러므로 강한 조조를 따른다면 조조는 나중에 은혜를 잊지 않을 것이니, 이것이 가장 안전하고 현명한 계책이 될 것입니다."

그러나 유표는 이 말을 듣지 않고 망설이다가 결국 화를 당하고 말았다.

미봉 彌縫

터진 곳을
임시로 꿰매다

▌빈 구석이나 잘못된 것을 그때그때 보완하다.

[출전] 《춘추좌씨전春秋左氏傳》〈환공桓公〉

춘추시대, 주나라 환왕이 세력을 만회하기 위해 정나라를 정벌하기로 했다. 당시 정나라 장공은 날로 강성해지는 국력을 배경으로 환왕을 무시하고 있었기 때문이다.

환왕은 우선 장공이 가진 정치적 실권을 박탈했다. 이에 분개한 장공은 한왕을 알현하는 일을 더는 하지 않았다. 환왕은 이를 구실로 군사를 일으키고 제후들에게 참전을 명했다. 환왕은 괵, 채, 위, 진陳의 군대를 모아 자신이 총사령관이 되어 정나라를 징벌하러 나섰다.

이윽고 정나라에 도착한 한왕의 군대와 장공의 군대가 대치했다. 장공에게 공자 원元이 건의했다.

대충 때우기 식으로 살아선 안 되겠어

"지금 좌군에 속해 있는 진나라 군대는 나라 안의 사정이 혼란하기 때문에 전의를 잃고 있습니다. 먼저 진나라부터 공격하면 환왕이 지휘하는 중군은 혼란에 빠질 것이며 우군도 지탱하지 못하

計
남을 제압하려면 선수를 쳐라 · 241

미 彌 5彌 縫 붕

고 물러날 것입니다. 그럴 때 중군을 치면 틀림없이 승리할 것입니다."

장공은 원의 말에 따라 진나라 군대부터 쳤다. 이때 전차부대를 앞세우고 보병을 뒤따르게 하되 그 전차부대의 틈을 보병으로 연결하는 '오승미봉伍承彌縫'의 전법으로 공격했다. 결국 원이 말한 전략은 제대로 맞아떨어져 환왕의 군대는 크게 패했으며, 환왕은 어깨에 화살을 맞고 물러갔다.

'미봉'은 원래 모자라는 부분을 보완한 빈틈없는 전략을 뜻했는데, 오늘날에는 그 뜻이 달라져 갑자기 터진 일을 임시로 처리한다는 말로 쓰인다.

■ 유사성어
• 고식지계姑息之計 : 우선 편한 것만 택하는 꾀
• 임기응변臨機應變 : 그때그때 처한 상황에 맞추어 그 자리에서 처리하다.
• 임시변통臨時變通 : 갑자기 터진 일을 간단하게 둘러맞추다.

반간 反間

첩자를 잡아서
역이용하다

▌적국의 첩자를 이용해 적을 교란시키거나 그 일을 하는 사람

[출전] 《손자孫子》〈용간用間〉

손자는 첩자를 다음과 같이 다섯 가지 부류로 나누고 있다. 향간鄕間은 적국의 백성을 이용하여 정보를 얻는다. 내간內間은 적국의 관리를 매수하여 정보를 얻는다. 반간反間은 적국의 첩자를 역으로 이용하여 아군의 첩자로 삼는다. 사간死間은 죽음을 각오하고 적국에 잠입하여 활동한다. 생간生間은 적국에 가서 정보를 가지고 살아서 돌아온다.

손자가 첩자를 사용하는 것을 중시한 이유는 적국과의 전쟁에서 승리하기 위해서는 무엇보다도 정보가 중요하다는 점을 알았기 때문이다.

한편 반간은 반간계反間計라고 하는데, 삼십육계 가운데 33번째 계책이다. 중국의 대표적인 병법인 삼십육계는 하늘을 가리고 바다를 건너는 만천과해, 남의 칼을 빌려 사람을 해치는 차도살인, 남의 집에 불난 틈을 타 도둑질하는 진화타겁, 강 건너 불 보듯 하는 격안관화, 아름다운 여인을 이용하는 미인계, 도망치는 것도 전략인 주위상 등이 있다.

計
남을 제압하려면 선수를 쳐라 · 243

삼십육계 三十六計

서른여섯 계책 중
달아나는 것이 상책이다

▌ 불리할 때는 도망가는 것이 상책이다.

[출전] 《자치통감資治通鑑》

남북조시대, 제나라 5대 황제인 명제는 고제의 증손인 3대, 4대 황제를 차례로 시해하고 제위를 빼앗았다. 즉위 후에도 고제의 직계자손들은 물론 자기 의견을 반대하는 사람은 모조리 잡아 죽였다. 그러자 신하들의 불안은 날로 커져만 갔다. 그중에서도 개국 공신인 왕경칙의 불안은 더욱 심했다. 왕경칙은 목숨의 위협을 느껴 먼저 군사를 일으켜 도성을 점령했다.

이때 병석에 누운 명제를 대신하여 국정을 돌보던 태자 소보권은 패전 소식을 듣고 피신할 준비를 했다. 왕경칙이 이 소식을 듣고 껄껄 웃으며 이렇게 말했다.

"단 장군의 서른여섯 가지 계책 중 마지막 계책인 도망가는 것이 제일 좋은 계책이었다."

단 장군은 남북조시대 때의 장수로 상황이 불리해지면 곧잘 도망쳤다고 전해지는 인물이다. 한편 삼십육계는 '삼십육계주위상책三十六計走爲上策'의 줄임말이다.

같이 가자

먼저 알아차리고 막아내다

▌ 상대가 준비하기 전에 얼른 선수를 쳐서 제압하다.

[출전] 《사기史記》 〈항우본기項羽本紀〉

진秦나라 2세 황제 때의 일이다. 계속되는 폭정에 항거하기 위해 농민군 수백 명을 이끈 진승과 오광이 단숨에 함양을 향해 진격했다. 이에 강동의 회계군수 은통이 항량을 불러 의논했다. 항량은 초나라 명장이었던 항연의 아들로 조카인 항우와 함께 도망온 뒤 타고난 통솔력을 발휘하여 명성을 얻은 인물이었다. 은통이 말했다.

"모든 강서 지방의 사람들이 진나라에 반기를 들었는데, 이는 하늘이 진나라를 멸망코자 하는 뜻이오. 옛말에, 먼저 손을 쓰면 남을 제압할 수 있고 늦으면 남에게 제압당한다고 했소. 나는 그대를 환초와 함께 장군으로 삼아 군사를 일으킬까 하오."

은통은 병법에 조예가 깊은 항량을 이용하여 출세의 실마리를 잡아 볼 속셈이었으나, 항량은 그보다 한수 위였다.

"군사를 일으키려면 우선 환초부터 찾아야 하는

따라올테면 따라와봐

미리 손 쓸걸

先 먼저 선 則 곧 즉 制 억제할 제 人 사람 인

데, 그의 행방을 알고 있는 자는 오직 제 조카 항우뿐입니다. 지금 항우가 밖에 있으니 그에게 환초를 불러오라고 명하시지요."

"그럽시다. 그럼 그를 들어오라 하시오."

항량은 밖으로 나가 항우에게 귀엣말로 일렀다.

"내가 눈짓을 하거든 지체 없이 은통의 목을 치도록 하라."

항우를 데리고 방에 들어온 항량은 항우가 은통에게 인사를 마치는 순간 눈짓을 했다. 항우는 칼을 빼고 범같이 달려들어 은통의 목을 쳤다. 항량과 항우가 은통에 앞서 상대를 미리 제압한 것이다.

그러나 항량은 곧바로 관아를 점거한 뒤 스스로 회계군수가 되어 군사 8천을 이끌고 함양으로 진격했으나 전사하고 말았다. 그 뒤를 이어 회계군의 총수가 된 항우는 유방과 5년간에 걸쳐 패권을 다투다가 패하여 자결했다.

복숭아 두 개로
세 무사를 죽이다

▌교묘한 계략으로 상대가 스스로 무너지게 하다.

[출전] 《안자춘추룿子春秋》〈간하諫下〉

춘추시대, 제나라 경공에게 공손접, 고야자, 전개강이라는 세 호위무사가 있었다. 이들의 횡포가 무척 심해 재상 안영이 경공에게 한 가지 계략을 일러주었다.

어느 날 제나라 경공과 노나라 왕이 함께한 만찬에서 커다란 복숭아 여섯 개를 두 임금과 두 재상이 하나씩 먹고 두 개가 남았다. 경공은 이것을 세 무사 중 가장 큰 공로를 말하는 이에게 주기로 하고 무사들에게 자신의 공로를 자랑해 보라고 했다. 그러자 공손접은 호랑이를 맨손으로 죽인 일을, 고야자는 괴물을 10리까지 따라가 죽인 일을 말하여 복숭아를 받아먹었다. 그때 전개강이 말했다.

"나는 서徐를 쳐서 장수를 베고 500명의 군사를 사로잡았으며, 서군이 뇌물을 바치고 맹약을 맺게 했다. 이 일로 전하께서 맹주가 되었다."

전개강의 말이 끝나자 공손접과 고야자가 외쳤다.

"우리는 전개강보다 공이 적으면서도 복숭아를 사양하지 않았다."

그리고 그 자리에서 검을 뽑아 자살했다. 전개강도 따라 자살하고 말았다.

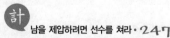

일거양득 一擧兩得

한 번에
두 가지를 얻다

▋ 한가지 일로 두가지 이익을 얻다.

[출전] 《전국책戰國策》 〈진책秦策〉

전국시대, 진秦나라 혜문왕 때의 일이다. 재상 장의가 촉 땅을 공격하는 대신 중원으로 출병하기를 주장하자, 중신 사마조는 이에 반대하며 이렇게 진언했다.

"부국富國을 원하는 군주는 먼저 국토를 넓히는 데 힘써야 하고, 강병强兵을 원하는 군주는 먼저 백성의 부에 힘써야 하며, 황제가 되기를 원하는 군주는 먼저 덕을 쌓는 데 힘써야 한다고 하옵니다. 이 세 가지 요건이 갖춰지면 천하를 지배할 수 있는 법이옵니다. 하오나 지금 진나라는 국토가 좁고 백성들이 가난하옵니다. 이 두 가지 문제를 한꺼번에 해결하려면 먼저 막강한 진나라의 군사로 촉 땅의 오랑캐를 정벌하는 길밖에 달리 좋은 방법이 없는 줄로 아옵니다. 그러면 국토는 넓어지고 백성들의 재물은 쌓일 것이옵니다. 이것이야말로 일거양득이 아니고 무엇이겠습니까?"

혜문왕은 사마조의 말에 따라 촉 땅의 오랑캐를 정벌했다.

一擧兩得　한 번에 두 가지를 얻다

아침에 세 개
저녁에 네 개

❚ 간사한 잔꾀로 남을 속여 놀리다.

[출전] 《열자列子》〈황제皇帝〉

송나라의 저공이라는 사람은 원숭이를 좋아해서 많은 원숭이를 기르고 있었다. 그러나 워낙 많은 원숭이를 기르다 보니 먹이를 주는 일이 점차 어려워졌다. 저공은 어쩔 수 없이 원숭이에게 나누어 줄 먹이를 줄이기로 했다. 저공이 원숭이들에게 말했다.

"앞으로는 도토리를 아침에 세 개, 저녁에 네 개를 주겠다."

그러자 원숭이들이 일제히 화를 냈다.

"그렇다면 아침에 네 개, 저녁에 세 개를 주겠다."

원숭이들은 좋아라 하며 기뻐했다.

朝 아침 조 三 석 삼 暮 저녁 모 四 넉 사

첩경 捷徑

멀리 돌지 않고
가장 쉽고 빠른 길

▌ 어떤 일을 하기 쉬운 가장 빠른 방법 또는 지름길

[출전]《신당서新唐書》〈노장용전盧藏用傳〉

당나라 때는 불교와 도교의 영향으로 현실을 도피하고 은둔하려는 사람들이 많았다. 선비들도 관직에 나가지 않고 세상을 피해 은둔하는 일이 잦았다.

당시 노장용이라는 선비는 관리가 되고 싶었으나 자신의 능력으로 관직에 오르는 일이 쉽지 않음을 깨닫고 있었다. 그래서 그는 일부러 장안 부근의 어느 산에 들어가 은둔하며 때를 기다리고 있었다. 그곳은 도사들과 고승들이 많이 사는 곳으로 유명했는데, 그 덕에 어느덧 노장용도 주위 사람들의 주목을 받게 되어 관직을 얻게 되었다.

그 후 사마승정이라는 사람도 그 산에 은둔했다가 조정의 부름을 받게 되었다. 그러나 그는 관직에는 뜻이 없어 다시 산으로 돌아가려고 했다. 이때 그를 성 밖까지 전송한 사람은 노장용이었다. 노장용은 산을 가리키며 사마승정에게 말했다.

"참으로 훌륭한 산입니다."

그러자 사마승정이 말했다.

"관리가 되는 첩경일 뿐이지요."

捷 빠를 첩 徑 지름길 경

토끼 사냥이 끝나면
사냥개는 삶아 먹힌다

▌쓸모가 있을 때는 요긴하게 쓰다가 쓸모가 없어지면 헌신짝처럼 버린다.

[출전] 《사기史記》 〈회음후열전淮陰侯列傳〉

　　한나라 고조 유방이 한신을 초나라 왕에 책봉했다. 그러나 적장 항우의 맹장이었던 종리매가 한신에게 몸을 의탁하고 있다는 사실을 알고 지난날의 원한이 되살아나 크게 노했다. 유방은 한신에게 당장 종리매를 압송하라고 명했다. 그러나 종리매와 오랜 친구인 한신은 명령을 어기고 오히려 그를 숨겨 주었다. 이때 유방에게 이를 밀고하는 자가 있었다.

　　유방은 핑곗거리를 만들어 모든 제후를 모이게 하여 회의를 열기로 했다. 한신을 습격하려는 것이었다. 한신이 이 소식을 듣고 모반을 일으킬까 했으나 아무리 생각해 봐도 지은 죄가 없어 순순히 따르기로 했다. 그러나 여전히 불안하기만 했다.

　　"종리매를 베어 오면 폐하께서 반드시 기뻐할 것이오."

　　어떤 신하가 한신에게 말해 주자 한신은 이 말을 종리매에게 전했다. 종리매가 말했다.

　　"고조가 초나라를 치지 않는 것은 자네 곁에 내

눈빛이
수상쩍어

가 있기 때문일세. 그런데도 자네가 내 목을 가지고 고조에게 가겠다면 당장 내 손으로 베어 주지. 하지만 그때는 자네도 무사하지 못하다는 걸 잊지 말게."

결국 종리매가 자결하자 한신은 그 목을 가지고 유방을 찾아갔다. 그런데 역적으로 몰아 체포하는 것이 아닌가. 한신이 분개하며 말했다.

"토끼가 죽으면 사냥개를 삶아 죽이고 새가 다 없어지면 활을 감추어 두며, 적국을 격파하면 뛰어난 신하를 죽인다더니 그 말이 다 맞구나. 천하가 이미 평정되었으니 내가 죽는 것은 지극히 당연한 것이로다."

그러나 유방은 한신을 죽이지 않고 멀리 좌천시켰다.

虎(범 호)

한신 '타이거스'Hanshin Tigers가 일본 프로야구 센트럴리그에서 18년 만에 우승한 일이 화제에 올랐다. 이것은 일본 경제에도 큰 활력을 불어넣었다.

勢

안에는 근심,
밖에는 재난

고종회는 아들 고보욱을 지나치게 귀여워했다. 이런 탓에 보욱은 남을 업신여기고 방탕하기
까지 했다. 남이 아무리 꾸짖으며 쏘아보아도 보욱은 그저 모른 척할 뿐이었다. 이 사실을 안
백성들은 이렇게 탄식했다. "이제 다 끝이구나!" 과연 고보욱의 대에 이르러 형남은 멸망하
고 말았다.

구사일생 九死一生

아홉 번 죽을 고비에
한 번 살아나다

▌ 죽을 고비를 여러 차례 넘기다.

[출전] 《사기史記》〈굴원열전屈原列傳〉

　전국시대, 초나라 시인이며 정치가인 굴원은 책을 많이 읽고 기억력도 좋아서 역사에 밝고 문장에도 뛰어났다. 궁중에 들어가면 회왕의 총애를 받아 왕과 함께 국사를 논의하여 명령을 내리고, 밖으로 나와서는 제후와 빈객을 접대했다. 왕은 그를 매우 신임했다. 그러나 상관대부 근상은 그와 서열이 같아 왕의 총애를 받고 있었지만, 마음속으로는 굴원의 유능함을 미워했다.

　어느 날 회왕이 굴원을 시켜 법령을 만들게 했다. 굴원이 초안을 만들었으나 완성되기 전에 근상이 그것을 보고 빼앗으려 했다. 그러나 굴원이 주지 않아 근상은 굴원을 왕에게 참소했다.

　"전하께서 굴원을 시켜 법령을 만들게 한 것을 모르는 자가 없습니다. 그런데 법령이 나올 때마다 굴원은 자기의 공로를 자랑하며 자기가 아니면 아무도 그 법령을 만들지 못할 거라고 말하며 다닙니다."

　왕이 분노하여 그후 굴원을 멀리하게 되었다. 굴원은 왕이 신하의 옳은 말을 듣지 못하고, 참소나 아첨이 왕의 눈을 어둡게 하며, 행실이 바른 선비가 등용되지 못하는 현실을 안타깝게 생각했다. 이 때문에 근심스러운 마음으로 〈이소離騷〉라는 글을 지었다. 그중 이런 구절이 있다.

비록 아홉 번 죽을지라도 후회하는 일은 하지 않으리라.
雖九死猶未其悔

여기에서 아홉 번 죽는 것, 즉 '구사九死'에 대해 《문선文選》에 주註를 단 유량주는 이렇게 말하기도 했다.

"아홉은 숫자의 끝이다. 충성과 믿음과 강직함과 고결함이 내 마음의 선하고자 하는 바이니, 해로운 것을 만나 아홉 번을 죽어 한 번도 살아남지 못한다 해도 후회하고 원한을 품기에는 족하지 않다."

■ '위기'와 관련된 한자성어
• 백척간두百尺竿頭 : 백 척이나 되는 높은 장대 위에 있는 것처럼 위태롭다.
• 여리박빙如履薄氷 : 살얼음을 밟는 것처럼 아슬아슬하다.
• 일촉즉발一觸卽發 : 한 번 건드리면 폭발할 듯하다.
• 풍전등화風前燈火 : 바람 앞의 등불처럼 위태롭다.

거의 죽을 뻔하다
다시 살아나다

▌급박한 위기에서 벗어나 상황이 좋아지다.

[출전] 《사기史記》 〈편작전扁鵲傳〉

춘추시대, 진월인이라는 유명한 의원은 괵국이라는 작은 나라를 찾았다가 태자가 급사했다는 소식을 듣고 급히 궁궐로 달려갔다. 태자를 살펴보니 아직 하체에 온기가 남아 있었다. 진월인은 재빠르게 태자의 머리, 가슴, 손, 발 등에 침을 놓았다. 그러자 거짓말처럼 태자가 서서히 살아나는 것이 아닌가. 진월인은 이어 수술을 하고 태자에게 약을 먹였다. 태자는 병이 씻은 듯 나아 일어나 앉았고, 얼마 후에는 완전히 기력을 회복했다.

이리하여 진월인은 죽은 사람도 다시 살린다는 명의로 알려지게 되었다. 진월인은 겸손해 하며 이렇게 말했다.

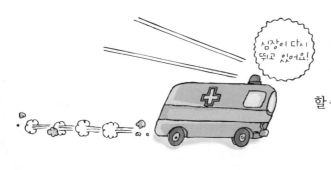

심장이 다시 뛰고 있어요!

"제가 어찌 죽은 사람을 살릴 수 있겠습니까? 살려낼 수 있는 사람이었기 때문에 구할 수 있었던 것이지요."

기호지세 騎虎之勢

호랑이를 타고 달리는 기세

▌일을 하다가 중간에 그만둘 수가 없어 끝까지 밀고 나가는 형세

[출전] 《수서隋書》 〈독고황후전獨孤皇后傳〉

남북조시대 말엽, 북조 최후의 왕조인 북주北周의 선제가 죽자, 재상 양견은 즉시 입궐하여 국사를 돌보았다. 한족이었던 그는 일찍이 오랑캐에 빼앗긴 땅을 되찾고 한족의 천하를 회복하겠다는 큰 뜻을 품고서 때가 오기만을 기다리고 있던 차였다.

드디어 양견은 천하 통일을 목적으로 모반을 꾀했다. 이때 양견의 이런 뜻을 알고 있는 아내 독고가 편지를 보냈다.

"호랑이를 타고 달리는 기세이니 도중에 내릴 수 없는 처지입니다. 만약 도중에서 내리면 호랑이에게 잡혀 먹히고 말 것입니다. 그러니 호랑이와 끝까지 가지 않으면 안 됩니다. 부디 목적을 달성하소서."

이에 용기를 얻은 양견은 선제의 뒤를 이어 즉위한 나이 어린 정제를 몰아내고, 스스로 제위에 올라 문제라 일컬은 뒤 국호를 수隋라고 했다. 그로부터 8년 후인 589년, 문제는 남조 최후의 왕조인 진陳나라마저 정복하고 마침내 천하를 통일했다.

난형난제 難兄難弟

누가 형이고
누가 아우인지 모른다

▌ 서로 비슷비슷하여 어느 것이 낮고 못한지를 말하기가 어렵다.

[출전] 《세설신어世說新語》

후한 말 태구 현령이었던 진식과 그의 아들 진기, 진심은 '세 군자'라고 불릴 정도로 덕망이 높았다. 진기와 진심에게는 각각 진군과 진충이라는 아들이 있었다.

어느 날 진군과 진충은 서로 자기 아버지의 공적과 덕행을 자랑하며 자신의 아버지가 더 훌륭하다고 주장을 했으나 도무지 결론이 나지 않았다. 그래서 할아버지인 진식에게 판단해 달라고 부탁했다. 진식은 이렇게 대답했다.

"진기를 형이라고 하기 어렵고, 진심을 동생이라고 하기 어렵구나."

남풍불경 南風不競

남쪽 지방의 노래는 활기가 없다

▌ 남쪽 지방의 세력과 기세가 약하다.

[출전] 《춘추좌씨전春秋左氏傳》〈양공襄公 18년조〉

정나라의 자공이 진晉나라를 배반하고 초나라 군사를 일으켜 정나라의 대부들을 제거하려 했다. 그는 초나라의 재상 자경에게 사자를 보내 그 뜻을 알렸지만 자경은 허락하지 않았다. 초나라 왕이 이 소식을 듣고 사자를 보내 자경에게 고하게 했다.

"내가 군주가 되어 군사를 파병한 일이 없으니, 죽은 뒤에 선조들과 같은 예를 받지 못할 것이다. 백성들도 내가 스스로 편안하게 지내면서 선대 군주들의 업적을 잊고 있다고 여길 것이니, 이를 어찌하면 좋겠소?"

이 말을 듣고 자경은 탄식했다.

"지금 제후들은 진나라와 친하게 지내고 있습니다. 신이 먼저 시험 삼아 정나라를 정벌해 보겠습니다. 만약 잘 된다면 군주께서 제 뒤를 이어 군사를 이끌고 오시고, 만약 잘 안 된다면 군사를 거두어 퇴군하시더라도 해로움만 없으면 전하께 욕됨이 없을 것입니다."

자경은 군대를 정비했다. 이때 정나라의 대부 중에 자교, 백유, 자장은 제나라를 치러 가고 자전, 자서가 국경을 지키고 있었다.

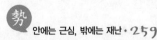

안에는 근심, 밖에는 재난 · 259

자경은 군대를 이끌고 정나라로 공격해 들어갔다. 그러나 정나라의 자전과 자서가 자경의 계략을 알고 이미 수비를 강화하고 있었기 때문에 예상한 전과는 얻지 못하였다. 자경은 정나라의 도읍을 공격하였지만, 이틀 뒤에는 후퇴할 수밖에 없었다. 게다가 자경의 군대는 철수 도중에 추위와 배고픔으로 많은 군사들이 얼어 죽고 말았다.

한편 초나라 군대가 출동했다는 소식을 듣고 진나라 악사인 사광이 말했다.

"해로울 것 없다. 나는 북방의 노래도 부르고 남방의 노래도 부르지만, 남방의 노래는 활기가 없어 죽어 가는 소리가 많으니, 초나라 군사는 반드시 공功이 없을 것이다."

또 점쟁이 동숙이 말했다.

"하늘의 도는 서북에 많이 있으며 남쪽의 초나라 군대는 좋은 기회를 얻지 못하고 있으니, 필시 공이 없을 것이다."

안에서는 근심
밖에서는 재난

▌나라 안팎으로 여러 가지 걱정거리가 많다.

 [출전]《국어國語》〈진어晉語〉

　춘추시대 중엽, 진晉나라 낙서는 진나라에 항거한 정나라를 치기 위해 스스로 중군의 장군이 되고 범문자를 부장군으로 임명했다. 그런데 이때 진나라는 막강한 세력을 키우고 있던 초나라의 군대와 충돌하게 되어 낙서는 먼저 초나라와 싸울 것을 주장했다. 그러자 범문자가 반대하며 말했다.

　"성인이라면 안의 근심도 밖의 재난도 꿋꿋이 견디지만, 우리는 나라 밖의 재난이 없으면 반드시 나라 안에서 근심이 일어날 것입니다. 초나라와 정나라는 잠시 놓아두어 바깥의 근심을 내버려두어야 하지 않겠습니까?"

　'내우외환'은 나라 안의 근심과 나라 밖의 환난을 말하며, 여기에서 유래하여 사람은 항상 근심 속에 산다는 뜻이 되었다.

포개놓은 알처럼 위태로운 상태

▌ 아주 조급하고 위험한 상태

[출전]《사기史記》〈범수열전范睡列傳〉

전국시대, 위나라의 수가라는 사람이 자신의 수하로 있던 범수라는 자를 시기하여 범수가 제나라와 내통하고 있다고 모함해 버렸다. 그 바람에 범수는 후원자인 정안평의 집에서 장록이라는 이름으로 숨어 지내게 되었다.

기회만 노리고 있던 어느 날, 때마침 진秦나라에서 사신이 왔다. 정안평은 은밀히 사신 왕계를 찾아가 장록을 추천했고, 왕계는 진나라 소양왕에게 장록을 이렇게 소개했다.

"전하, 위나라의 장록 선생은 천하의 외교가입니다. 선생은 진나라의 정치 상황을 두고 알을 쌓아 놓은 것처럼 위태롭다고 평하며, 자신을 기용하면 나라가 태평하고 백성이 편안할 것이라고 말했습니다."

소양왕은 그 불손한 손님을 당장 내치고 싶었지만, 인재가 아쉬운 시대인 까닭에 일단 장록을 말석에 앉혔다. 그 후 장록은 훌륭한 외교술로 자신의 진가를 발휘했다.

손톱 긴 선녀가
가려운 곳을 긁어 주다

▌일이 뜻대로 되어 가다.

[출전] 《신선전神仙傳》〈마고麻姑〉

한나라 환제 때 마고라는 선녀가 다른 선녀들과 함께 채경이라는 관리의 집에 머물게 되었다. 마고의 손톱은 마치 새의 발톱처럼 뾰족했다. 채경이 마고의 손톱을 보며 이렇게 생각했다.

'등이 가려울 때 저 손톱으로 긁으면 정말 시원하겠군.'

그런데 이런 채경의 마음을 방평이라는 선녀가 꿰뚫어 보고 채경을 끌어다 채찍질을 하며 꾸짖었다.

"마고는 선녀다. 어찌하여 감히 마고의 손톱으로 등을 긁을 수 있으리라 생각했느냐!"

거기, 거기, 어~ 시원타

🔸 선녀표 등긁개

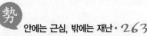

麻 삼 마 姑 시어미 고 搔 긁을 소 痒 가려울 양

이제 모든 것이 끝장났다

▌ 더는 어떻게 해 볼 도리가 없다.

[출전] 《송사宋史》〈형남고씨세가荊南高氏世家〉

당나라가 망하고 송나라가 일어날 때까지 53년 동안에 중원에는 후량·후당·후진·후한·후주의 다섯 왕조가 일어났다가 멸망하였는데, 이 시대를 5대五代라 일컫는다. 한편 중원을 벗어난 각 지방에는 전촉·오·남한·형남·오월·초·민·남당·후촉·북한 등 열 개의 나라가 있었는데, 이를 10국十國이라 한다.

이 10국에 속하는 형남이라는 작은 나라의 이야기다. 이 나라의 왕인 고종회는 아들 고보욱을 지나치게 귀여워했다. 이런 탓에 보욱은 남을 업신여기고 방탕하기까지 했다. 남이 아무리 꾸짖으며 쏘아보아도 보욱은 그저 모른 척할 뿐이었다. 이 사실을 안 백성들은 이렇게 탄식했다.

"이제 다 끝이구나!"

과연 고보욱의 대代에 이르러 형남은 멸망하고 말았다.

병입고황 病入膏肓

심장과 명치까지
이미 병이 깊다

▎병이 깊어 치료하기가 무척 어려운 상태

[출전]《춘추좌씨전春秋左氏傳》〈성공成公 10년조〉

어느 날 진晉나라 경공이 꿈을 꾸었다. 꿈에 키가 매우 큰 유령이 나타나 긴 머리를 땅에 닿을 만큼 풀어헤치고 가슴을 치며 말했다.

"내 자손을 죽인 일은 의롭지 못한 짓이었다. 나는 천제께 청하여 복수를 허락받았느니라."

꿈에서 깬 경공은 무당을 불렀다. 무당 또한 같은 말을 되풀이했다. 두려움에 찬 경공이 다시 물었다.

"나는 어떻게 되겠는가?"

"새로 나는 곡식을 드시지 못할 것입니다."

얼마 후 경공은 병이 들어 앓아 눕게 되었다. 좋은 의사를 보내 달라고 진秦나라에 부탁하자 진나라 왕이 의사 완을 보냈다.

경공은 다시 꿈을 꾸었다. 이번에는 병이 두 사람의 더벅머리 총각으로 변하여 서로 말을 나누었다.

"저 사람은 훌륭한 의사이니 우리를 다치게 할까 두렵네. 어디로 도망쳐야 하겠는가?"

"명치 끝과 심장 아래로 가 숨어 있는 게 어떠한가?"

얼마 후 완이 경공의 병을 살펴보고 이렇게 말했다.

"이 병은 치료할 수가 없습니다. 병의 근원이 명치 끝과 심장 아래에 있어서 손 쓸 방도가 없습니다. 침을 맞아도 약을 먹어도 낫지 않습니다."

가마솥 안에서 헤엄치며 노는 물고기

■ 언제 죽을지 모르는 위험한 상황에 처한 사람

[출전] 《자치통감資治通鑑》〈한기漢紀〉

후한 순제 때 양기는 여동생이 황후가 되자 온갖 횡포를 부렸다. 또 남동생 불의가 하남의 태수가 되자 사자 여덟 명에게 주와 군을 순찰하도록 명령했다. 이때 그 사자들 중의 하나인 장강이란 자가 양기와 불의를 탄핵하는 상소문을 올렸다. 이 상소문으로 양기의 미움을 산 장강은 광릉군의 태수로 좌천되고 말았다. 광릉군은 이곳저곳을 돌아다니면서 도적질을 해 온 장영의 소굴이 있는 곳으로 누구나 부임을 꺼리는 곳이었다.

그러나 장강은 두려워하지 않았다. 그는 부임하자 도둑의 소굴로 장영을 찾아가 그들을 진심으로 설득했다. 장영은 장강의 용기와 열정에 감명받아 말했다.

"저희들이 이렇게 사는 것은 물고기가 솥 안에 있는 것과 마찬가지입니다. 결코 오래 지속되지 못하겠지요."

장영 일당은 결국 항복했다.

사면초가 四面楚歌

사방에서 들려오는
초나라의 노래 소리

▌ 누구의 도움도 받을 수 없는 고립된 상태

[출전] 《사기史記》 〈항우본기項羽本紀〉

초나라 항우와 한나라 유방은 천하를 양분하고 수년간에 걸친 패권 다툼을 중단하기로 했다. 이때 항우는 곧 초나라의 도읍인 팽성을 향해 철군 길에 올랐으나, 서쪽의 한중으로 철수하려던 유방은 약속을 어기고 말머리를 돌려 항우를 추격했다. 이는 참모 장량과 진평의 제안에 따른 것이었다. 이윽고 해하에서 한신이 지휘하는 한나라 대군에 겹겹이 포위된 초나라 군대는 군량마저 떨어져 병사들의 사기가 말이 아니었다.

그러던 한밤중이었다. 갑자기 사방에서 초나라의 노래가 들려오기 시작했다. 장량이 적의 사기를 더욱 떨어뜨리기 위해 이미 항복해 온 초나라 군사들에게 고향의 노래를 부르게 한 것이었다. 초의 군사들은 그리운 고향의 노래에 눈물을 흘리다가 서로 밀치며 도망치기 시작했다. 항우는 깜짝 놀랐다.

"아니, 한나라가 벌써 초나라를 다 차지했단 말인가. 어찌 저토록 초나라 사람이 많단 말인가!"

이미 끝장났다고 생각한 항우는 이별의 잔치를 베풀었다. 그때 항우의 진중에는 우미인이라 불리는 항우의 연인 우희도 있었다. 항우는 자신이 아끼던 오추마

四넉 사 面얼굴 면 楚초나라 초 歌노래 가

·268

와 우희가 불쌍해서 그 마음을 시로 읊었다.

> 힘은 산을 뽑고 의기는 세상을 덮지만 力拔山兮氣蓋世
> 때는 불리하고 오추마는 가지 않는구나. 時不利兮騅不逝
> 오추마가 가지 않으니 어찌하면 좋을꼬. 騅不逝兮可奈何
> 우야, 우야, 그대를 어찌할거나. 虞兮虞兮奈若何

　우희는 이별의 슬픔에 눈물을 흘렸다. 항우의 뺨에도 어느덧 몇 줄기의 눈물이 흘렀다. 주위의 장수들이 흐느끼는 가운데 결국 우희는 항우의 보검을 뽑아 자결하고 말았다. 그날 밤 불과 800여 기를 이끌고 포위망을 탈출한 항우는 이튿날 혼자 적군 속으로 뛰어들어 수백 명의 목을 베며 전력을 다해 싸웠다. 그러나 항우는 부하들을 다 잃고 혼자 돌아가는 것이 부끄러워 자결했다. 그때 그의 나이는 불과 서른하나였다.

오리무중 五里霧中

5리 사방으로
안개가 가득하다

▌ 어디에 있는지 찾을 길이 막막하고 갈피를 잡을 수 없다.

[출전] 《후한서後漢書》 〈장해전張楷傳〉

후한 순제 때 장해라는 학식이 풍부한 선비가 있었다. 순제가 여러 번 등용하려 했지만, 그는 병을 핑계 대고 끝내 벼슬을 하지 않았다.

장해는 《춘추春秋》 등 사서史書에 통달한 학자로, 평소 거느리고 있는 문하생만 해도 100명이 넘었다. 그러다 전국 각처의 유명한 선비들을 비롯하여 고관대작과 환관들까지 그를 찾는 발길이 잦아지자, 그는 이를 피해 화음산 기슭에 있는 고향으로 내려가고 말았다.

그러나 장해를 따라온 문하생들과 학자들로 그의 집은 다시 북적거렸다. 나중에는 화음산 남쪽 기슭에 장해의 자字를 딴 공초公超라는 저잣거리까지 생겼다고 한다.

장해는 학문뿐 아니라 도술에도 능하여 사방 5리에 이르는 안개를 만들어낼 수 있었다. 사람들이 안개를 만드는 방법을 배우려 했으나, 장해는 5리나 되는 안개 속에 자취를 감추어 버렸다.

·270

철부지급 轍鮒之急

수레바퀴 자국 속 붕어의 위급함

▍곤궁한 처지나 다급한 위기

[출전] 《장자莊子》〈외물外物〉

장자가 쌀을 꾸러 어느 관리의 집에 갔는데, 그 관리가 이렇게 핑계를 대며 거절했다.

"나중에 영지에서 사금砂金을 받을 것인데, 그때 300금을 빌려 주겠소."

이 말을 들은 장자는 화를 벌컥 내며 말했다.

"어제 나를 애타게 부르는 소리가 들려 바라보니, 수레바퀴가 지나간 자국 속에 붕어가 있었소. 다급한 목소리로 자신은 동해왕의 신하라고 말하면서 자신에게 물을 달라기에 내가 '나는 지금 오나라와 월나라 땅으로 가는데, 거기서 서강西江의 물을 길어다 너에게 주지'라고 하자, 붕어가 화를 내며 '저는 약간의 물만 있어도 살 수가 있습니다. 그런데 당신이 그렇게 말씀하시면 나중에 건어물 가게에서 나를 볼 수 있겠지요'라고 말하더이다."

장자의 이야기를 들은 관리는 아무 변명도 하지 못했다.

이러다간 말라 비틀어져 죽겠어!

맑게 갠 하늘에서 내리치는 벼락

▌뜻밖의 사고나 불행한 일

[출전] 육유의 〈구월사일계미명기작九月四日鷄未鳴起作〉

다음은 남송의 대시인 육유가, 병상에 누워 있던 자신이 갑자기 붓을 들어 시를 짓는 모습을 비유한 것이다. 방옹放翁은 육유가 즐겨 쓰던 호다.

병상에 누워 있던 방옹이 가을을 지내다가　放翁病過秋

홀연히 일어나 취한 듯 붓을 놀리니　忽起作醉墨

정말로 오랫동안 웅크린 용과 같이　正如久蟄龍

푸른 하늘에 벼락이 치는 듯하다.　青天飛霹靂

눈썹에 불이 붙은 것처럼 위급하다

| 아주 위급한 상태

[출전] 《오등회원五燈會元》

법천불혜선사가 대상국지혜선사라는 절의 주지승으로 임명되었다. 어명을 받은 그는 승려들을 불러 모아 물었다.

"내가 왕명을 받들어 주지로 가는 것이 옳으냐, 아니면 이곳에 눌러앉아 불도에 정진하는 것이 옳으냐?"

그러자 아무도 대답하는 자가 없었다. 선사는 붓을 들어 몇 글자를 적었다. 그리고 눈을 감더니 앉은 그대로 세상을 떠나 모든 사람들을 놀라게 했다.

법천불혜선사는 살아 있을 때 승려들로부터 많은 질문을 받았다. 어느 날 한 승려가 물었다.

"선사님, 이 세상에서 가장 다급한 글귀는 무엇입니까?"

선사가 대답했다.

"그것은 눈썹을 태우는 것이다."

焦 태울 초 眉 눈썹 미 之 어조사 지 急 급할 급

평지풍파 平地風波

고요한 땅에
바람과 물결이 일다

▌ 공연한 일을 만들어 잘 되던 일을 어렵게 만들다.

[출전]《악부시집樂府詩集》〈죽지사竹枝詞〉

당나라의 대표적 시인 유우석은 당시 뱃사람들이 부르던 노래가 흥에 겨워 그것을 시로 지었다.

> 구당은 시끄럽게도 여울이 열두 개인데 瞿塘嘈嘈十二灘
> 사람들은 길이 예부터 힘들다고 말한다. 人言道路古來難
> 사람들의 마음은 물과 같지 않아서 長恨人心不如水
> 평지에도 파란을 일으킨다. 等閑平地起波瀾

　여기서 구당瞿塘은 양자강 상류쯤에 있는 험한 산으로, 그곳의 계곡은 배로 다니기가 무척 힘들었다고 한다. 또 조조嘈嘈는 물소리가 시끄럽게 흐르는 소리를 표현한 말이다. 따라서 물은 경사가 있는 곳에서만 여울을 만들지만, 사람은 보통 평지에서도 파도를 일으키는 어리석음을 지녔다는 뜻이다.

戰

하늘과 땅을 걸고
승부한다

장량과 진평이 진언했다. "초나라는 군사들이 몹시 지쳐 있는 데다가 군량마저 바닥이 났사옵니다. 이것이야말로 하늘이 초나라를 멸하려는 것이오니 당장 처부숴야 하옵니다. 지금 치지 않으면 호랑이를 길러 후환을 남기는 꼴이 될 것이옵니다." 이 말에 유방은 말머리를 돌려 항우와 결전을 벌였고 이듬해 승리했다.

강한 화살도 끝에 가서는 비단조차 뚫지 못한다

▌ 아무리 강한 군사도 원정을 나가면 힘이 쇠하기 마련이다.

[출전]《한서漢書》〈한안국전韓安國傳〉

　　한 고조가 몇 배나 많은 항우의 군사를 패배시킨 후 의기양양해서 흉노쯤이야 하는 생각으로 출전했다가 오히려 포위당하고 말았다. 이때 진평의 묘안으로 간신히 포위망을 벗어난 한 고조는 흉노와 화친을 맺고 매년 선물을 보냈다. 그러나 흉노는 약속을 어기고 북방을 자주 침범했다.

　　고조에 이어 즉위한 무제는 대신들과 함께 흉노에 무력으로 맞서는 것에 대해 의논을 했다. 왕회라는 한 대신은 흉노가 화친을 약속한다 하더라도 나중에는 어길 것이니 화친을 받아들이지 말고 무력으로 흉노를 정벌해야 한다고 주장했다. 그러나 한안국이 나서서 말했다.

　　"천리 밖에 나가서 싸우는 것은 이롭지 못한 일입니다. 아무리 강한 화살이라도 끝에 가서는 약해져서 얇은 비단조차 뚫지 못하는 것과 같습니다."

　　무제는 한안국의 말이 타당하다고 여겨 흉노를 정벌하려던 계획을 포기했다.

強 강할 강 弩 쇠뇌 노 之 어조사 지 末 끝 말

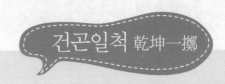

건곤일척 乾坤一擲

하늘과 땅을 걸고
승부를 겨루다

▌흥하거나 망하거나 하늘에 자신의 운명을 맡기고 단판승부를 하다.

[출전] 한유의 〈과홍구過鴻溝〉

당나라의 대문장가 한유가 홍구를 지나다가 한 고조 유방 때의 참모 장량과 진평을 떠올리며 읊은 시이다.

> 용이 지치고 범도 피곤하여 강과 들을 나누니 龍疲虎困割川原
>
> 만천하 백성들의 목숨이 지켜지는구나. 億萬蒼生性命存
>
> 누가 왕에게 말머리를 돌리도록 권하고 誰勸君王回馬首
>
> 진정으로 하늘과 땅을 걸고 단판승부를 걸게 했는가. 眞成一擲賭乾坤

유방(용)은 항우(범)와 싸움을 멈추고 홍구를 경계로 천하를 양분하기로 했다. 항우가 철군하고 이어 유방도 철군하려 하자 장량과 진평이 유방에게 진언했다.

"초나라는 군사들이 몹시 지쳐 있는 데다가 군량마저 바닥이 났사옵니다. 이것이야말로 하늘이 초나라를 멸하려는 것이오니 당장 쳐부숴야 하옵니다. 지금 치지 않으면 호랑이를 길러 후환을 남기는 꼴이 될 것이옵니다."

이 말에 유방은 말머리를 돌려 항우와 결전을 벌였고 이듬해 승리했다.

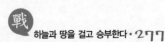

광일미구 曠日彌久

쓸데없이 세월만 보낸 지 오래다

▎하는 일 없이 세월만 보내며 시간을 끌다.

[출전] 《전국책戰國策》〈조책趙策〉

전국시대 말엽, 조나라 혜문왕 때였다. 연나라의 공격을 받은 혜문왕은 제나라에 성읍 세 개를 넘겨준다는 조건으로 전단이라는 장수를 파견해 달라고 요청했다. 전단이 조나라의 요청에 따라 총사령관이 되자 조나라의 명장 조사가 재상 평원군에게 항의했다.

"조나라에는 인물이 없단 말입니까? 제게 맡겨 주신다면 당장 적을 격파해 보이겠습니다."

평원군은 조사의 말을 받아들이지 않았다. 조사도 물러서지 않았다.

"제나라와 연나라가 원수간이긴 합니다만 전단은 조나라를 위해 싸우지 않을 것입니다. 강대한 조나라는 제나라의 가장 큰 골칫거리이기 때문입니다. 그래서 전단은 조나라 군사를 거느린 채 두 나라가 병력을 소모하여 지칠 때까지 쓸데없이 세월만 보낼 것입니다."

그러나 평원군은 전단에게 조나라 군대를 맡겨 연나라와 대적하게 했다. 결국 조사가 생각한 대로 조나라는 장기전에서 병력만 소모하고 말았다.

흙먼지를 일으키며 다시 쳐들어오다

▌한 번 실패한 사람이 세력을 회복해서 다시 공격해 오다.

[출전] 두목의 〈제오강정題烏江亭〉

초패왕 항우가 죽은 지 천 년이 지난 어느 날, 당나라 때 시인 두목은 오강에서 항우를 떠올렸다. 항우는 해하에서 한왕 유방과 운명을 건 승부에서 패하고 말았다. 단순하고 성격이 거칠었지만 산을 뽑을 정도로 장사였던 항우를 생각하며 두목은 이렇게 읊었다.

승패는 병가도 기약할 수 없으니 勝敗兵家不可期

부끄러움을 안고 참을 줄 아는 것이 사나이다. 包羞忍恥是男兒

강동의 자제 중에는 인물이 많으니 江東子弟俊才多

흙먼지를 일으키며 다시 쳐들어올지는

아직 알 수 없네. 捲土重來未可知

금성탕지 金城湯池

끓어오르는 연못 속의 굳건한 성

▌쉽게 공격하지 못하게 방어 시설이 튼튼한 성

[출전] 《한서漢書》 〈괴통전蒯通傳〉

진秦나라 시황제가 죽자 나라 곳곳이 술렁이기 시작했다. 게다가 시황제에 이어 왕위에 오른 호해는 천하의 쾌락을 찾아 즐기려는 어리석은 인물이었다. 이러한 정국의 혼란스러움으로 각지에서 스스로 왕이라 하며 들고일어나 진나라는 서서히 무너지고 있었다.

당시 무신은 조나라의 옛 영토를 평정하여 무신군이라고 불렸다. 무신군은 무력으로 범양을 포함한 주변의 성을 치려고 했는데, 이에 범양에 있던 괴통이라는 모사가 무신군을 만나 이렇게 설득했다.

"만약 범양을 공격하여 현령을 섣불리 대하고 항복을 받는다면, 여러 곳의 현령들이 그 항복이 헛된 것임을 알리고자 끓는 연못 속의 군건한 성처럼 굳게 지켜 공격할 수 없게 될 것입니다. 하지만 범양의 현령을 후하게 맞이하고 사자를 다른 곳으로 보낸다면, 그것을 보고 모두 싸우지 않고 항복할 것입니다."

과연 괴통의 말대로 30여 개의 성에서 무신군에게 항복을 해 왔다.

애꾸눈의 영웅

▍눈을 하나만 가지고도 용맹한 사람

[출전]《당서唐書》〈이극용전李克用傳〉·《오대사五代史》〈당기唐記〉

당나라 18대 황제인 희종 때의 일이다. 산동 출신인 황소는 왕선지 등과 반란을 일으킨 지 5년 만에 농민군 10만을 이끌고 마침내 도읍인 장안에 입성했다. 그리고 스스로 제제齊帝라 일컫고 대제국을 세웠다.

한편 성도로 피신한 희종은 돌궐족 출신인 맹장 이극용을 기용하여 황소를 토벌하라고 명했다. 당시 4만에 이르는 이극용의 군사는 모두 검은 옷을 입고 사정없이 맹공을 가했기 때문에 반란군은 '갈가마귀 군사가 온다' 며 심히 두려워했다고 한다.

그 후 19대 황제인 소종이 즉위한 그 이듬해 마침내 반란군은 토벌되었고, 황소도 죽고 말았다. 이극용은 그 공으로 농서 군왕에 책봉되었다. 그러나 숙적 주전충과 정권을 다투다가 패하고 실의에 빠져 지내다 세상을 떠났다.

맹장 이극용에 대해《오대사》의〈당기〉에는 다음과 같이 적혀 있다.

"이극용은 젊고 날쌔고 사나워 이아아李鴉兒라고 불렀다. 또 그의 눈이 애꾸여서 그가 높은 자리에 오르자 사람들은 독안룡이라고 했다."

獨홀로 독 眼눈 안 龍용 룡

배수지진 背水之陣

강을 등지고
진을 치다

▌ 목숨을 걸고 결사적으로 어떤 일에 임하다.

[출전] 《사기史記》 〈회음후열전淮陰侯列傳〉

　　한나라 고조 유방이 제위에 오르기 전의 일이다. 유방의 명에 따라 한신은 위나라를 쳐부순 다음 조나라로 쳐들어갔다. 그러자 조나라는 군사를 동원하여 조나라로 들어오는 길목에 성채를 구축하고 방어선을 폈다. 이때 조나라의 이좌거가 재상 진여에게 한나라 군사가 지나갈 때 치자고 건의했으나 받아들여지지 않았다.

　　첩자를 두어 이 사실을 안 한신은 일부 군사들에게 붉은 깃발 하나씩을 가지고 다른 길로 나가서 조나라의 성채 뒷산에 매복하라 하고 이렇게 명했다.

　　"우리는 내일 싸움에서 거짓으로 달아난다. 그러면 적군은 우리를 추격하려고 성채를 비울 것이다. 그때 너희는 성채를 점령하고 한나라의 붉은 깃발을 세우도록 하라."

　　그리고 나서 한신은 군사 1만을 퇴로 쪽으로 보내어 강을 등지고 진을 치게 한 다음 자신은 본대를 이끌고 조나라 성채를 향해 나아갔다.

　　이윽고 날이 밝았다. 한나라 군사가 북을 울리며 진격하자 조나라 군사는 성채를 나와 맞섰다. 2, 3차 접전 끝에 한나라 군사는 일부러 도망하여 강가에 진을 친부대에 합류했고, 승세를 탄 조나라 군사는 그들을 맹렬히 추격했다. 그 틈에 먼저 빠져나간 한신의 일부 군사들은 조나라의 성채를 점령하고 한나라 깃발을 세웠다. 강을 등진 한나라 군사는 필사적으로 싸웠다. 이를 견디지 못한 조나라 군사가 성채로 돌아와 보니 이미 한나라의 붉은 깃발이 나부끼고 있었다. 이리하여 전쟁은 한신의 대승리로 끝났다.

나중에 부하들이 강을 등지고 싸운 이유를 묻자 한신은 이렇게 대답했다.

"이것도 병법에 있는 것이다. 단지 너희들이 알아차리지 못했을 뿐이다. 병법에는 군사를 사지死地에 몰아넣어야 비로소 살고, 절박한 상황에 빠트려야 비로소 죽지 않는다고 하였다. 만약 너희들에게 조금이라도 도망칠 곳이 있었다면, 모두 달아나고 말았을 것이다. 그래서야 어찌 싸울 수 있었겠는가. 그래서 나는 강을 등지고 진을 친 것이다."

백전백승 百戰百勝

백 번 싸워
백 번 이기다

▌ 싸울 때마다 반드시 승리하다.

[출전] 《손자孫子》 〈모공謀攻〉

　　손자는 춘추전국시대 때 제나라 사람으로 병법에 능통했다. 그는 '백전백승'에 대해 이렇게 말했다.

　　"승리에는 두 가지가 있다. 첫째는 적과 싸우지 않고 승리하는 것이요, 둘째는 적과 싸워 승리하는 것이다. 전자가 가장 좋고 현명한 방법이고, 후자는 차선책이다. 비록 백 번 싸워 백 번 모두 이겼을지라도 그것은 최상의 승리가 아니다. 싸우지 않고 승리하는 것이야말로 최상의 승리라고 할 수 있다. 가장 좋은 방법은 적의 의도를 미리 알아 방어하는 것이다. 그 다음으로 좋은 방법은 적과 동맹국을 단절시켜 적을 고립시키는 것이다. 세 번째로 좋은 방법은 적과 결전을 치르는 것이다. 그리고 가장 좋지 않은 방법은 온갖 수단을 동원하여 공격하는 것이다."

　　이는 전쟁의 궁극적인 목적이 승리지만, 백전백승이 반드시 좋은 것은 아니라는 말이다.

오합지중 烏合之衆

까마귀 떼같이 질서 없는 무리

▌규율이나 통일성이 없는 군중 또는 훈련을 받지 않은 군대

[출전] 《후한서後漢書》〈경엄전耿弇傳〉

전한 말 왕망이 황제를 시해하고 제위에 오르자 유수는 군사를 일으켜 왕망을 토벌하러 나섰다. 이때 상곡 태수 경황이 아들 경엄에게 군사를 내주며 평소 흠모하던 유수를 도우라고 했다.

경엄의 군대가 유수의 본진을 향해 가고 있을 때였다. 갑자기 손창과 위포라는 자가 행군을 거부했다. 왕망은 한 왕조의 피를 이어받은 인물이니 공격할 수 없다는 것이었다. 이에 경엄이 크게 노하여 그들을 끌어내어 말했다.

"왕망은 도둑일 뿐이다. 내가 장안의 정예군과 함께 공격하면 그까짓 까마귀 떼 같은 군사들은 마른 나뭇가지보다 쉽게 꺾일 것이다."

그러나 그날 밤 손창과 위포는 왕망의 군대로 도망을 가 버렸다. 경엄은 그들을 뒤쫓는 대신 유수의 토벌군에 가세해 많은 공을 세웠다.

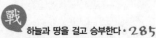

烏 까마귀 오 合 합할 합 之 어조사 지 衆 무리 중

와신상담 臥薪嘗膽

섶 위에서 자고
쓸개를 핥다

■ 목적을 달성하기 위해 온갖 고난을 참고 견디다.

[출전] 《사기史記》〈월세가越世家〉

춘추시대, 월나라 왕 구천과의 싸움에서 크게 패한 오나라 왕 합려는 적의 화살에 맞은 상처로 끝내 목숨을 잃었다. 합려는 죽기 직전에 태자인 부차에게 반드시 구천을 쳐서 원수를 갚으라는 유언을 남겼다.

왕이 된 부차는 그 유언을 잊지 않으려고 섶 위에서 잠을 자고, 자기 방을 드나드는 신하들에게 방문 앞에서 부왕의 유언을 외치게 했다.

"부차야, 월왕 구천이 너의 아버지를 죽였다는 것을 잊어서는 안 된다!"

그때마다 부차는 대답했다.

"예, 꼭 원수를 갚겠습니다."

이처럼 밤낮 없이 복수를 맹세한 부차는 은밀히 군사를 훈련시키면서 때가 오기만을 기다렸다.

이 사실을 안 월나라 왕 구천은 참모인 범려가 말렸으나 듣지 않고 선제 공격을 감행했다. 그러나 오히려 오나라 군사에 크게 패하여 회계산으로 도망치다 포위 당했다. 구천은 범려의 계책에 따라 우선 오나라의 재상 백비에게 많은 뇌물을 준 뒤 부차에게 신하가 되겠다며 항복을 했다.

·286

이때 오나라의 중신 오자서가 후환을 남기지 않으려면, 지금 구천을 쳐야 한다고 주장했다. 그러나 부차는 백비의 진언에 따라 구천의 청을 받아들이고 귀국까지 허락하고 말았다. 구천은 고국으로 돌아가 항상 곁에다 쓸개를 두고 그 쓴맛을 보며 회계산의 치욕을 늘 기억했다. 그리고 은밀히 군사를 훈련시키며 복수의 기회를 노렸다.

그로부터 12년이 지난 어느 봄, 부차가 천하를 통일하기 위해 기杞 땅에서 제후들과 모여 회의를 하고 있는 사이에 구천은 군사를 이끌고 오나라로 쳐들어갔다.

그리고 7년 후 구천은 오나라와 부차를 굴복시키고 마침내 회계산의 치욕을 씻었다. 부차는 용동 땅에서 여생을 보내라는 구천의 호의를 사양하고 자결했고, 구천은 부차를 대신하여 천하의 주인이 되었다.

혹시
내 쓸개?

한 번 그물을 쳐서 물고기를 다 잡다

▋ 범인이나 어떤 무리를 한꺼번에 모조리 잡다.

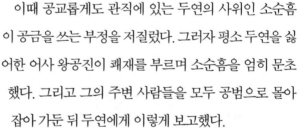

[출전] 《송사宋史》〈인종기仁宗紀〉

북송 4대 황제인 인종 때의 일이다. 청렴하고 강직한 두연이 재상이 되었다. 당시의 관행으로는 황제가 신하들과 상의하지 않고 독단으로 조서를 내리는 일이 있었는데, 이것을 내강內降이라 했다. 두연은 이 같은 관행은 올바른 정치를 어지럽히는 것이라 하여 내강이 있어도 이를 묵살하거나 보류했다가 열 통쯤 쌓이면 그대로 황제에게 돌려보냈다. 두연의 이러한 소행은 황제의 뜻을 함부로 꺾는 짓이라 하여 비난의 대상이 되었다.

이때 공교롭게도 관직에 있는 두연의 사위인 소순흠이 공금을 쓰는 부정을 저질렀다. 그러자 평소 두연을 싫어한 어사 왕공진이 쾌재를 부르며 소순흠을 엄히 문초했다. 그리고 그의 주변 사람들을 모두 공범으로 몰아 잡아 가둔 뒤 두연에게 이렇게 보고했다.

"범인들을 모조리 잡았습니다."

두연은 이 사건으로 재상직에서 물러나고 말았다.

한 번 싸움에 패하여 땅을 더럽히다

▌싸움에서 한 번 크게 패하여 다시는 일어설 수 없게 되다.

[출전] 《사기史記》〈고조본기高祖本紀〉

진秦나라 2세 황제 원년 가을, 진승이 기현에서 군사를 일으키고 왕위에 올라 국호를 장초張楚라 했다. 여러 군현의 백성들도 진승을 반겼다. 패현의 현령도 진승을 두려워하며 백성들을 이끌고 따르고자 했다. 이때 소하와 조참이 현령에게 이렇게 말했다.

"진나라의 관리로서 지금 마을의 젊은이들을 거느리고 진나라를 배반하려 하신다면, 젊은이들이 복종하지 않을까 걱정됩니다. 차라리 예전에 진나라의 가혹한 정치와 과중한 세금 때문에 유방을 따라 다른 곳으로 도망친 사람들을 모두 부르십시오. 그러면 수백 명은 모을 수 있을 것이니, 그들을 이용하면 다른 이들도 복종할 것입니다."

그러자 현령은 번쾌에게 유방을 불러오도록 했다. 그때 유방은 이미 100여 명에 가까운 무리들을 거느리고 있었다. 번쾌가 유방을 데려오자 현령은 곧 후회하며 그들이 모반할까 두려워했다. 그래서 성문을 걸어 잠근 후 소하와 조참을 죽이려고 했다. 겁이 난 두 사람은 성벽을 넘어 유방에게 투항했다. 유방은 비단에 글을 써서 화살에 매달아 성 안으로 쏘아 보냈다.

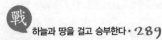

"천하 백성들이 오랫동안 진나라로 인해 고통을 받아 왔다. 그대들은 현령을 위하여 성을 수비하고 있으나, 전국의 제후들이 이제 곧 패현을 공략해 올 것이다. 그러니 그대들이 함께 현령을 처형하고 우두머리로 세울 만한 젊은이를 골라서 제후들과 뜻을 같이한다면 가족과 재산을 지킬 수 있을 것이다. 그렇지 않으면 아버지와 아들이 함께 아무 의미 없이 죽임을 당하게 될 것이다."

이에 성 안 사람들이 현령을 죽이고는 성문을 열고 유방을 맞이하여 패현 현령으로 삼으려고 하였다. 그러자 유방이 말했다.

"천하가 혼란스러워 제후들이 사방에서 일어나고 있는데, 지금 장수를 한 번 잘못 두게 되면 한 번 패하여 땅을 더럽히고 만다. 내가 내 목숨을 염려해서 그러는 것이 아니다. 내 능력이 부족해서 그대들과 백성들의 생명을 온전히 지킬 수 없는 것이 두려운 것이다. 이는 중대한 일이니 다시 한 번 훌륭한 사람을 찾길 바란다."

그러나 소하와 조참이 유방을 끝까지 추대하여 마침내 유방은 현령이 되었고 한나라 건국의 기초를 쌓게 되었다.

중과부적 衆寡不敵

수가 적으면
대적할 수 없다

▌적은 수로는 많은 적을 상대할 수 없다.

[출전]《맹자孟子》〈양혜왕梁惠王〉

전국시대, 여러 나라를 돌아다니며 왕도론王道論을 역설하던 맹자가
제나라 선왕에게 물었다.

"소국인 추나라와 대국인 초나라가 싸운다면 어느 쪽이 이기겠습니까?"

"그야 물론 초나라가 이길 것이오."

"그렇다면 작은 것은 진실로 큰 것을 대적하지 못할 것이고 적은 것은 많은 것
을 대적하지 못할 것이며, 약한 것은 강한 것을 대적하지 못할 것입니
다. 이제 천하에는 사방 천리에 나라가 아홉이고 제나라도 그 하
나입니다. 한 나라가 여덟 나라를 복종케 하는 것이 어찌
추나라가 초나라를 대적하는 것과 다르겠습니까. 그
러하니 어진 덕으로 백성을 다스린다면 그들
모두 전하의 덕에 기꺼이 감복할 것이며,
천하는 전하의 뜻대로 움직일 것입
니다."

대나무를 쪼갤 듯한 기세

세력이 강대하여 거침없이 적을 물리치고 쳐들어가는 당당한 기세

[출전] 《진서晉書》〈두예전杜預傳〉

위나라의 사마염은 원제를 폐한 뒤 스스로 제위에 올라 무제라 일컫고, 국호를 진晉이라 했다. 이리하여 천하는 삼국시대가 끝나고 오나라와 진나라로 나뉘어 대립하게 되었다. 무제는 곧 두예에게 오나라로 출병하라고 명했다.

이듬해 2월, 오나라의 무창을 먼저 점령한 두예는 휘하 장수들과 함께 오나라를 칠 마지막 작전 회의를 열었다. 이때 한 장수가 말했다.

"지금 당장 오나라의 도읍을 치기는 어렵습니다. 잦은 봄비로 강물은 범람할 것이고, 또 언제 전염병이 발생할지 모르기 때문입니다. 그러니 일단 철군했다가 겨울에 다시 공격하는 것이 어떻겠습니까?"

그러나 두예는 단호히 말했다.

"그건 안 될 말이오. 지금 아군의 사기는 마치 대나무를 쪼갤 듯한 기세요. 대나무란 처음 두세 마디만 쪼개지면 그 다음부터는 칼날이 닿기만 해도 저절로 쪼개지는 법인데, 어찌 이런 절호의 기회를 버린단 말이오."

두예는 곧바로 휘하의 전군을 이끌고 오나라의 도읍으로 달려가 단숨에 공격했다. 마침내 오나라 왕이 항복함에 따라 진나라는 천하를 통일하게 되었다.

싸움에 진 장수는 병법을 논하지 않는다

실패한 사람은 나중에 일에 대해 변명을 하지 않는다.

[출전] 《사기史記》〈회음후열전淮陰侯列傳〉

한신이 배수진을 치고 조나라 군대를 대파할 때의 일이다. 조나라를 치러 가던 한신에게는 걱정거리가 있었다. 바로 조나라로 통하는 길목이었다. 무슨 일이 있더라도 뚫고 지나가야 할 통로이기는 했지만 그 길은 너무나도 좁았다. 또 대열이 길어져 병력이 분산되었을 때 조군에게 공격을 당하면 한신의 지략으로도 막을 도리가 없었다.

더구나 조나라에는 이좌거라는 우수한 군사전략가가 있었는데, 그가 그 길목을 그냥 두지 않을 리가 없었다. 사실 이좌거는 한신의 부대가 그 길목에 들어섰을 때 한 번에 물리치자고 재상 진여에게 진언했다. 하지만 진여는 이좌거의 말을 듣지 않았다.

그리하여 무사히 길목을 통과한 한신은 아주 쉽게 조군을 격파할 수가 있었다. 이 싸움에서 한신은 이좌거의 지략을 높이 평가하여 이좌거를 죽이지 말고 생포하라는 명령을 전군에 내렸다.

싸움이 끝나고 이좌거가 한신 앞에 끌려나왔을 때, 한신은 그를 정중히 대하면서 말했다.

"앞으로 북쪽 연나라를 치고 다시 동쪽의 제나라를 치고자 하는데, 어떻게 하면 승리할 수가 있겠습니까?"

"싸움에 패한 장수는 병법을 말해서는 안 되고, 망한 나라의 대부는 나라를 세우는 일을 말해서는 안 된다고 들었습니다. 지금 나는 싸움에 패해 당신의 포로가 되어 있는 몸입니다. 어찌 큰일을 꾀할 자격이 있겠습니까."

이좌거는 이렇게 사양했지만, 한신은 진심으로 그를 설득하였다. 이좌거는 이에 감동하여 한신의 참모가 되었다. 그후 이좌거의 제안을 따라 한신은 연나라와 제나라를 정벌할 수 있었다.

政

정치는 백성의 눈물을
닦아 주는 것

자로는 그녀를 위로하며 말했다. "그렇게 무서운 곳이라면 왜 이곳을 떠나지 않으십니까?"
여인은 고개를 가로저으며 말했다. "하지만 이곳에 살면 세금을 혹독하게 징수당하거나 못
된 벼슬아치에게 재물을 빼앗기는 일은 없기 때문이지요."

가혹한 정치는
호랑이보다 무섭다

▍백성들에게 가혹한 정치는 호랑이에게 잡혀 먹히는 고통보다 무섭다.

[출전]《예기禮記》〈단궁檀弓〉

어느 날 공자가 수레를 타고 제자들과 함께 길을 가고 있었다. 길 가 풀숲에 무덤 세 개가 있었는데, 한 여자가 그 앞에서 울고 있었다. 공자는 자로에게 그 연유를 알아보라고 했다. 자로가 여인에게 다가가 물었다.

"부인, 무슨 일로 이다지도 슬피 우시나요?"

여인은 깜짝 놀라 고개를 들고 이렇게 대답했다.

"여기는 아주 무서운 곳이에요. 수년 전에 저의 시아버님이 호랑이에게 잡혀 먹혔는데, 작년에는 남편이 잡혀 먹히더니 이번에는 자식까지 잡혀 먹혔답니다."

자로는 그녀를 위로하며 말했다.

"그렇게 무서운 곳이라면 왜 이곳을 떠나지 않으십니까?"

여인은 고개를 가로저으며 말했다.

"이곳에 살면 세금을 혹독하게 징수당하거나 못된 벼슬아치에게 재물을 빼앗기는 일은 없기 때문이지요."

옆에서 이 말을 들은 공자는 제자들에게 말했다.

"가혹한 정치는 호랑이보다 무섭다는 것을 명심하라."

임금의 팔다리에
비길 만한 신하

▌임금이 가장 믿고 중요하게 여기는 신하

 [출전] 《서경書經》 〈익직益稷〉

순임금이 신하들에게 말했다.

"그대들은 내 팔다리요 눈과 귀로다. 내가 백성들을 이롭게 하고자 하니 그대들
도 힘써 도와달라. 내가 위엄을 온 천하에 떨치려 하거든 그대들이 대신 해 달라.
나의 행동에 어긋남이 있을 때는 그대들이 나를 보필하며 잘못을 바로잡아 달라.
내 앞에서 순종하는 척하고, 물러간 후에 이러쿵저러쿵 쓸데없는 말을 할 것이 아
니라 그 자리에서 직접 충고해 달라. 그리고 전후좌우의 동료들을 서로 공경하여
예의에 어긋남이 없도록 하라. 신하들은 백성의 참뜻을 나에게 전하는 것이 임무
이니 올바른 이치를 세상에 크게 떨치도록 할 것이며, 잘못을 뉘우치는 자가 있으
면 등용하고 그렇지 않은 자에게는 엄벌을 가해 나라의 위엄을 보이도록 하라."

이와 같이 순임금은 신하들에게 자신을 잘 보좌하고 제도와 형벌에 힘써 줄 것
을 당부했다.

고복격양 鼓腹擊壤

배를 두드리고
발을 구르며 흥겨워 하다

▌ 백성들이 태평성대를 누리다.

[출전] 《십팔사략十八史略》〈제요帝堯〉

어느 날 요임금은 세상이 잘 다스려지고 있는지 궁금하여 남루한 옷차림으로 밖을 살펴보러 나갔다. 어느 네거리에 이르자 아이들이 손을 맞잡고 요임금을 찬양하는 노래를 부르고 있었다. 마음이 흐뭇해진 요임금은 어느 새 마을 끝까지 걸어갔다. 이번에는 백발의 노인이 손으로 배를 두드리고 발로 땅을 구르며 흥겹게 노래를 부르고 있었다.

> 해가 뜨면 일하고 해가 지면 쉬네. 日出而作 日入而息
> 밭을 갈아 먹고 우물을 파서 마시니 耕田而食 鑿井而飮
> 임금님의 힘이 나와 무슨 상관인가. 帝力何有于我哉

이렇게 백성들은 정치 따위는 완전히 잊어버리고 태평하게 살아가고 있었다.

■ 요堯
성인의 덕을 갖춘 이상적인 군주로 꼽히며, 순舜과 함께 모범적 군주상을 보여준 인물이다. 이들이 통치했던 시대를 일컫는 '요순지절堯舜之節'은 태평성대를 나타내는 대명사가 되었다.

고침안면 高枕安眠

베개를 높이 하고
편히 잘 자다

▌ 무척 마음이 한가하고 여유가 있어 아무런 근심이 없다.

[출전] 《사기史記》〈장의열전張儀列傳〉

　전국시대 때 소진은 합종설을, 장의는 연횡설을 주장했다. 합종은 진秦나라 이외의 여섯 나라, 곧 한·위·조·연·제·초가 동맹하여 진나라에 대항하는 것이며, 연횡은 여섯 나라가 각각 진나라와 손잡는 것이지만 실은 진나라에 복종하는 것이었다.

　장의는 진나라의 무력을 배경으로 다른 나라들을 압박했다. 진나라 혜문왕 10년에는 장의가 직접 진나라 군사를 이끌고 위나라를 침략하기도 했다.

　그 후 위나라의 재상이 된 장의는 위나라 애왕에게 합종을 탈퇴하고 연횡에 가담할 것을 권했으나 받아들여지지 않았다. 그래서 본보기로 또다른

政　정치는 백성의 눈물을 닦아 주는 것 · 299

高높을 고 枕베개 침 安편안할 안 眠잠잘 면

주변국인 한나라를 공격하였다.

이 소식을 들은 애왕은 잠을 이루지 못했다. 장의는 이때다 싶어 다시 애왕에게 말했다.

"진나라를 섬기게 되면 초나라나 한나라가 위나라를 쳐들어오는 일은 없을 것입니다. 그러면 전하께서는 베개를 높이 하고 편히 주무실 수 있고 위나라도 아무런 걱정이 없을 것입니다."

애왕은 결국 합종을 탈퇴했다. 장의는 이 일을 시작으로 나머지 다섯 나라를 차례로 설득하여 마침내 연횡을 성립시켰다.

KBS 〈도전! 골든벨〉 220회 문제

Q 다음 세 개의 한자어에 등장하는 우리의 신체 부위를 구체적으로 모두 적어 주세요.

박장대소 拍掌大笑 / 괄목상대 刮目相對 / 간담상조 肝膽相照

정답 ┐ 손바닥(손뼉), 눈, 간, 쓸개

관직에 있는 자가
갓을 벗어 걸다

▌관직을 버리고 벼슬에서 물러나다.

[출전] 《후한서後漢書》 〈봉맹전逢萌傳〉

전한 때 왕망이 정권을 잡고 평제를 황제로 세웠을 때였다. 평제에게는 생모 위 씨가 있었는데, 왕망은 그녀를 멀리 떨어진 곳에 머무르게 하고 장안에 발을 들여놓지 못하게 했다.

"이 일은 참으로 온당치 못합니다."

이 일을 정면에서 반박하고 나온 이는 왕망의 장남 왕우였다. 그는 일의 옳지 못함을 간하였다가 자결할 것을 명령받았다. 그리고 왕우가 자결을 하여 죽은 해에 평제의 생모 위 씨도 음모를 꾸몄다는 이유로 죽임을 당하였다.

당시 도둑을 잡는 정장亭長이라는 관직에 봉맹이라는 관리가 있었다. 비록 도둑 잡는 일에 종사하고 있었지만 열심히 책을 읽는 사람이었다. 이런저런 나라 소식을 들은 봉맹은 친구들이 모인 자리에서 이런 얘기를 했다.

"이보게들, 이미 삼강三綱(유교에서 말하는, 사람 사이에 지켜야 할 세 가지 강령)은 무너졌네. 서둘러 떠나지 않는다면 머지않아 우리에게도 재앙이 내릴 것이네."

그는 갓을 벗어 장안의 북문에 걸어 놓았다. 그런 다음 집으로 돌아가서 가족들을 이끌고 바다 건너 요동 땅으로 떠났다.

선을 권하고
악을 벌하다

▌ 착한 행실은 권하고 악한 행실은 징계한다.

[출전] 《춘추좌씨전春秋左氏傳》〈성공成公 14년조〉

노나라 성공 때 제나라로 공녀公女를 맞이하러 간 교여가 부인 강 씨를 데리고 돌아왔다. 교여라 부르고 숙손叔孫이라는 족명族名을 쓰지 않은 것은 부인을 높이기 위해서였다. 군자는 말했다.

"춘추시대의 호칭은 어려운 듯하면서 분명하고 뜻을 밝힌 듯하면서 흐리다. 또 완곡하면서도 조리가 있으며 자세하면서도 왜곡되지 않고, 악을 징계하면서도 선을 권장했다. 성인이 아니고서야 누가 능히 이렇게 쓸 수 있겠는가."

귀한 물건은
미리 사 두는 것이다

■ 진기한 물건은 잘 간직했다가 나중에 이익을 남기고 판다.

[출전] 《사기史記》 〈여불위열전呂不韋列傳〉

여불위는 한韓나라의 상인이었다. 여러 나라를 왕래하면서 물건을 헐값에 사들이고 비싸게 팔아 천금의 자산을 축적했다. 그는 무역을 하러 조나라의 한단에 갔다가 진秦나라 소양왕의 손자인 자초가 볼모로 있다는 것을 알게 되었다. 자초는 볼모의 처지라 말이나 돈이 충분하지 못했고 일상생활도 자유롭지 못하여 실의에 찬 나날을 보내고 있었다. 여불위가 그 가련한 모습을 보고 불쌍히 여겨 말했다.

"저 사람은 진기한 재화이다. 사서 둘 만하다."

여불위는 어렵게 살아가는 자초를 찾아가 이렇게 말했다.

"진왕은 늙고 안국군이 태자가 되었습니다. 만약 왕이 돌아가시고 안국군이 왕이 된다면 당신께서는 밤낮으로 안국군 옆에 있는 여러 아들들과 태자가 되는 것을 다투기가 어려울 것입니다."

"그렇습니다. 어떻게 하면 좋겠습니까?"

"당신께서는 가진 것이 없고 객지에 나와 있어 양친께 무엇을 바치거나 빈객들과 교제할 수가 없습니다. 저도 빈천하지만 당신을 위하여 천금을 가지고 진나라로 가서 안국군과 화양부인이 당신을 적자嫡子로 삼도록 해 보겠습니다."

"만약 일이 성사되면 그대와 함께 진나라를 나누어 다스리도록 하겠소."

여불위는 자기 자식을 낳은 조희라는 애첩까지 자초에게 양보하여 그를 완전히 손아귀에 넣은 뒤 재력과 말솜씨로 결국 자초를 태자로 세우는 데 성공했다. 그리고 자초가 왕위에 오르자 그는 재상이 되었으며, 조희가 낳은 아들 정政은 훗날 시황제가 되었다.

깎아 세운 듯이
높이 솟은 언덕

▌ 재물을 독차지하거나 이익을 독점하다.

[출전] 《맹자孟子》〈공손추公孫丑〉

제나라에 머물던 맹자가 고향으로 돌아가려고 했다. 그러자 제나라의 선왕이 말했다.

"나는 그대에게 집을 마련해 주고 녹봉을 주어 제자들을 양성하게 할 것이며, 모든 대신과 백성들이 그대를 공경하고 본받게 하고 싶소."

이 말에 맹자가 대답했다.

"옛날에는 세금을 걷지 않아도 시장을 다스리는 관리가 있어 부정 행위를 단속했습니다. 그런데 어떤 욕심 많은 장사꾼이 높이 솟은 언덕을 차지하고서 시장을 쭉 둘러보고 이리저리 뛰어다니며 시장에서 이익이 날 만할 것을 독차지했습니다. 사람들은 그를 비난했고 관리는 그에게 세금을 징수하게 되었지요."

맹자는 선왕이 제시한 엄청난 녹봉을 거절하고 고향으로 돌아갔다.

한 그릇의 밥과
표주박의 물

▍형편없고 보잘것없는 음식, 즉 소박한 생활

[출전] 《논어論語》〈옹야雍也〉

공자는 일생 동안 무려 3천 명의 제자를 두었다. 그리고 제자들의 역량에 따라 평가하고 충고했다. 그러나 자신보다 서른한 살이나 어린 안회에게는 늘 칭찬을 아끼지 않았다. 제자 중에 누가 학문을 좋아하느냐는 노나라 애공의 물음에도 공자는 안회라고 말했다.

"안회는 배움을 좋아하고 화를 좀처럼 내지 않으며, 잘못은 두 번 하지 않았습니다. 그런데 불행하게도 명이 짧아서 이제는 세상에 없으니 배움을 좋아하는 이에 대해 들을 수가 없습니다."

공자가 안회를 칭찬한 이유는 안회가 가난한 처지에서도 배움에 대한 진지한 자세를 잃지 않고 학문을 게을리 하지 않았기 때문이다. 이런 안회를 보고 또 공자는 이렇게 칭찬했다.

"어질구나, 회여! 한 그릇의 밥과 한 표주박의 물을 마시며 누추하게 사는 것을 사람이면 잘 견디지 못하거늘, 회는 즐거움을 잃지 않는구나. 어질다, 회여!"

안회는 서른두 살에 세상을 떠났다. 그때 공자는 하늘이 자기를 버렸다며 안타까워했다.

대바구니의 밥과 병에 담긴 마실 것

▌넉넉하지 못한 백성들이 간소한 음식을 차려 군대를 위로하다.

 [출전]《맹자孟子》〈양혜왕장구梁惠王章句〉
제나라가 연나라를 무찔러 이기자, 제나라 선왕이 맹자에게 물었다.

"어떤 사람은 나더러 취하지 말라고 하고 어떤 사람은 취하라고 하니, 만승萬乘 (1만 대의 전차란 뜻으로 천자를 가리킴)의 나라로써 만승의 나라를 쳐서 50일 만에 이겼소. 사람의 힘으로는 이를 이루지 못할 것이오. 취하지 아니하면 반드시 하늘의 재앙이 있을 것이니, 취하는 것이 어떠하겠소?"

이에 맹자가 대답했다.

"취해도 연나라 백성들이 기뻐하거든 취하십시오. 예전 사람이 이를 행한 것이 있으니 무왕이 그러합니다. 그러나 연나라 백성들이 기뻐하지 아니하거든 취하지 마십시오. 예전 사람이 이를 행한 것이 있으니 문왕이 그러합니다. 만승의 나라로써 만승의 나라를 치는데, 대바구니의 밥과 마실 것으로 왕의 군사를 맞이하는 것은 어찌 다른 뜻이 있겠습니까. 그것은 물과 불을 피하려 하는 것이니, 만일 물이 더욱 깊고 불이 더욱 뜨거우면 백성은 다른 데에서 구원을 바랄 것입니다."

대공무사 大公無私

공정하여
사사로움이 없다

▌ 공적인 일에 개인감정을 끌어들이지 않는다.

[출전] 《십팔사략十八史略》

춘추시대, 진晉나라 평공이 기황양에게 물었다.

"남양 현령 자리에 누구를 보내는 것이 좋겠는가?"

"그 자리에 해호를 보내신다면, 훌륭히 임무를 수행할 것입니다."

"해호를 추천하다니, 그는 그대와 원수지간이 아닌가?"

"왕께서는 누가 적임자인지를 물으셨지, 해호와 제가 원수지간인지를 물으신 것은 아니지 않습니까?"

세월이 흐른 뒤 어느 날 평공이 다시 물었다.

"조정에 법관 자리가 하나 비었는데, 누구를 임명하는 것이 좋겠소?"

기황양은 서슴없이 자기 아들인 기오를 추천했다.

"기오는 그대의 아들이 아닌가?"

"왕께서는 누가 그 직책에 적임자냐고 물으셨지, 기오가 제 아들인지 아닌지를 물으신 것이 아니지 않습니까?"

기황양의 말대로 평공은 기오를 법관으로 임명했고, 기오는 공명정대하게 일을 처리했다.

대의를 위해서는
부모 형제도 벌한다

▌국가나 사회의 대의를 위해서는 사사로운 감정을 없애야 한다.

[출전] 《춘추좌씨전春秋左氏傳》〈은공隱公 4년조〉

춘추시대, 주나라 환왕 때의 일이다. 위나라에서는 공자 주우가 환공을 시해하고 스스로 군후君侯의 자리에 올랐다. 환공과 주우는 이복형제간으로 둘 다 후궁의 소생이었다.

죽은 장공 때부터 충의지사로 이름난 대부 석작은 주우에게 역심이 있음을 알고 있었다. 그래서 아들 석후에게 주우와 절교하라고 했으나 석후는 듣지 않았다. 그 후 얼마 안 되어 석작이 우려했던 주우의 반역이 현실로 나타나고 말았다.

반역은 일단 성공했으나 백성과 귀족들의 반응이 좋지 않았다. 주우는 석후에게 민심을 얻을 해결책을 찾아보라고 했다. 석후는 아버지 석작에게 가서 해결책을 물었다. 석작은 이렇게 대답했다.

"역시 천하의 종실인 주 왕실을 찾아가 천자를 배알하고 지지를 호소하는 게 좋을 것이다."

"어떻게 하면 천자를 배알할 수 있을까요?"

"먼저 주 왕실의 신임을 받고 있는 진陳나라를 찾아가서 말하면 될 것이다."

이 말을 듣고 주우와 석후가 진나라로 떠나자 석작은 곧장 진나라에 밀사를 보

내어 다음과 같이 전했다.

"바라옵건대, 주군을 시해한 주우와 석후를 잡아 죽여 대의를 바로잡아 주십시오."

이리하여 주우와 석후는 진나라에 도착하자마자 체포되어 처형되고 말았다. 석작은 나라를 위해 자식까지 희생시킨 것이다.

대풍가 大風歌

큰 바람이 일어
구름은 흩어지고

▌군왕의 웅대한 기상이 담긴 한 고조 유방의 시

 [출전] 《사기史記》〈고조본기高祖本紀〉

전쟁에서 이긴 한나라 고조 유방은 장안으로 돌아가는 도중에 고향에 들렀다. 젊은 시절에 이곳에서 건달 생활을 하며 많은 비난도 받았지만 이제 황제가 되어 돌아온 것이다. 그는 고향의 옛 친구와 부호들을 모두 불러 큰 잔치를 베풀었다.

잔치가 무르익고 술기운이 돌자 유방은 깊은 감회에 젖어 '대풍가'를 지어 부르며 춤을 추었다. 그뿐 아니라 고향의 소년들에게 이 노래를 가르쳐 합창하게 했다.

> 큰 바람이 불어닥쳐 구름은 흩날리고 大風起兮雲飛揚
> 위세를 떨치고 고향에 돌아왔네. 海威加內歸兮故鄉
> 내 어찌 용맹한 병사를 얻어 천하를 지키지 않겠느냐. 安得猛士兮守四方

소년들이 부르는 대풍가가 점점 흥을 돋우자, 유방은 자리에서 일어나 손발을 흔들며 춤을 추다가 눈물을 흘렸다. 그로부터 7개월 후 유방은 세상을 떠났다.

大를 때 風 바람 대 風 불 풍 歌 노래 가

 政

정치는 백성의 눈물을 닦아 주는 것 • 311

도주공의
부유함

▌ 막대한 재산 또는 큰 부자

[출전] 《사기史記》 〈화식전貨殖傳〉

춘추시대, 월나라 구천이 오나라를 멸망시키자, 범려는 관직을 버리고 월나라를 떠나며 말했다.

"왕은 환난을 같이하기는 좋으나 태평성세를 함께하기는 어려운 사람이다."

범려는 제나라로 가서 이름을 바꾸고 장사를 해서 수천만 금을 모았다. 제나라 사람들이 그의 현명함을 듣고 재상으로 임명하려 했으나, 범려는 정중하게 거절했다.

범려는 수천만 금의 재산을 남김없이 남에게 나누어 준 다음 도陶라는 곳으로 떠났다. 도에서 그는 다시 장사를 시작했다. 도를 택한 것은 제후의 나라와 사방으로 통하는 물자의 중심지였기 때문이다. 여기서 범려는 이름을 도주공陶朱公으로 바꾸고 물자의 유통을 업으로 삼아 또 큰돈을 벌었다.

그리고 19년 동안에 세 번이나 큰 부를 얻어 그중 두 번씩이나 가난한 백성들에게 나누어 주었다. 뒤에 모든 가업을 자손들에게 맡겼는데, 자손들 역시 그의 재주를 물려받아 더욱더 부를 늘렸다고 한다. 이때부터 큰 부자가 된 사람을 '도주지부' 또는 '도주공'이라고 부르게 되었다.

진흙 속에 빠지고
숯불에 타는 듯한 고통

▌ 포악한 정치에 시달리는 백성들의 괴로움

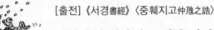

[출전] 《서경書經》 〈중훼지고仲虺之誥〉

하나라의 걸왕이 요염한 미녀 말희에게 빠져 방탕한 세월을 보내며 폭정을 일삼고 있었다. 이러한 걸왕의 횡포를 못마땅하게 여기고 군사를 일으켜 걸왕의 대군을 대파한 후 천자의 자리에 오른 이가 바로 은나라의 탕왕이다.

나중에 탕왕이 무력으로 걸왕을 내쫓고 천자가 된 것을 스스로 부끄러워하자 좌상 중훼가 글을 지어 탕왕을 위로했다.

"하나라 걸왕이 덕이 없어 백성들이 도탄에 빠진 것입니다. 하늘이 전하께 용기와 지혜를 주셨으니 이제 하늘의 뜻을 따르시옵소서."

중훼는 걸왕의 부덕함과 악랄한 정치로 백성들이 받은 말할 수 없는 고통을 한마디로 '백성이 도탄에 빠졌다'고 표현했다.

塗진흙도 炭숯탄 之어조사지 苦쓸고

政
정치는 백성의 눈물을 닦아 주는 것·313

동쪽에서 먹고
서쪽에서 자다

▌ 한 곳에 정착하지 못하고 여기저기 떠돌아다니는 삶

[출전] 《태평어람太平御覽》

옛날 제나라에 한 처녀가 살았다. 어느 날 그녀에게 동쪽에 있는 집과 서쪽에 있는 집에서 동시에 청혼이 들어왔다. 그런데 동쪽 집 남자는 인물이 못난 반면에 부유한 집안의 아들이었고, 서쪽 집 남자는 가난했으나 빼어난 외모를 갖고 있었다. 처녀의 부모는 어느 집으로 딸을 시집보내는 것이 잘 하는 일인지 확신이 서질 않아 딸의 생각을 물어보았다.

"동쪽 집으로 시집을 가고 싶으면 왼쪽 어깨를 드러내고, 서쪽 집으로 시집을 가고 싶으면 오른쪽 어깨를 드러내도록 하라."

처녀는 골똘히 생각하더니 양쪽 어깨를 모두 드러냈다.

"낮에는 동쪽 집에 가서 먹고 싶고, 밤에는 서쪽 집에 가서 자고 싶어요."

'동가식 서가숙'은 자기의 잇속을 차리기 위해 이리저리 빌붙는 것을 이르는 말이기도 하다.

떠돌이 인생이 행복일세

동전 냄새가 난다

▌ 돈으로 관직을 얻거나 재물을 탐하는 사람

[출전] 《후한서後漢書》 〈최열전崔烈傳〉

후한 영제 때는 황건적이 난을 일으키고 조정의 환관들이 권력을 독점하는 등 나라 안팎이 어지러웠다. 또 황제는 사치스러운 생활을 계속해 나랏돈을 탕진했다. 그러자 나라에서는 국고를 채우려고 관직과 지위를 팔기도 했다.

이때 최열이 500만 금을 들여 사도司徒라는 관직을 사고는 아들에게 이렇게 물었다.

"내가 삼공三公의 자리에 있게 된 것을 사람들은 어떻게 평가하고 있느냐?"

그러자 아들이 말했다.

"아버지는 젊어서 총명하다는 평가를 받으셨고, 여러 벼슬도 지내셨습니다. 그때 사람들은 아버지가 삼공이 되는 것은 당연하다고 말했습니다. 그러나 이번에 사람들은 실망했습니다."

최열이 그 이유를 묻자 아들이 말했다.

"사람들은 돈 냄새를 싫어합니다."

아들의 대답에 최열의 얼굴은 벌게져 버렸다.

政
정치는 백성의 눈물을 닦아 주는 것 · 315

동호지필 董狐之筆

사관 동호가 든
공정한 붓

▌ 권세를 두려워하지 않고 역사적인 사실을 공정하게 기록하다.

[출전]《춘추좌씨전春秋左氏傳》〈선공宣公 2년조〉

춘추시대, 진晉나라 영공은 매우 어리석고 포학하여 세금을 가혹하게 걷는 등 방탕한 생활을 했다. 이에 재상 조순이 거듭 간언하였지만 영공은 들은 척도 하지 않았다. 오히려 자객을 시켜 조순을 죽이려고 했다. 결국 신변의 위협을 느낀 조순은 외지로 나가 몸을 피해야 했다.

그러던 중 조천이라는 대신이 영공을 시해하자, 조순은 이 소식을 듣고 도성으로 돌아왔다. 그때 사관史官 동호는 이 사실을 '조순이 군주를 시해하다'라고 기록했다. 조순은 동호를 찾아가 자신의 무고함을 주장하며 이유를 물었다.

"물론 대인께서 영공을 직접 죽인 것은 아닙니다. 그러나 당시 대인은 국경을 넘어가지 않고 나라 안에 있었으며 조정으로 돌아와서는 범인을 찾아 처벌하지 않았으니, 이 죄를 대인께서 지지 않으면 누가 지겠습니까?"

조순은 동호의 말을 인정하며 죄를 시인했다. 훗날 공자는 이 사실을 이렇게 평가했다.

"동호는 법을 지켜 올곧게 글을 쓴 훌륭한 사관이었다. 조순도 훌륭한 대신이었다. 그러나 조순이 국경을 넘었더라면 아무런 책임도 없었을 것이다."

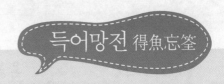
물고기를 잡고 나면 통발은 잊어버린다

어떤 일에 대한 목적이 달성되면 그것을 위해 사용한 수단은 잊어버린다.

[출전]《장자莊子》〈외물外物〉

"통발은 물고기를 잡는 도구인데, 물고기를 잡고 나면 통발은 잊어버리고 만다. 올가미는 토끼를 잡는 도구인데, 토끼를 잡고 나면 올가미는 잊어버리고 만다. 이처럼 말이란 마음속으로 생각한 뜻을 상대에게 전하는 수단이며, 뜻을 얻으면 말은 잊어버리고 만다. 뜻을 얻고 말을 잊어버린 사람과 함께 말하고 싶구나."

이는 장자의 말인데, 일체 사물의 구속에서 벗어나 정욕에 사로잡힘도 없고 명예를 생각지도 않으며, 모든 표현과 비방을 잊고 세상을 따라 유유자적하게 살아가는 장자다운 자유인의 세계를 잘 나타내고 있다.

오늘날 '득어망전'은 토사구팽兎死狗烹처럼 배은망덕하다는 뜻으로도 사용되고 있다.

정치는 백성의 눈물을 닦아 주는 것 • 317

得얻을 득 魚물고기 어 忘잊을 망 筌통발 전

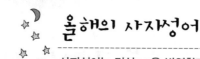

방가방가! 한자상식 넷

올해의 사자성어

사자성어는 민심民心을 반영한다?

2001년부터 〈교수신문〉은 대학교수들을 상대로 설문조사를 해서 '올해의 사자성어'를 발표해 왔다. 2001년에는 오리무중, 2002년에는 이합집산, 2003년에는 우왕좌왕, 2004년에는 당동벌이, 2005년에는 상화하택, 2006년에는 밀운불우, 2007년에는 자기기인이 선정되었다.

▌ 200 I 년

오 리 무 중

五里霧中 "무슨 일에 대하여 알 길이 전혀 없다."

2001년은 하루가 다르게 바뀌는 교육 정책, 폭력과 전쟁으로 얼룩진 암울한 국제 정세, 끊이지 않는 부정부패, 계약제와 연봉제가 불러온 고용 불안 등으로 한 치 앞을 내다볼 수 없이 혼란스러웠다.

▌ 2002년

이 합 집 산

離合集散 "무엇이 어디로 모여들기도 하고 또 흩어져 나가기도 한다."

2002년은 대통령 선거를 앞두고 오직 자신의 안위만을 위해 이 당 저 당으로 옮겨 다니는 철새 정치인과, 권력을 장악하기 위해 유리한 방향으로 분별없이 흩어졌다 모이는 다른 정치인들의 모습이 그 어느 때보다 도드라졌다.

▌ 2003년

우 왕 좌 왕

右往左往 "이리저리 오락가락하며 나아갈 방향을 결정짓지 못하고 망설이다."

2003년은 참여정부가 출범한 이후 각 분야의 정책이 혼선을 빚었고, 대구 지하철 참사가 발생하는 등 사회 각 분야가 제자리를 찾지 못하고 갈 곳을 잃어버린 듯한 모습을 보였다.

2004년

당 동 벌 이

黨同伐異 "같은 사람끼리 편을 갈라 다른 사람을 공격한다."

2004년은 특히 정치권이 서로간의 의견이나 이해관계에 따라 날카로운 대립각을 세우며 싸운 해였다. 대통령 탄핵, 행정수도 이전 문제, 국가보안법 · 언론관계법 · 사립학교법 개정안 · 과거사진상규명법을 둘러싼 여야의 대립이 극에 달해 상대를 설득하는 논리나 합리적인 대화가 보이지 않았다.

2005년

상 화 하 택

上火下澤 "위에는 불, 아래는 연못"

2005년은 국회 파행, 행정수도 위헌 논란, 강정구 교수 사건 등 정치 · 경제 · 사회 영역에서 서로 화합하지 못한 채 쓸데없는 논쟁으로 대립과 분열이 가득했다.

2006년

밀 운 불 우

密雲不雨 "구름이 가득 끼었으나, 비는 내리지 않는다."

2006년은 상생정치의 실종, 대통령의 리더십 부족으로 발생한 사회 갈등, 치솟는 부동산 가격, 북한 핵실험 등 순탄하게 풀리지 않는 정치 · 경제 · 동북아 문제로 인해 사회 각층의 불만이 폭발 직전에 이르렀다.

2007년

자 기 기 인

自欺欺人 "자신을 속이고 남을 속인다."

2007년은 신정아 사건에서 불거진 유명인의 학력 위조, 여전히 뿌리 뽑히지 않는 일부 대학교수들의 논문 표절, 정치인과 기업인의 도덕 불감증에서 빚어진 상습적 거짓말들이 넘쳐났다.

용문에 올라 출세하다

▌입신출세의 관문

[출전] 《후한서後漢書》〈이응전李膺傳〉

　　용문龍門은 황하 상류에 있는 협곡의 이름인데, 이곳을 흐르는 여울이 어찌나 세차고 빠른지 큰 물고기도 여간해서 거슬러 올라가지 못했다고 한다. 그러나 일단 오르기만 하면 그 물고기는 용이 된다는 전설이 있었다.

　　따라서 '용문에 오른다'는 것은 극한의 난관을 돌파하고 앞으로 나아갈 기회를 얻는다는 말로, 중국에서는 진사 시험에 합격하는 것을 입신출세의 첫걸음이라는 뜻으로 '등용문'이라 했다.

　　후한 말 환제 때 정의파 관료들을 이끄는 인물 중에 이응이라는 사람이 있었다. 그는 청주자사를 거쳐 하남윤河南尹으로 승진했을 때 환관의 미움을 받아 투옥당했다. 그러나 그 후 유력자의 추천으로 다시 벼슬을 얻게 되어 악랄한 환관 세력과 맞서 싸웠다.

　　그의 명성은 나날이 높아졌다. 학문을 닦는 청년들은 그를 흠모하여 '천하의 본보기는 이응'이라고 평했으며, 신진 관료들도 그의 추천을 받는 것을 최고의 명예로 알고 이를 '등용문'이라 일컬었다.

나라를 망친 음악

> 나라를 망칠 만한 음악 또는 음란하고 사치스러운 음악

[출전] 《한비자韓非子》〈십과十過〉

춘추시대, 위나라 영공이 진晉나라로 가던 도중 복수濮水 강가에서 하루를 묵게 되었다. 그런데 한밤중에 거문고 타는 소리가 들려 무슨 곡인지 사람들에게 물었으나 모두 모른다는 것이었다. 영공은 악사를 불러 그 음악을 듣고 처음부터 끝까지 익히게 했다.

이윽고 영공 일행은 진나라에 이르렀다. 진나라의 평공이 잔치를 베풀어 모두 한창 취기가 올랐을 때였다.

"제가 오던 길에 새로운 음악을 들었는데, 한번 들려 드리지요."

영공은 악사를 불러 음악을 연주하게 했다. 그때 진나라의 사광이라는 악사가 그 음악을 듣더니 급히 악사의 연주를 막으며 말했다.

"이는 망국의 음악입니다. 연주하면 안 됩니다."

영공과 평공이 깜짝 놀라며 물었다.

"어디서 만들어진 것인가?"

"이는 은나라 주왕 때 악사 사연이 지은 것입니다. 주왕은 그 음악에 빠져 방탕한 생활을 하다 결국 주나라 무왕에게 죽임을 당하고 말았습니다. 이때 사연은 악

정치는 백성의 눈물을 닦아 주는 것 · 321

기를 들고 스스로 복수에 빠져 자살했지요. 위나라 왕께서 이 소리를 들은 곳도 분명 복수 기슭일 것입니다. 사람들은 이 곡을 망국의 음악이라고 부르며, 이 음악을 듣게 되면 나라를 망치게 된다고 합니다. 그러므로 그곳을 지날 땐 반드시 귀를 막아야 한다고 했습니다."

그러나 평공은 이 말을 믿지 않았다.

"내가 좋아하는 것은 음악이니 다 들어 보아야겠다."

악사가 다시 거문고를 당겨 탔다. 그러자 한 번 연주하니 흰 구름이 서북에서 일어나고, 다시 연주하니 큰 바람이 일고 비가 쏟아져 내려 기와를 날려 버렸다. 주변에 있던 신하들이 모두 놀라 달아나니, 평공 또한 두려워했다.

2004년 일본에서 뽑은 '올해의 한자'

災 (재앙 재)

수차례의 태풍이 일본 열도를 지나가고 니가타 현에서는 지진이 일어나는 등 천재지변이 잇따랐다. 또한 이라크에서 인질들이 살해된 일도 영향을 끼쳤다.

아무것도 하지 않아도 스스로 잘 이루어지다

▌통치자들의 덕이 크면 클수록 백성들이 진심으로 따르게 된다.

[출전]《노자老子》〈순풍淳風〉

이런 말이 있다.

"나라는 바른 도리로 다스리고 전쟁은 기발한 전술로 치러야 하지만, 천하를 다스림은 무위無爲로 해야 한다. 바로 무위자연의 도로써 알 수가 있다. 천하에 금기禁忌가 많으면 백성들이 더욱 가난하게 되고, 통치자가 지략이나 권모를 많이 쓰면 나라는 더욱 어둡고 혼란하게 되며, 사람들이 간교한 꾀를 많이 부리면 간사한 일들이 더욱 많이 나타나게 되고, 법령이 엄하게 되면 도적이 더욱 많이 나타난다. 그러므로 성인은 '내가 아무것도 하지 않으니 백성들이 스스로 감화되고, 내가 고요함을 좋아하니 백성들이 스스로 바르게 되고, 내가 아무 일도 꾸미지 않으니 백성들이 스스로 부를 누리고, 내가 아무것도 욕심내지 않으니 백성들이 스스로 소박해지더라' 하고 말했다."

노자는 유위有爲의 정치가 백성과 나라를 더욱 혼란과 가난 속에 빠뜨리고, 인간적 기교가 지나치면 사기詐欺가 더욱 조장되며, 법령이 엄하면 그만큼 큰 도적이 많아진다고 했다.

政 정치는 백성의 눈물을 닦아 주는 것 • 323

無 없을 무 爲 할 위 而 말이을 이 化 될 화

문전성시 門前成市

문 앞이 마치
시장을 이루다

▌권세가나 부자의 집 문 앞이 방문객으로 붐비다.

[출전]《한서漢書》〈정숭전鄭崇傳〉

　　전한 말, 11대 황제인 애제 때의 일이다. 애제가 즉위하자 조정의 실권은 외척의 손으로 넘어갔다. 당시 스무 살이던 애제는 동현이라는 소년에게 빠져 국정을 돌보지 않았다. 충신들의 간언조차 받아들이지 않았다. 특히 정숭은 충심으로 거듭 간하다가 애제에게 미움만 사고 말았다.

　　그 무렵 조창이란 자가 정숭을 시기하여 모함할 기회만 노리고 있었다.

　　"폐하, 아뢰옵기 황공하오나 정숭의 집 문 앞이 저자를 이루고 있사온데, 이는 심상치 않은 일이오니 엄중히 문초하시옵소서."

　　애제는 즉시 정숭을 불러 물었다.

　　"내가 듣자니, 그대의 문 앞이 저잣거리처럼 북적거린다고 하던데 그게 사실이오? 어찌 그대는 그들과 모의하여 나를 배척하려는 거요?"

　　"예, 폐하. 신의 문 앞은 저자와 같사오나 신의 마음은 물같이 깨끗하옵니다. 황공하오나 한 번만 생각을 달리해 주시옵소서."

　　그러나 애제는 정숭의 청을 묵살한 채 그를 옥에 가두고 말았다.

문 앞에 새그물을 치다

▍권세를 잃거나 빈천해지면 방문객들의 발길이 끊어진다.

[출전] 《사기史記》〈급정열전汲鄭列傳〉

전한 7대 황제인 효무제 때 급암과 정당시라는 현명한 두 신하가 있었다. 급암은 거만하고 예의가 없었으며, 면전에서 남을 공격하고 남의 허물에 관대하지 못했다. 자기와 의견이 맞는 사람은 우대했지만, 그렇지 않은 사람은 보기조차 싫어했다. 그래서 선비들도 그를 잘 따르지 않았다. 그러나 학문을 좋아하고 의협심이 있었으며, 품행이 방정하고 곧은 말 하기를 좋아하여 황제가 낯빛이 변해도 태연한 인물이었다. 효무제가 그를 사직지신社稷之臣(국가에서 없어서는 안 될 신하)에 비유할 정도였다. 정당시 또한 청렴하여 재물을 모으려 하지 않았고, 귀천을 가리지 않고 빈객을 예로 대하는 인물이라 선비들의 칭송이 그치지 않았다.

정당시와 급암은 구경九卿(아홉 개 부처의 각 으뜸 벼슬)의 서열에 올라서도 청렴하고 행실이 방정했다. 그런데 나중에 이 두 사람이 중도에 관직에서 물러나게 되자 가세가 더욱 기울고 빈객들이 떨어져 나갔다.

후에 사마천이 《사기》의 〈급정열전〉에서 이렇게 덧붙였다.

"급암과 정당시가 세력이 있을 때는 빈객이 열 배나 되었지만, 아무리 그들이 현명하다 해도 세력이 없으면 빈객이 모이지 않는다. 하물며 보통 사람의 경우는

썰 렁~

나라도
놀러 가 볼까?

말할 나위가 없다. 하규下邽의 적공은 이렇게 말했다. '처음에 내가 정위가 되자 빈
객이 문전에 가득 찼다. 그러나 그 자리에서 물러나니 대문 앞은 새그물을 칠 정도
로 한산했다. 나중에 다시 정위가 되니 빈객들이 다시 모이려 했다.' 그래서 나는
문 앞에 크게 이렇게 썼다.

　　　한 번 죽고 한 번 살아 사귀는 정을 알고　一死一生 卽知交情
　　　한 번 가난하고 한 번 부유하여 사귐의 태도를 알며　一貧一富 卽知交態
　　　한 번 귀하고 한 번 천하여 사귐의 정이 드러나네.　一貴一賤 卽見交情

　급암과 정당시도 이러하니 슬프도다."

발본색원 拔本塞源

나무를 뿌리째 뽑고
물의 근원을 막다

▌근본적으로 폐해를 일으키는 근원을 제거하다.

[출전]《춘추좌씨전春秋左氏傳》〈소공昭公 9년조〉

주나라 왕이 말했다.

"나에게 큰아버지는 마치 옷에 갓과 관이 있고 나무와 물에 뿌리와 근원이 있으며, 백성들에게 임금이 있는 것과 같다. 큰아버지께서 만약 갓을 찢어 버리고 나무의 뿌리를 뽑고 물의 근원을 막고 지혜로운 임금이 되는 것을 포기하신다면, 한낱 오랑캐라 하더라도 어찌 한 사람이나마 남아 있겠는가."

한편 명나라의 철학자 왕양명이 말한 발본색원론은 '하늘의 이치를 알고 욕심을 버린다'는 것이다. 사사로운 탐욕은 그 근원부터 없애고 철저히 차단하는 데 있다는 것을 의미한다.

오늘날 '발본색원'은 범죄나 범죄 조직의 근원을 뿌리 뽑는다는 뜻으로 주로 사용되고 있다.

拔 뽑을 발 本 근본 본 塞 막을 색 源 근원 원

政
정치는 백성의 눈물을 닦아 주는 것·327

보원이덕 報怨以德

덕으로써
원한을 갚는다

▌복수는 복수를 낳으므로 진정한 복수는 덕으로 원수를 갚는 것이다.

[출전]《노자老子》

노자가 쓴〈은시恩始〉라는 글에 나오는 말이다.

"무위無爲로 다스리고 무사無事로 처리하며 무미無味로 맛을 본다. 큰 것은 작은 것에서 나오고, 많음은 적음에서 나온다. 그러니 덕으로써 원한을 갚는다. 쉬운 데서부터 어려운 일을 풀어야 하고, 작은 데서부터 큰일을 치르도록 해야 한다. 천하의 어려운 일도 반드시 쉬운 데서 일어나고, 천하의 큰일도 반드시 작은 데서 일어난다. 그러므로 성인은 스스로 크다고 여기지 않아야 큰일을 이룰 수가 있다. 무릇 쉽사리 가볍게 승낙한 사람은 신의가 적게 마련이고, 너무 안이하게 여기는 사람은 반드시 큰 어려움을 겪을 것이다.

그러므로 성인은 어디까지나 모든 일을 어렵게 여기며, 따라서 결국은 어려움이 없게 되기 마련이다."

■반대성어
• 배은망덕背恩忘德 : 은혜를 저버리고 배신하다.
• 각골지통刻骨之痛 : 뼈에 사무친 원한
• 불구대천지원수不俱戴天之怨讐 : 원수는 한 하늘 아래 함께 살 수 없다.
• 철천지원徹天之寃 : 하늘에 사무치는 원한

책을 불사르고
선비를 산 채로 묻다

▌ 진시황제가 정치적 비판을 막기 위해 책을 불태우고 학자들을 생매장한 사건

[출전] 《사기史記》 〈진시황본기秦始皇本紀〉

　진秦나라의 시황제는 천하를 통일하자, 주 왕조 때의 봉건제도를 폐지하고 사상 처음으로 군현제도를 실시했다. 군현제를 실시한 지 8년이 지난 어느 날이었다.

　시황제가 베푼 함양궁의 잔치에서 박사 순우월은 지금의 군현제도 하에서는 황실의 무궁한 안녕을 기하기가 어렵다며 봉건제도로 바꿀 것을 진언했다. 시황제가 순우월의 진언에 대해 신하들에게 의견을 묻자, 군현제를 제안했던 승상 이사는 이렇게 대답했다.

　"봉건시대에는 제후들 간의 잦은 전쟁으로 천하가 어지러웠으나 이제는 통일되어 안정을 찾았사옵니다. 하오나 옛 책을 배운 사람들 중에는 옛것만을 옳게 여겨 새로운 법령이나 정책에 대해서는 비난하는 학자들이 있사옵니다. 하오니 그러한 학자들을 엄히 벌하시고 아울러 백성들에게 꼭 필요한 농업 서적과 진나라 역사서 외의

■ 군현제도郡縣制度

전국을 주州, 부府, 군郡, 현縣이라는 행정구역으로 나누고 왕이 임명한 지방관이 다스리는 제도이다. 지방의 세력을 약화시키고 왕권을 더 강화하기 위한 정책이다.

책들은 모두 수거하여 불태워 없애 버리소서."

시황제가 이사의 진언을 받아들여 관청에 제출된 희귀한 책들이 속속 불태워졌는데, 이 일을 가리켜 '분서焚書'라고 한다. 당시는 종이가 발명되기 이전이므로 책은 모두 글자가 적힌 댓조각으로 만든 죽간竹簡이었다. 그래서 한 번 잃으면 복원할 수 없는 것도 많았다.

이듬해 아방궁이 완성되자, 시황제는 불로장생의 신선술을 닦는 방사方士들을 불러들여 후하게 대접했다. 그들 중에서도 특히 노생과 후생을 신임했는데, 오히려 두 방사는 많은 재물을 취한 뒤 시황제의 부덕을 비난하며 종적을 감춰 버렸다. 이에 분노한 시황제는 염탐꾼을 보내 연루된 모든 자들을 잡아들이게 했다. 시황제는 그들 수백 명을 각각 산 채로 구덩이에 파묻어 죽였는데, 이 일을 가리켜 '갱유坑儒'라고 한다.

남의 수염에 붙은 먼지를 털다

▌ 윗사람이나 권력자의 환심을 사려고 아부하는 비굴한 태도

[출전] 《송사宋史》〈구준전寇準傳〉

송나라 인종 때 강직하기로 유명한 구준이라는 사람이 있었다. 그는 나라를 위해 여러 유능한 인재를 발탁하여 천거했는데, 참정參政 정위도 그중 한 사람이었다.

어느 날 구준이 정위를 포함한 중신들과 회식을 하는데, 음식 찌꺼기가 수염에 붙었다. 이것을 본 정위가 자리에서 벌떡 일어나 자기 소맷자락으로 공손히 털어 냈다. 그러자 구준이 웃으며 이렇게 말했다.

"어허, 참정이라면 나라의 중신인데, 어찌 남의 수염에 붙은 티끌을 털어 주는 하찮은 일을 한단 말이오?"

이 말을 들은 정위는 부끄러워 고개도 들지 못한 채 도망치듯 그 자리를 떠났다.

좋으세요?

拂 털 불 鬚 수염 수 塵 티끌 진

비방지목 誹謗之木

남을 헐뜯어
비방하는 나무

▌ 군왕의 잘못을 지적한 글을 기둥에 써서 군왕이 보게 하는 나무

[출전]《사기史記》〈효문제기孝文帝紀〉

《사기》에는 요임금에 대해 이렇게 기록되어 있다.

"어짊은 하늘과 같았고, 지혜는 산과 같았다. 백성들은 그를 태양처럼 따랐고 구름처럼 바라보았다. 부귀하면서도 교만하지 않고 사람을 깔보지 않았다."

이렇듯 요임금은 총명하고 인정이 깊었으며 하늘의 뜻을 받들고 백성들을 어린 자식처럼 사랑하는 정치를 행하였기 때문에 백성들은 모두 마음껏 태평성세를 즐겼다.

요임금은 오로지 올바른 정치만 염두에 두고 있었다. 정치가 독단에 흐를까 우려해서 진선지정進善之旌(큰 길 가에 깃발을 세워 두고 누구든지 그 깃발 아래에서 정치에 대한 좋은 의견을 발표하게 함)과 감간지고敢諫之鼓(궁문 앞에 커다란 북을 매달아 놓고 누구라도 북을 쳐서 정치의 불합리한 점을 거리낌없이 말하도록 함)와 비방지목誹謗之木(궁문 다리 앞에 네 개의 나무로 엮은 기둥을 세워 놓고 누구라도 정치에 불만이 있으면 그 기둥에 글을 써서 자기의 희망을 주장하도록 함)을 세웠다.

요임금이 정치에 백성의 뜻을 반영하도록 힘썼기 때문에 제왕의 전제정치 시대에도 국민에 의한 정치가 이루어졌던 것이다.

·332

빙탄불상용 氷炭不相容

얼음과 숯은
서로 받아들이지 못한다

▌사물의 성질이 정반대여서 도저히 서로 융합될 수 없다.

[출전]《초사楚辭》

한 무제 때의 문인 동방삭이 초나라의 시인 굴원을 추모하며 〈칠간七
諫〉이라는 시를 지었다.

얼음과 숯이 서로 같이할 수 없으니 氷炭不可以相竝兮
내 처음부터 목숨이 길지 못한 것을 알았노라. 吾固知乎命之不長
홀로 고생하다 죽어 낙이 없으니 哀獨苦死之無樂兮
내 나이를 다하지 못함을 안타까워하노라. 惜子年之未央

굴원은 나라와 임금을 위하는 일편단심의 신
하였으나, 간신들의 모함을 받아 귀양살이를
하는 신세가 되었다. 숯과 얼음처럼 자신과
간신들은 함께할 수 없는 상황을 타고난 운
명으로 받아들이는 굴원의 마음이 잘 나타
나 있다.

너랑 나는
물과 기름이야

氷 얼음 빙 炭 숯 탄 不 아니 불 相 서로 상 容 용납할 용

살신성인 殺身成仁

목숨을 바쳐
어진 일을 이루다

▌대의를 위해 자신을 희생하다.

[출전]《논어論語》〈위령공衛靈公〉

공자가 가장 중요하게 생각한 인간의 덕목은 인仁이다. 인은 유교사상에서 가장 중심이 되는 덕목으로 다른 사람을 사랑하는 마음을 말하는데, 이것이 사회와 국가로 확대되면 더 큰 평화를 얻을 수 있다고 했다. 공자의 말 중에 이런 말이 있다.

"뜻이 있는 선비와 어진 사람은 살기 위해 어진 것을 해하는 일이 없으며 스스로 목숨을 바쳐 어진 것을 이룬다."

'살신성인'은 남을 위해 목숨을 바치는 것을 뜻하기도 하지만, 자신의 고통을 참으며 남에게 봉사하거나 자기 이익을 남에게 양보하는 것을 뜻하기도 한다.

삼고초려 三顧草廬

초가를 세 번이나
찾아가다

▌ 사람을 맞이할 때 진심으로 예를 다하다.

[출전] 《삼국지三國志》〈촉지蜀志 제갈량전諸葛亮傳〉

　　후한 말 유비는 군기를 잡고 계책을 세워 전군을 통솔할 군사전략가가 없어 늘 조조군에게 고전을 면치 못했다. 어느 날 유비가 스승 사마휘에게 인재를 천거해 달라고 청하자 사마휘는 이렇게 말했다.

　　"와룡伏龍이나 봉추鳳雛 중 한 사람만 얻으시오."

　　"대체 와룡은 누구이고, 봉추는 누구입니까?"

　　그러나 사마휘는 말을 흐린 채 대답하지 않았다. 그 후 제갈량의 별명이 와룡이란 것을 안 유비는 즉시 수레에 예물을 싣고 양양 땅에 있는 제갈량의 초가를 찾아갔다. 그러나 제갈량은 집에 없었다. 며칠 후 또 찾아갔으나 역시 외출하고 없었다.

　　동행했던 관우와 장비의 불평이 마침내 터지고 말았다.

　　"저번에 다시 오겠다고 했는데 이거, 너무 무례하지 않습니까? 나이도 젊다고 하던데……"

政 정치는 백성의 눈물을 닦아 주는 것 • 335

三석삼 顧돌아볼고 草풀초 廬오두막집려

"그까짓 제갈공명이 뭔데 그러십니까? 형님, 이젠 다시 찾아오지 맙시다."

그러자 유비가 정색을 하고 말했다.

"다음엔 너희들은 따라오지 마라."

관우와 장비가 극구 만류하는데도 유비는 단념하지 않고 세 번째 방문 길에 나섰다. 그 열의에 감동한 제갈량은 마침내 유비의 군사가 되어 적벽대전赤壁大戰에서 조조의 100만 대군을 격파하는 등 많은 전공을 세웠다.

유비는 그 후 제갈량의 계책에 따라 위나라의 조조와 오나라의 손권과 더불어 천하를 셋으로 나누고 한 왕조의 맥을 잇는 촉한을 세웠다. 지략과 식견이 뛰어나고 충심이 강한 제갈량은 재상이 되었다.

2005년 일본에서 뽑은 '올해의 한자'

愛(사랑 애)

미국의 허리케인 피해와 지구촌 곳곳에서 발생한 자연재해를 계기로 각국에서 '사랑'의 손길을 전해 왔다. 그리고 일본 천황의 장녀가 평범한 청년과 '사랑'의 싹을 틔워 결혼을 하게 되었다.

소하가 만든 법규를 조참이 따르다

■ 예부터 내려오는 제도를 그대로 따르고 계승하다.

[출전] 《법언法言》 〈연건淵騫〉

한나라 혜제 때 재상 소하가 병으로 죽고 조참이 그 뒤를 이었다. 조참은 소하가 실시하던 규칙을 그대로 따랐다. 그리고 능력 있는 사람보다 충심이 두텁고 덕이 있는 사람을 먼저 등용하고 명예를 탐하는 자는 추방했다. 그러나 한편으로 정사를 제쳐놓고 술로 세월을 보내기도 했다. 어느 날 혜제가 조참에게 술을 마시는 까닭을 물었다. 조참은 당황해 하면서 말했다.

"폐하께서는 선제先帝와 폐하 중 누가 더 현명하다고 생각하십니까?"

"내가 어찌 감히 선제를 따르겠소?"

"그러면 폐하께서는 저와 소하 중 누가 더 어질다고 보십니까?"

"그대가 소하보다 못한 것 같소."

"폐하의 말씀이 옳습니다. 폐하는 선제에 미치지 못하시고 저 또한 소하만 못합니다. 그러니 저는 소하가 만들어 놓은 법과 제도를 굳게 지켜 나가려 합니다."

혜제는 조참의 말을 알아듣고 고개를 끄덕였다.

순망치한 脣亡齒寒

입술이 없으면
이가 시리다

■ 한쪽이 망하면 다른 쪽도 온전하기 어려운 밀접한 관계

[출전] 《춘추좌씨전春秋左氏傳》〈희공僖公 5년조〉

춘추시대 말엽, 진晉나라 헌공이 우나라에게 길을 빌려 괵나라를 정벌하려 했다. 이때 우나라의 중신 궁지기가 간했다.

"괵나라는 우나라와 한몸입니다. 괵나라가 멸망하면 우나라도 반드시 따라 멸망하게 됩니다. 수레의 나무와 바퀴는 서로 의지하고, 입술이 없으면 이가 시리다고 한 말은 우나라와 괵나라의 관계를 두고 이르는 말입니다."

그러나 우왕은 궁지기의 말을 받아들이지 않고 진나라에게 길을 빌려 줄 것을 허락했다. 이에 궁지기는 가족들을 데리고 타국으로 떠나면서 말했다.

"우나라는 올해를 넘기지 못할 것이다."

궁지기의 말대로 진나라는 괵나라를 멸망시키고 우나라까지 정복해 버렸다.

친구야, 왜하필 시험 보는 날 결석하니? 넌 나의 실력이야

脣 입술 순 亡 망할 망 齒 이 치 寒 찰 한

어부지리 漁夫之利

■ 쌍방이 다투는 사이에 제삼자가 힘들이지 않고 이득을 챙기다.

[출전]《전국책戰國策》〈연책燕策〉

전국시대, 조나라 혜문왕이 연나라를 공격할 계획을 세우자, 연나라 소왕은 소대에게 혜문왕을 설득해 달라고 부탁했다. 조나라에 도착한 소대는 세 치의 혀로 합종책을 편 소진의 동생답게 거침없이 혜문왕을 설득했다.

"오늘 역수易水를 지나다가 문득 강변을 바라보니 큰 조개가 물에서 나와 햇볕을 쬐고 있었습니다. 그러자 황새가 날아와 조개살을 쪼았습니다. 조개는 깜짝 놀라 입을 굳게 닫고 황새의 부리를 놓아주지 않았습니다. 그러자 다급해진 황새가 '이대로 내일까지 비가 오지 않으면 너는 말라죽고 말 것이다'라고 하자, 조개도 지지 않고 '내가 내일까지 놓아주지 않으면 너야말로 굶어 죽고 말 것이다' 하고 맞받았습니다. 이렇게 한 치의 양보도 없이 팽팽히 맞서 옥신각신하는 사이에 이곳을 지나가던 어부에게 그만 둘 다 잡혀 버리고 말았습니다. 지금 연나라와 조나라가 싸우면 강한 진秦나라가 어부처럼 양국을 단번에 넣을 수 있습니다. 전하께서는 잘 고려해 주시기 바랍니다."

혜문왕은 소대의 말을 옳다고 여겨 연나라를 공격하려던 것을 중지했다.

오월동주 吳越同舟

오나라 사람과 월나라 사람이 한 배를 타다

▎적의를 품은 사람끼리도 같은 어려움에 처했을 때는 서로 돕게 된다.

[출전] 《손자孫子》 〈구지九地〉

춘추시대, 오나라의 명장 손자가 쓴 글 중에 이런 글이 있다.

"옛날부터 오나라 사람과 월나라 사람은 서로 적대시해 왔다. 그러나 그들도 같은 배를 타고 가다가 풍랑을 만나게 된다면, 서로 도와 어려움을 헤쳐 나갈 것이다. 이와 마찬가지다. 수레의 말들을 서로 단단히 붙들어 매고 바퀴를 땅에 묻고서 아무리 적에게 패하지 않으려 해 봤자 의지할 수 있는 것은 그것이 아니다. 오로지 필사적으로 뭉친 병사들의 마음일 뿐이다."

·340

원교근공 遠交近攻

먼 나라와 친교를 맺고 가까운 나라를 공격한다

▌이해가 긴밀하지 않더라도 멀리 떨어진 나라와 친교를 맺는다는 외교정책

[출전] 《사기史記》〈범수열전范睡列傳〉

　　전국시대, 위나라의 책사 범수는 모함에 빠져 하마터면 억울하게 목숨을 잃을 뻔했으나 진秦나라의 사신 왕계 덕에 진나라로 탈출하는 데 성공했다. 그러나 진나라 소양왕은 '진나라는 알을 쌓아 놓은 것처럼 위태롭다'고 자기 나라를 비난한 범수를 환영하지 않았다.

　　어느 날 소양왕이 드디어 범수를 불렀다. 당시 진나라에서는 소양왕의 모후인 선태후의 동생 양후가 재상으로서 실권을 잡고 있었는데, 그는 제나라를 공략하여 자신의 영지인 도陶의 땅을 확장하려 했다. 이 사실을 안 범수는 소양왕을 알현하고 이렇게 진언했다.

　　"전하, 위나라와 한나라를 건너뛰어 강국인 제나라를 공략한다는 것은 올바른 계책이라 할 수 없습니다. 동원되는 병력이 적으면 제나라에 타격을 줄 수 없고, 병력이 많으면 진나라 자체가 손해를 입을 것입니다. 제 생각에 전하께서는 적은 병력을 동원하는 대신 한나라와 위나라의 병력을 총동원시키려고 생각하시는 줄로 압니다. 그러나 그것은 적절한 방법이 아닙니다. 지금 동맹국이 믿음직하지 않다는 것을 알면서도 그 동맹국을 건너뛰어 공격하는 것이 가능하겠습니까? 옛날

정치는 백성의 눈물을 닦아 주는 것 • 341

제나라가 초나라를 쳐 놓고 패하여 천하 사람들의 웃음거리가 된 적이 있습니다. 그렇게 된 이유는 제나라가 초나라를 쳐서 오히려 한나라와 위나라의 국력을 강하게 만들었기 때문입니다. 그것이 바로 큰 도둑에게 무기를 빌려 주고, 작은 도둑에게 먹을 것을 보내 준다는 격이지요. 지금 전하께서는 먼 나라와 친교를 맺고 가까운 나라를 공략하는 계책을 쓰셔야 합니다. 이해득실이 이토록 분명하온데 굳이 먼 나라를 공략하는 것은 좋은 방책이 아닌 줄 아옵니다."

이 날을 계기로 소양왕의 신임을 얻은 범수는 재상이 되었고, 그의 계책은 천하 통일을 원하는 진나라의 국가 방침이 되었다.

 2006년 일본에서 뽑은 '올해의 한자'

命 (목숨 명)

일본 천황의 차남 부부가 왕실에서는 41년 만에 처음으로 남자아이를 출산하여 왕실의 대를 이었다. 또 집단 괴롭힘이 심각해져 자살이나 학대와 같은 사건이 늘어나 '생명'의 중요성이 대두되었다.

매달 첫날의 평가

▌인물에 대한 평가

[출전] 《후한서後漢書》〈허소전許劭傳〉

후한 말 황건적의 난 때 큰 공을 세운 조조가 아직 두각을 나타내기 전이었다. 그 무렵 여남 땅에 허소와 그의 사촌형 허정이라는 두 이름난 선비가 살고 있었다. 두 사람은 매달 첫날이면 허소의 집에서 인물을 뽑아 비평했는데, 그 평이 매우 적절하여 소문이 자자했다. 그래서 당시 '여남의 월단평' 하면 모르는 사람이 없을 정도였다.

어느 날 조조가 허소를 찾아와서 자신을 평해 주기를 청했다. 그러나 성격이 포악하기로 소문난 조조의 청인지라 선뜻 응하기가 어려웠다. 조조가 재촉하자 허소는 마지못해 입을 열었다.

"그대는 태평한 세상에서는 유능한 관리가 되고, 어지러운 세상에서는 간사한 영웅이 될 것이오."

이 말을 듣고 조조는 크게 기뻐했다.

꽃의 향기가
백세에 흐르다

꽃다운 이름이 후세에 길이 전해지다.

[출전] 《진서晉書》 〈환온전桓溫傳〉

동진東晉 시대, 진晉나라와 북방 이민족들은 서로 끊임없는 마찰을 빚었다. 진나라의 환온은 보병과 기병을 이끌고 북벌에 나섰다. 환온의 세 차례에 걸친 북벌은 저족, 강족, 선비족 등 북방 이민족들에게 큰 타격을 주었다.

이 일로 환온은 대사마에 임명되었으며, 조정에서 그를 특별히 대우하여 그의 지위는 제후들보다 높아졌다. 그러자 군사권을 장악하고 중원을 회복함으로써 자신의 명망을 높여 스스로 황제가 되려고 했다. 그는 일찍이 이렇게 한탄했다.

"꽃다운 이름을 후세에 전할 수 없다면, 더러운 이름인들 만세에 남길 수 있겠는가."

훗날 환온은 왕위에 있던 사마혁을 폐위시켜 동해왕으로 삼고, 사마욱을 간문제로 옹립하였다. 스스로 황제가 되려는 야심을 포기하지 않았지만, 그는 재상 사안의 저지로 꿈을 이루지 못한 채 병으로 죽고 말았다.

은나라의 거울은
멀지 않은 데 있다

▌ 남의 실패를 본보기로 삼아야 한다.

[출전] 《시경詩經》 〈대아大雅〉

은나라의 마지막 왕인 주왕은 폭군으로 널리 알려져 있다. 그는 본래 지혜롭고 용기 있는 현명한 군주였으나, 북방 오랑캐인 유소씨有蘇氏를 정벌한 후 공물로 받은 달기라는 여인을 가까이 하면서 포악하게 변해 갔다. 그러다 보니 백성들에게 가혹한 세금을 거두게 되었고, 올바르게 간언하는 충신들을 처형하기에 이르렀다. 이때 왕의 보좌를 맡고 있던 삼공三公 중 구후와 악후도 처형되었다. 훗날 주나라 문왕이 되는 서백도 다음과 같이 간언하여 유폐되었다.

"은나라 탕왕에게 몰락한 하나라 걸왕을 거울 삼아 멸망에 이르는 전철을 밟지 마십시오."

이 일을 두고 《시경》에서는 다음과 같이 노래하고 있다.

은나라의 거울은 먼 곳에 있는 것이 아니니, 바로 하나라 걸왕 때에 있네.

殷鑑不遠 在夏后之世

殷 은나라 은 鑑 거울 감 不 아니 불 遠 멀 원

울면서 마속의 목을 베다

▌ 법의 공정성을 지키기 위해 자기가 아끼는 사람을 벌하다.

[출전] 《삼국지三國志》 〈촉지蜀志 제갈량전諸葛亮傳〉

삼국시대에 제갈량은 위나라를 정복하기 위해 대군을 이끌고 성도를 출발했다. 곧 한중을 휩쓸고 기산으로 진출하여 위나라 군대를 크게 무찔렀다. 그러자 조조가 급파한 위나라의 명장 사마의는 20만 대군으로 기산의 산야에 부채꼴의 진을 치고 제갈량과 대치했다.

제갈량은 이 진을 깰 계책을 이미 세워 놓고 있었다. 다만 군량 수송로인 가정 지역을 수비하는 것이 문제였다. 만약 가정을 잃으면 중원으로 진출하려는 웅대한 계획은 실패하고 말 것이었다. 제갈량은 그 중책을 맡길 만한 장수가 없어 고민했다.

그때 마속이 자원하고 나섰다. 그는 제갈량과 절친한 명참모 마량의 동생으로, 평소 제갈량이 아끼는 장수였다. 그러나 노련한 사마의와 대결하기에는 아직 어렸다. 제갈량이 주저하자 마속이 간청했다.

"저도 열심히 군사 전략을 익혀 왔는데 어찌 가정 하나 지켜내지 못하겠습니까. 만약 제가 패한다면, 저는 물론 제 가족까지 참형을 당해도 결코 원망하지 않겠습니다."

"좋다. 그러나 군율에는 두말이 없다는 것을 명심하라."

그러나 마속은 산 위에 진을 쳤다가 적에게 포위를 당하여 참패하고 말았다. 제갈량은 마속에게 중책을 맡긴 것을 크게 후회했다. 군율을 어긴 그를 참형에 처하지 않을 수 없었기 때문이다.

드디어 마속이 처형되는 날이 왔다. 주변에서 제갈량을 설득했다.

"마속 같은 유능한 장수를 잃는 것은 나라의 손실입니다."

그러나 제갈량은 고개를 저었다.

"마속은 정말 아까운 장수요. 하지만 사사로운 정에 이끌려 군율을 저버리는 것은 마속이 지은 죄보다 큰 죄가 되오. 아끼는 사람일수록 가차없이 처단하여 대의를 바로잡지 않으면 나라의 기강은 무너지는 법이오."

이윽고 마속이 형장으로 끌려가자, 제갈량은 소매로 얼굴을 가리고 대성통곡했다.

나무를 옮기기로 한 믿음

▌ 반드시 약속을 지키다.

[출전] 《사기史記》 〈상군열전商君列傳〉

진秦나라 효공 때 상앙이라는 명재상이 있었다. 그는 법치주의를 바탕으로 한 부국강병책을 펴 천하 통일의 기틀을 마련한 정치가로 유명했다. 어느 날 상앙은 법을 제정해 놓고도 즉시 공포하지 않았다. 백성들이 믿어 줄지 그것이 의문이었기 때문이다. 그래서 상앙은 한 가지 꾀를 내어 남문에 길이 3장丈에 이르는 나무를 세워 놓고 이렇게 써 붙였다.

"이 나무를 북문으로 옮겨 놓는 사람에게는 10금을 주리라."

그러나 백성들은 이것을 이상히 여기며, 아무도 옮기려 하지 않았다. 그래서 상앙이 50금을 주겠다고 써 붙였더니 이번에는 옮기는 사람이 나타났다. 상앙은 약속대로 즉시 50금을 주어 백성의 신뢰를 얻으려 했다. 그러고 나서 새 법을 공포하자, 백성들은 조정을 믿고 법을 잘 지켰다.

앞문의 호랑이를 막으니 뒷문에서 이리가 나온다

▌하나의 재난을 피하니 다른 재난이 이어 나타난다.

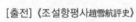

[출전] 《조설항평사趙雪航評史》

후한의 장제에 이어 열 살박에 안 된 화제가 제위에 올랐다. 그러자 장제의 황후였던 두태후와 그녀의 오빠 두헌이 정권을 잡았고, 화제는 명목상의 황제에 불과하게 되었다.

얼마 후 두헌은 화제를 시해하고 자신이 제위에 오르기 위해 음모를 꾸미기 시작했다. 이 사실을 안 화제는 당시 실력자였던 환관 정중을 시켜 두씨 일족을 제거하도록 했다. 두헌은 뜻을 이루지 못하고 체포 직전에 자살하고 말았다.

그런데 두씨 일족의 횡포가 사라지자 이번에는 정중이 권력을 쥐고 횡포를 부리기 시작했다. 후한은 그렇게 멸망의 길을 걸었다. 명나라 때 조설항이 당시의 상황을 이렇게 말했다.

"앞문의 호랑이를 막으니 뒷문에서 이리가 나온다는 속담은 바로 이것을 두고 한 말인 것 같다."

앞 수레가 엎어진 바퀴 자국

▌앞사람의 실패를 거울 삼아 조심해야 한다.

[출전] 《설원說苑》〈선설善說〉

전국시대, 위나라의 문후가 어느 날 중신들을 불러 잔치를 베풀었다. 취흥이 오르자 문후가 말했다.

"맛도 안 보고 술을 마시는 사람에게 큰 잔으로 벌주를 주는 것이 어떻겠소?"

모두 찬성했다. 그런데 문후가 맨 먼저 규칙을 어겼다. 그러자 공손불인이 술을 가득 채운 큰 잔을 문후에게 바쳤다. 문후가 계속 그 잔을 받지 않자 공손불인은 말했다.

"옛말에, 앞에 가던 수레의 엎어진 바퀴 자국은 뒤에 오는 수레에 본보기가 된다고 했습니다. 이는 전례를 거울 삼으라는 말이옵니다. 지금 전하께서 규칙을 만들어 놓으시고 그것을 지키지 않으면 누가 지키겠습니까?"

문후는 할 수 없이 술잔을 받아 마셨다.

前 앞 전 車 수레 차 覆 엎어질 복 轍 바퀴자국 철

아침에 내린 명령을 저녁에 고치다

▌정책에 일관성이 없다.

[출전] 《사기史記》 〈평준서平準書〉

한나라 문제 때 재정 경제에 밝았던 어사대부 조착이라는 인물이 있었다. 그는 흉노족이 자주 북방을 침략해 곡식을 약탈하는 현실을 직시하고 문제를 해결할 방안으로 '논귀속소論貴粟疏(곡식의 귀함을 논의한 상소문)'라는 상소문을 올렸다. 농민들이 계절에 따라 농사를 짓기 위해 얼마나 고생을 하고 있는지를 적은 것이었다. 그는 상소문에서 이렇게 말했다.

"농사일 외에도 땔나무를 하고 농기구를 손질해야 하며 부역에 동원되기도 하니, 1년 내내 쉴 날이 없습니다. 또 개인적으로도 손님을 맞거나 조문을 가며 어린 자식들을 키워야 합니다. 이 같은 상황에서도 나라는 세금을 제멋대로 매기고 있습니다. 때로는 홍수와 가뭄으로 갑자기 세금을 징수하고 부역을 동원하니 세금과 부역의 시기가 정해지지 않아서 아침에 명령을 내린 것을 저녁에 고치는 결과를 초래하게 되는 것입니다."

조착은 법령을 지나치게 자주 바꿔서는 안 된다는 것을 주장하고 있는 것이었다. 그러나 조착은 귀족들의 시기를 사서 죽임을 당하고 말았다.

주지육림 酒池肉林

술로 만든 연못과
고기로 만든 숲

▌ 극히 호화롭고 사치스러운 술잔치

[출전] 《사기史記》〈은본기殷本紀〉

고대 중국의 하나라 걸왕과 은나라 주왕은 원래 지혜와 용맹을 겸비한 현명한 군주였다. 그러나 그들은 말희와 달기라는 희대의 요녀에게 빠져 사치와 향락을 일삼다가 결국 폭군이라는 낙인이 찍힌 채 나라를 망치고 말았다.

특히 은나라 주왕은 달기가 원하는 것이면 무엇이든 들어주었는데, 모래 언덕위에 궁을 짓거나 심지어 연못을 파서 술을 채우고 숲에서 나뭇가지에다 고기를 걸어 잔치를 열기도 했다. 잔치는 몇 달 동안이나 계속되었고, 궁 안의 남녀는 밤낮없이 술만 퍼마셨다. 이에 몇몇 신하들이 충심 어린 직언을 하자, 주왕은 바른말을 하는 자들을 불에 태워 죽이기에 이르렀다. 이 역시 달기의 환심을 사기 위함이었다.

점점 국력은 피폐해지고 백성의 원성은 하늘을 찌를 듯했다. 결국 주왕은 주나라 무왕에게 죽임을 당하고 은나라 왕조는 최후를 맞이했다.

·352

지록위마 指鹿爲馬

사슴을 가리켜
말이라 한다

▮ 윗사람을 농락하여 권세를 마음대로 휘두르다.

[출전] 《사기史記》 〈진시황본기秦始皇本紀〉

　　진시황제가 죽자, 환관 조고는 음모를 꾸며 태자 부소를 죽이고 어린 호해를 황제로 삼았다. 조고는 어리석은 호해를 교묘히 조종하여 많은 충신들을 죽이고 승상이 되어 조정의 실권을 장악했다. 어느 날 조고는 중신들 가운데 자기를 비판하는 사람을 가려내기 위해 호해에게 사슴을 바치면서 이렇게 말했다.

　　"폐하, 말을 바치오니 거두어 주시옵소서."

　　"승상은 농담도 잘 하시오. 어찌 사슴을 가리켜 말이라고 한단 말이오. 그대들 눈에도 말로 보이오?"

　　호해는 웃으며 좌우의 신하들을 둘러보았다. 말이라고 긍정하는 사람이 많았으나 아니라고 부정하는 사람도 있었다. 조고는 부정하는 사람을 기억해 두었다가 나중에 죄를 씌워 죽여 버렸다. 그 후 궁중에는 조고의 말에 반대하는 사람이 하나도 없었다.

指가리킬지 鹿사슴 록 爲할 위 馬말 마

政

창업이수성난 創業易守成難

창업은 쉬우나
지켜 나가기는 어렵다

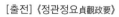
일을 시작하기는 쉬워도 이룬 것을 지키기는 어렵다.

[출전] 《정관정요貞觀政要》

　　당나라 태종은 사치를 경계하고 현명한 신하를 많이 얻어 올바른 정치를 편 왕이었다. 이는 결단력 있는 두여회, 계획을 짜는 데 천재적인 재능이 있는 방현령, 강직한 위징, 청렴한 왕규가 태종을 잘 보필했기 때문에 가능한 일이었다. 어느 날 태종이 신하들에게 이렇게 물었다.

　　"나라를 세우는 일과 나라를 지키는 일 중 어느 것이 더 어려운가?"

　　방현령이 먼저 대답했다.

　　"창업 초기에는 천하가 혼란하여 각지에서 군웅이 들고일어납니다. 천하 통일의 대업을 이루려면 이런 군웅들과의 경쟁에서 이겨야 합니다. 그러니 창업이 어렵다고 생각합니다."

　　위징이 이에 반론을 펴면서 이렇게 대답했다.

　　"원래 천자의 자리란 하늘이 내리시고 백성들이 주는 것이므로 그것을 얻기란 그다지 힘들지 않습니다. 그러나 일단 천하를 수중에 넣고 나면 기분이 해이해져 자기의 욕망을 억제하지 못하는 법입니다. 백성들은 평온한 생활을 바라지만 부역은 그칠 날이 없어집니다. 또 백성들은 먹는 둥 마는 둥 극빈한 생활에 허덕이지

·354

만 제왕은 자기의 사치와 권세를 위하여 백성들에게 많은 세금을 부과합니다. 한 나라가 쇠망의 길을 걷게 되는 것도 언제나 이것이 원인이 되어 왔습니다. 이런 이유로 해서 소신은 수성이야말로 더 어려운 일이라고 생각합니다."

태종이 가만히 듣고 있다가 이렇게 결론을 내렸다.

"방현령은 나를 따라 천하를 평정하면서 모든 고난을 체험하고 구사일생九死一生으로 오늘날에 이르렀소. 그대로서는 창업이야말로 가장 어려운 일이라고 생각하는 것이 백 번 당연한 일일 것이오. 한편 위징은 나와 더불어 천하의 안정을 도모한 사람으로서 이제 여기서 조금이라도 방심하면 반드시 멸망의 길을 달릴지도 모른다고 걱정하고 있소. 그래서 수성이야말로 창업보다 어려운 일이라고 생각하는 것이오. 돌이켜 보건대 창업의 어려움은 이미 과거의 일이 되었소이다. 앞으로는 그대들과 더불어 수성의 어려움을 뚫고 나가고 싶소이다."

채미가 采薇歌

고사리를 캐여
부른 노래

▌백이와 숙제가 수양산에 들어가 고사리를 캐 먹으며 부른 노래

[출전] 《사기史記》〈백이열전伯夷列傳〉

백이와 숙제는 은나라의 속국인 고죽국孤竹國 군주의 아들이었다. 두 형제는 서로 왕위를 양보하느라 나라를 떠나서 평소 존경하던 주나라의 문왕을 찾아갔다. 그러나 문왕은 이미 세상을 떠나 버렸고, 그 뒤를 이은 무왕은 천자국인 은나라 주왕을 징벌하기 위해 막 출정하려는 참이었다. 백이와 숙제가 무왕의 말 고삐를 잡고 간했다.

"부왕의 장례도 치르기 전에 전쟁을 치르는 것이 효도라고 할 수 있습니까? 신하의 몸으로 주군을 죽이는 것이 인仁이라고 할 수 있습니까?"

이에 무왕의 곁에 있던 부하들이 두 사람을 죽이려 하자, 중신 태공망이 이렇게 말하며 부하들을 쫓아 버렸다.

"이들이야말로 의로운 사람들이다."

하지만 끝내 주나라는 은나라를 정벌하고 천하의 주인이 되었다. 백이와 숙제는 이를 부끄럽게 여겨 주나라에서 나는 곡식을 먹지 않겠다고 다짐하며 수양산에 들어가 고사리를 캐 먹으며 살다 끝내 굶어 죽었다. 이때 그들은 다음과 같은 노래를 지어 불렀다.

수양산에 올라가 고사리를 캐네.

登彼西山兮 采其薇矣

폭력을 폭력으로 다스렸어도 잘못을 모르는 무왕

以暴易暴兮 不知其非矣

신농, 순임금, 우임금의 호시절은 홀연히 사라졌구나.

神農虞夏 忽然沒兮

우리는 어디로 가서 몸을 의지할 것인가.

我安適歸矣

아, 이대로 죽을 수밖에 없어 슬프고 슬픈 운명이여.

于嗟徂兮 命之衰矣

천재일우 千載一遇

천 년에 한 번 만나다

| 좀처럼 만나기 어려운 기회

[출전] 원굉의 〈삼국명신서찬三國名臣序贊〉

동진東晉의 학자로서 동양태수를 역임한 원굉은 여러 문집에 시문 300여 편을 남겼는데, 특히 유명한 것이 《문선文選》에 수록된 〈삼국명신서찬〉이다. 이것은 《삼국지三國志》에 나오는 건국 명신 20명을 찬양한 글로, 그중 위나라의 순문약에 대한 글에서 원굉은 이렇게 말하고 있다.

"여전히 백락(주나라 시대에 준마를 잘 가려냈다는 명인)을 만나지 못하면, 천 년이 지나도 천리마 한 필을 찾아내지 못한다."

또한 어진 군주와 지혜로운 신하의 만남이 결코 쉽지 않음을 말하고 있다.

"천 년에 한 번 있는 만남은 어진 군주와 지혜로운 신하의 만남이다. 이와 같은 기회를 만난다면 누가 기뻐하지 않을 것이며, 만나지 못한다면 누가 슬퍼하지 않겠는가?"

·358

청운지지 青雲之志

푸른 구름에 뜻을 두다

▌높은 지위에 오르고 싶은 욕망

[출전] 장구령의 〈조경견백발照鏡見白髮〉

당나라 현종 때 장구령은 어질고 글재주가 뛰어난 재상이었다. 그러나 간신 이임보의 모략으로 벼슬에서 파직되어 초야에서 여생을 보냈다. 다음은 재상의 자리에서 물러나 그 감회를 읊은 〈거울을 비춰 백발을 보다照鏡見白髮〉라는 시이다.

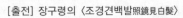

옛날에는 청운의 뜻을 품고 있었는데 宿昔靑雲志

어느새 백발의 나이가 되었네. 蹉跎白髮年

누가 알리요, 밝은 거울 속에서 唯知明鏡裏

나와 내 그림자가 서로 측은히 여기고 있는 것을. 形影自相憐

청운靑雲은 잘 볼 수 없는 귀한 구름이라 신선이나 천자가 될 사람이 있는 곳에 떠 있다고 한다. 그래서 청운에 뜻을 둔다 하면, 남보다 훌륭하게 출세할 뜻을 갖고 있다는 말이 된다.

政

靑 푸를 청 雲 구름 운 之 어조사 지 志 뜻 지

축록자불견산 逐鹿者不見山

사슴을 쫓는 자는 산을 보지 못한다

▌ 한 가지 일에 사로잡혀 다른 것은 생각하지 않는다.

[출전]《회남자淮南子》〈설림훈說林訓〉

이런 말이 있다.

"짐승을 쫓는 사람은 태산을 보지 못한다. 즐기고 욕심냄이 밖에 있으면 밝은 것이 가려지기 때문이다."

태산에 들어가 짐승을 쫓는 사람의 눈에는 산의 모습이 보이지 않는데, 이는 짐승을 쫓는 데만 눈이 어두워져 있기 때문이다. '사슴을 쫓는 자는 산을 보지 못한다'는 말은 여기에서 나왔다. 한편 이런 말도 있다.

"사슴을 쫓는 사람은 토끼를 돌보지 않으며 천금을 결정하는 사람은 푼돈을 소중히 하지 않는다."

큰일을 이루려는 사람은 작은 일에 사로잡히지 않고, 큰 이익을 얻으려는 사람은 작은 이익을 문제 삼지 않음을 비유한 말이다.

이봐, 앞을 보면서 쫓아야지

널 꼭 잡고야 말겠어

·360

다른 산의 돌로 옥을 갈다

▌다른 사람의 말과 행동도 나에게 도움이 된다.

[출전] 《시경詩經》 〈소아小雅〉

〈학명鶴鳴〉이란 시에 나오는 말이다.

학이 높은 언덕에서 울어도 鶴鳴于九皋

그 소리가 하늘에 들리고 聲聞于天

물고기는 깊은 연못에 있어도 魚在于渚

따로 물가에 나와 논다네. 或潛在淵

즐거운 저 동산에는 樂彼之園

박달나무가 심겨 있고 爰有樹檀

그 밑에는 닥나무가 있네. 其下維穀

다른 산의 돌이라도 他山之石

가히 옥을 갈 수 있네. 可以攻玉

풀을 쳐서
뱀을 놀라게 하다

▌한 사람을 징계하여 다른 사람을 깨우치다.

[출전] 《유양잡조酉陽雜俎》

당나라 때 왕로라는 탐관오리가 있었다. 그가 온갖 명목으로 백성들에게 세금을 거둬들이자, 견디다 못한 백성들은 그에게 그의 부하들의 부정부패를 일일이 열거해 고발장을 올렸다. 그러자 그것을 읽은 왕로는 깜짝 놀라 말했다.

"너희들이 비록 풀밭을 건드렸지만, 이미 나는 놀란 뱀처럼 되었다."

그는 백성들이 자기 부하들의 비리를 고발한 것은 곧 우회적으로 자신의 비리를 고발한 것이라고 생각해 겁을 먹은 것이다. 부하를 징계하여 현령을 깨우치려한 백성들의 의도는 이렇게 충분히 달성되었다.

파로대 罷露臺

정자 만들기를 그만두다

▌백성을 위한 정치에 마음을 쓰다.

[출전] 《사기史記》〈효문제기孝文帝紀〉

전한 때 효문황제는 임금이 사치스러우면 백성의 부담이 커진다면서 검소하게 살았다. 검은 비단옷을 입어 간소한 옷차림을 했고, 자신의 부인도 옷을 땅에 끌지 않게 했다. 어느 날 효문황제가 군문軍門(군대)을 찾았을 때 그곳을 지키던 한 장군이 말했다.

"군영에서는 수레를 탈 수 없습니다."

효문황제는 스스로 말을 끌고 들어가며 오히려 그 장군을 칭찬하고 상을 주었다. 이처럼 부드러운 마음과 덕으로 항상 백성의 마음에 신경을 썼다.

어느 날 효문황제가 지붕이 없는 정자를 설계하라고 시켰더니 예산이 100냥이나 책정되었다. 열 집의 재산과 맞먹는 돈이었다. 효문황제는 자신을 위해 그렇게 많은 돈을 쓸 수 없다고 말하며 이미 진행된 공사를 중지시켰다. 그래서 백성의 행복을 위해 마음 쓰는 것을 가리켜 '파로대'라고 하게 되었다.

파천황 破天荒

천황을
깨뜨리다

■ 이전에 아무도 하지 못한 큰일을 처음 시작하다.

 [출전] 《북몽쇄언北夢瑣言》

당나라 때는 관리가 되려면 먼저 지방정부의 시험인 향시鄉試를 치렀고, 여기에 합격하면 회시會試라는 중앙정부의 시험을 치러야 했다. 이렇게 합격한 자를 거인擧人이라 했으며 두 시험을 거쳐야만 비로소 관리가 될 수 있었다.

형주에서는 해마다 선비들이 과거를 보러 갔지만, 아직 거인이 나온 일이 없었다. 이를 두고 사람들이 말했다.

"형주는 천황天荒(천지가 아직 열리지 않은 어지러운 상태)의 지방이라 인재가 나오지 않는 곳이다."

그런데 유세라는 어느 서생이 형주의 향시에 합격하더니 이어 중앙정부의 회시에도 보기 좋게 합격하여 처음으로 거인이 되었다. 그러자 사람들이 기뻐하며 말했다.

"천황을 깨뜨렸다! 드디어 형주도 그 이름이 바뀔 때가 왔다!"

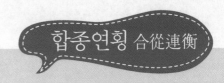

소진의 합종설과 장의의 연횡설

▎ 중국 전국시대의 진秦나라와 그 외의 여섯 나라 사이의 외교 전술

[출전] 《사기史記》〈장의열전張儀列傳〉·〈소진열전蘇秦列傳〉

전국시대 중엽, 소진이 연나라 왕에게 진언한 것이 합종 정책이다. 이 것은 세로로 맞춘다는 뜻으로 연, 조, 제, 위, 한, 초의 여섯 나라가 세로로, 즉 남북으로 서로 합심하여 최대 강국인 진秦나라에 대항하자는 정책이다.

소진은 진秦나라에 대한 여섯 나라의 공포심을 교묘히 조종하여 이 공동방위책을 설득하기 위해 여섯 나라를 차례로 돌아다녔다. 이리하여 각 나라의 왕들에게 모두 찬성을 받아 소진은 여섯 나라의 재상을 겸하게 되었다.

한편 소진은 자기의 벗이며 역시 능변가인 장의를 진나라에 보내면서, 진왕의 신임을 얻어 벼슬길에 오르면 자기의 합종 정책에 반대하는 진나라 조정 중신들의 입을 봉쇄하라고 했다. 그러나 결과는 정반대였다. 진나라에 들어간 장의가 학문과 재능을 인정받아 재상의 자리까지 오르게 되자 소진을 배반하고 연횡책을 쓴 것이다. 연횡책이란, 일곱 나라의 지형을 가로로 길게 묶어서 하나로 통합하되 여섯 나라를 개별적으로 고립시켜 각각 진나라에 대해 신하의 예를 취하게 한 후 끝내는 합병하려는 책략이다. 이 연횡책은 소진의 합종책을 완전히 붕괴시켰고, 끝내는 진나라가 종주국이 되었다.

호가호위 狐假虎威

여우가 호랑이의
위세를 빌리다

▌ 실력이나 능력이 없는 사람이 남의 권세를 빌려 위세를 부리다.

 [출전] 《전국책戰國策》 〈초책楚策〉

전국시대, 초나라 선왕이 어느 날 신하들에게 물었다.

"북방의 나라들이 재상 소해휼을 두려워하고 있다는데 사실이오?"

대답하는 사람이 없자, 강을이 말했다.

"어느 날 호랑이에게 잡힌 여우가 호랑이에게 '절대로 나를 먹어서는 안 된다. 하늘의 신이 나를 모든 짐승의 우두머리로 삼았으니 나를 먹으면 하늘 신의 뜻을 어기는 것이다. 믿어지지 않거든 한번 내 뒤를 따라와 보아라. 짐승들이 날 보고 모두 도망칠 것이다'라고 했습니다. 호랑이가 여우의 뒤를 따라가 보니 정말로 짐승들이 여우를 보고 모두 도망쳐 버렸습니다. 호랑이는 짐승들이 자기가 아닌 여우를 무서워하여 도망친 것으로 알고 있었던 겁니다. 지금 전하의 땅은 사방 5천 리이고, 병력은 100만 명이나 됩니다. 그런데 이는 모두 소해휼이 맡고 있습니다. 북방의 나라들이 소해휼을 두려워하는 것은 결국 전하를 두려워하는 것입니다. 짐승들이 여우 뒤의 호랑이를 두려워한 것처럼 말입니다."

·366

狐 여우 호 假 거짓 가 虎 범 호 威 위엄 위

世

인생은 한바탕
꿈이어라

문득 노생이 깨어 보니 꿈이었다. 곁에는 여전히 여옹이 앉아 있었고, 주막 주인이 짓고 있던 밥도 아직 다 되지 않았다. 여옹이 노생을 바라보고 웃으며 말했다. "인생이란 다 그런 것이라네." 노생은 여옹에게 공손히 작별 인사를 하고 한단을 떠났다.

굴이 변하여 탱자가 되다

▌사람도 환경에 따라 변한다.

[출전] 《안자춘추晏子春秋》

춘추시대, 제나라의 재상 안자가 초나라에 사신으로 가게 되었다. 초나라 왕이 이 소식을 듣고 신하들에게 이렇게 말했다.

"그는 제나라 사람 중에 가장 말을 잘하는 사람으로 소문이 나 있소. 그 자를 꺾어 주고 싶은데 어떻게 하면 좋겠소?"

그러자 좌우의 신하들이 계책을 꾸몄다.

일란성 쌍둥이

제가 저렇게 이뻐지다니

"그가 오면 제가 한 사람을 결박하여 전하 곁으로 가겠습니다. 그때 전하께서는 '무엇 하는 자냐?'라고 물으십시오. 그러면 '제나라 사람입니다'라고 대답하겠습니다. 다시 '무슨 죄를 지은 자냐?'라고 물으십시오. 그러면 '도둑질하여 걸렸습니다'라고 하겠습니다."

이윽고 안자가 도착하자 초나라 왕은 잔치를 베풀었다. 분위기가 한창 무르익었을 때였다. 두 명의 관리가 한 사람을 포박하여 왕의 앞으로 데

려왔다. 왕이 물었다.

"결박한 자는 누구이며, 무슨 이유로 잡아온 것인가?"

"제나라 사람인데, 도적질을 했습니다."

왕은 안자를 보고 말했다.

"제나라 사람은 정말 도적질을 잘하는 모양이오."

그러자 안자는 이렇게 대답했다.

"귤이 회수 남쪽에서 나면 귤이 되지만, 회수 북쪽에서 나면 탱자가 된다고 들었습니다. 잎은 서로 비슷하지만 과실의 맛은 다르지요. 그 까닭은 무엇이겠습니까? 물과 흙의 풍토가 다르기 때문입니다. 제나라에서 태어나고 자라는 자는 도적질을 하지 않습니다. 그런데 초나라로 들어오면 도적질을 합니다. 초나라의 풍토가 사람들에게 도적질을 잘하게 만드는 것이 아니겠습니까?"

왕이 웃으면서 말했다.

"성인에게 속여서는 안 될 일을 꾸몄다가 도리어 허물을 쓰고 말았소."

남가일몽 南柯一夢

남쪽 나뭇가지에서 꾼
한바탕 꿈

▌허망된 꿈 또는 꿈처럼 헛된 한때의 부귀영화

[출전]《남가기南柯記》〈이문집異聞集〉

　　당나라 9대 황제인 덕종 때 순우분이란 사람이 있었다. 어느 날 그는 술에 취해 집 앞의 큰 홰나무 아래에서 잠이 들었다. 그때 남색 관복을 입은 두 사나이가 나타나더니 이렇게 말했다.

　　"저희는 괴안국槐安國 왕의 명으로 대인을 모시러 온 사신이옵니다."

　　순우분이 사신을 따라 홰나무 구멍 속으로 들어가자 왕이 성문 앞에서 반가이 맞이했다. 순우분은 왕의 사위가 되어 영화를 누리다가 남가군南柯郡 태수에 부임했다. 남가군을 다스린 지 20년, 그는 그간의 공을 인정받아 재상이 되었다.

　　그러나 때마침 침공해 온 단라국군檀羅國軍에 참패하고 아내까지 병으로 죽자 관직을 버리고 상경했다.

　　그런데 깨어나 보니 모든 것이 꿈이었다. 순우분은 꿈이 하도 이상해서 나무의 뿌리를 살펴보니, 과연 구멍이 있었다. 구멍 속을 보니 수많은 개미들이 두 마리의 왕개미를 둘러싸고 있었다. 여기가 괴안국이었던 것이다. 또 거기서 '남쪽으로 뻗은 가지南柯'에 나 있는 구멍에도 개미떼가 있었는데 그곳이 바로 남가군이었다.

　　그날 밤에 큰 비가 내려 이튿날 개미는 흔적도 없이 사라져 버렸다.

•370

노생지몽 盧生之夢

노생의
헛된 꿈

▌ 인간의 부귀영화가 꿈처럼 다 부질없다.

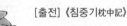

[출전]《침중기枕中記》

당나라 현종 때의 일이다. 도사 여옹이 한단의 어느 주막에서 쉬고 있는데 행색이 초라한 젊은이가 와서 자리를 같이했다. 산동에 사는 노생이라는 사람이었다. 노생은 신세 한탄을 하다가 앉아서 꾸벅꾸벅 졸기 시작했다. 여옹이 그 모습을 보고 보따리에서 베개를 꺼내 주자 그는 베개를 베고 이내 잠이 들었다.

그런데 베개가 점점 커졌다. 베개의 구멍 속으로 들어가 보니 고래등 같은 기와집이 있는 것이 아닌가. 노생은 그 집의 딸과 결혼도 하고 과거에 급제하여 벼슬길에 나아갔다. 순조롭게 승진을 한 후 재상의 자리까지 오르게 되었다. 그 후 10년 간 노생은 황제를 잘 보필하여 태평성대를 이룩한 명재상으로 이름을 날렸으나 어느 날 갑자기 역적으로 몰려 잡혀가게 되었다. 변방의 장수와 모반을 꾀했다는 것이다.

덧없는 인생 즐기다 가세

앗싸

盧밥그릇노 生날생 之어조사지 夢꿈몽

"고향 산동에서 땅뙈기나 부쳐 먹고 살았더라면 이런 억울한 누명은 쓰지 않았을 텐데, 무엇 때문에 내가 애써 벼슬을 했는지 모르겠다. 그 옛날 누더기를 걸치고 한단의 거리를 걷던 때가 그립구나. 하지만 이제 와서 후회한들 무슨 소용이 있겠는가."

노생은 겨우 죽음을 면하고 변방으로 유배되었다. 수년 후에 무죄임이 밝혀지자 황제는 노생을 다시 불러 벼슬을 주고 위로했다. 노생은 행복한 노년을 보내다가 80년의 긴 생을 마치고 세상을 떠났다.

문득 노생이 깨어 보니 꿈이었다. 곁에는 여전히 여옹이 앉아 있었고, 주막 주인이 짓고 있던 밥도 아직 다 되지 않았다. 여옹이 노생을 바라보고 웃으며 말했다.

"인생이란 다 그런 것이라네."

노생은 여옹에게 공손히 작별 인사를 하고 한단을 떠났다.

■유사성어
• 일장춘몽一場春夢 : 한바탕 봄 꿈
• 일취지몽一炊之夢 : 밥을 한 번 짓는 동안의 꿈
• 한단지몽邯鄲之夢 : 한단에서 꾼 꿈

복숭아꽃이 핀 이상향

▌ 속세를 떠난 이상세계

[출전]《도화원기桃花源記》

　진晉나라의 한 어부가 나룻배를 타고 가다가 길을 잘못 들었다. 고개를 들어 보니 주변에 복숭아꽃이 가득 피어 있었다.

　저쪽에 동굴이 있는 것이 보였다. 그 동굴을 지나자, 그림처럼 아름답고 풍요로운 농촌에 고래등 같은 기와집들이 늘어서 있었다. 그 동네 사람들은 수백 년 전 진시황 때 전쟁과 학정을 피해 이곳으로 몸을 피한 사람들의 자손이었다. 외부와 완전히 단절되어 수백 년을 살아왔으니 당연히 그 사이에 나라가 바뀌어 지금은 진나라의 천하가 된 것도 알지 못했다. 그곳에는 임금과 신하도 따로 없었다.

　이곳 사람들의 극진한 환대 속에 며칠이 꿈처럼 지나갔다. 집 생각이 난 어부는 그만 돌아가려고 했다. 그러자 사람들이 모두 배웅하러 나오며 자기 마을에 대한 이야기는 소문 내지 말아 달라고 간절히 부탁했다.

　마침내 어부는 며칠 동안의 황홀했던 생활을 버리고 집으로 돌아왔다. 그러나 그 마을 이야기를 도저히 입 밖에 꺼내지 않고는 견딜 수가 없어서 가족과 이웃 사람들에게만 이야기한 것이 태수의 귀에까지 들어가고 말았다. 태수가 어부를 앞세워 복숭아꽃 핀 마을을 찾으려 애썼으나 끝내 찾지 못했다.

신선들이 사는
별천지

▌ 북해의 바닷속에 있다는 신선들이 사는 곳

[출전] 《장자莊子》 〈소요유逍遙遊〉

　　견오와 연숙이라는 신선이 살고 있었다. 어느 날 견오가 연숙에게 말했다.

　"초나라 선비인 접여가 한 말은 너무 방대하여 타당성이 없고, 은하수처럼 끝이 없었네. 보통 사람들의 생각과 너무 달라서 이해하기도 어려워."

　"그 말의 내용이 무엇이었는가?"

　"막고야산에 신선이 사는데, 살결은 눈 같고 자태는 처녀와 같으며 곡식 대신 바람과 이슬을 마시고, 구름을 타고 나는 용을 몰며 세상 밖을 노닌다더군. 그 신선이 정신을 집중하면 만물이 병들지 않고 곡식은 풍년이 든다 하네. 나는 그 말이 하도 허황되어 믿을 수가 없네."

　"그럴 것이네. 어찌 육체적으로만 장님과 귀머거리가 있겠는가. 정신에서도 마찬가지이니, 바로 자네가 그러하네. 그의 덕은 만물을 하나로 통하게 하는 힘이 있네. 그는 무엇으로도 해칠 수가 없지. 홍수가 나도 빠지지 않을 것이고, 가뭄에 흙이나 산이 타더라도 뜨겁지 않을 것이네. 그는 먼지나 쭉정이로도 요와 순 같은 자를 마음대로 만들어낼 것이니, 그런 이가 어찌 세속의 일에 신경 쓰려 하겠는가."

상전벽해 桑田碧海

뽕나무 밭이
푸른 바다가 되다

▌세상이 몰라볼 정도로 변하다.

[출전] 《신선전神仙傳》

  '마고 선녀 이야기'에 나오는 말이다. 어느 날 마고라는 선녀가 왕방
평이라는 신선에게 말했다.

  "제가 지금껏 곁에서 모셔오면서 동해가 세 번이나 뽕나무 밭으로 바뀌는 것을
보았습니다. 이번에 봉래산에 가 보았는데 바다가
다시 얕아져서 이전의 반밖에 되지 않았습니다.
또 육지가 되려는 것일까요?"

  '상전벽해'는 세월의 무상함을 말하며 세상일의
변화가 심한 것을 이르기도 한다.

여기가 다
논밭이었는데…

언제적 얘기
하는 거야?

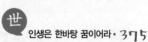
桑 뽕나무 상 田 밭 전 碧 푸를 벽 海 바다 해

새옹지마 塞翁之馬

변방에 사는
늙은이의 말

▌인생의 길흉화복은 예측할 수 없다.

[출전] 《회남자淮南子》 〈인간훈人間訓〉

옛날 북방의 국경 근처에 점을 잘 치는 한 노인이 살고 있었다. 어느 날 노인의 말이 오랑캐 땅으로 달아났다. 마을 사람들이 이를 위로하자 노인은 조금도 애석해 하는 기색 없이 태연하게 말했다.

"이 일이 복이 될지 누가 알겠소."

몇 달이 지난 어느 날 그 말이 오랑캐의 준마를 데리고 함께 돌아왔다. 마을 사람들이 이를 축하하자 노인은 조금도 기쁜 기색 없이 태연하게 말했다.

"누가 알겠소? 이 일이 화가 되는지."

그런데 어느 날 말타기를 좋아하는 노인의 아들이 오랑캐의 준마를 타다가 떨어져 다리가 부러졌다. 마을 사람들이 이를 위로하자 노인은 조금도 슬픈 기색 없이 태연하게 말했다.

"누가 알겠소? 이 일이 복이 되는지."

그로부터 1년이 지난 어느 날 오랑캐가 침입해 오자 마을 장정들이 이들과 맞서 싸우다가 모두 전사했다. 그러나 노인의 아들만은 절름발이였기 때문에 목숨을 건졌다.

·376

인생은
아침 이슬

▌인생은 아침 이슬처럼 덧없다.

[출전] 《한서漢書》〈소무전蘇武傳〉

　　전한 무제 때의 장수 소무는 포로 교환 차 사절단을 이끌고 흉노의 땅에 들어갔다가 그들에게 잡히고 말았다. 흉노의 우두머리인 선우는 소무가 한사코 항복을 거부하여 북해 근처 섬으로 추방했다. 소무가 들쥐와 풀뿌리로 연명하던 어느 날이었다. 고국의 친구인 이릉 장군이 찾아왔다.

　　이릉은 소무가 고국을 떠난 그 이듬해 보병 5천으로 5만이 넘는 흉노의 기병과 혈전을 벌이다가 참패한 뒤, 부상을 당하고 기절하는 바람에 포로가 되고 말았다. 그후 이릉은 선우의 빈객으로 후대를 받았으나 자신이 항복한 것이 내심 부끄러웠다. 그래서 감히 소무를 찾지 못하다가 이번에 선우의 청으로 먼 길을 달려온 것이었다. 이릉은 잔치를 베풀어 소무를 위로하고 이렇게 말했다.

　　"자네가 이렇게 절조를 지킨다고 해서 누가 알아주겠는가. 인생은 아침 이슬처럼 정말 덧없지 않은가. 그런데 어찌하여 자신을 이렇게 괴롭히고 있는가?"

　　그러나 이릉은 끝내 소무의 절조를 꺾지 못하고 혼자 돌아갔다. 그후 소무는 우여곡절 끝에 다시 고국 땅을 밟게 되었다.

人사람 인 生날 생 朝아침 조 露이슬 로

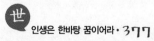

한바탕
봄 꿈이었구나

▌ 인생의 부귀영화가 덧없이 사라지다.

[출전] 《전당시全唐詩》

　　당나라 때 시인 노연양이 지은 〈곡이영단공哭李郢端公〉에 나오는 말이다. 친구 이영이 세상을 떠났을 때 노연양은 인생의 부귀영화가 덧없이 사라짐을 말하며 다음과 같이 읊었다.

　　시 짓는 친구와 술 마시는 무리들은 흩어져 사라지고
　　詩侶酒徒消散盡
　　일장춘몽에서 깨어나니 경성京城이로구나.
　　一場春夢越王城

재앙이 바뀌어
오히려 복이 되다

▌나쁜 일이 원인이 되어 좋은 일이 되다.

[출전] 《전국책戰國策》〈연책燕策〉

연나라의 이왕이 즉위했을 무렵이었다. 제나라의 선왕이 연나라의 상중인 틈을 타 열 개의 성을 빼앗았다. 소진이 선왕을 찾아가 두 번 절하고 엎드려서 경축하는 말을 전한 다음 이번에는 몸을 뒤로 젖혀 조의를 표했다. 선왕이 이상하게 여겨 물었다.

"어째서 경축과 조의를 함께 표하는가?"

"옛말에, 아무리 굶주려도 오훼烏喙라는 독초만은 먹지 않는 이유는 그것이 뱃속에 차면 찰수록 굶어 죽는 거나 다름없기 때문이라 합니다. 지금 연이 약소국이라고 하나 진의 사위 되는 나라입니다. 대왕께서 연의 성 열 개를 손에 넣었으나 대신 오랫동안 진의 원수가 될 것입니다. 지금 약한 연을 선봉으로 삼고 강한 진이 그 뒤를 지키게 하여 천하의 군대를 불러들이게 되면 오훼를 먹은 것과 다르지 않습니다."

선왕이 근심스런 표정으로 물었다.

"그러면 어떻게 하면 좋단 말이오?"

"제가 듣기로는, 옛날에 일처리를 잘한 사람들은 화를 돌려서 복으로 삼고, 실

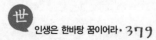

패를 밑천으로 하여 성공했다고 합니다. 전하께서는 곧 연의 성들을 돌려주십시오. 연은 이유 없이 성을 얻게 되면 반드시 기뻐할 것입니다. 그리고 진도 자기 덕에 연이 성을 되찾았다는 것을 알게 되면 또한 기뻐할 것입니다. 이것은 원수를 버리고 반석같이 튼튼한 친교를 얻는 길입니다. 이것으로 연과 진은 제나라를 섬기게 되고 전하께서는 성 열 개를 미끼로 천하를 얻게 되는 것입니다."

선왕은 기뻐하면서 즉시 연나라에 성들을 되돌려주었다.

KBS 〈도전! 골든벨〉 248회 문제

Q 200년 가까이 전쟁을 치러 온 두 나라 원수가 같은 배를 타고 강을 건너다 폭풍우가 불자, 그동안의 원한도 잊고 서로 힘을 합쳐서 풍랑을 이겨냈다고 합니다. 이처럼 원수 사이라도 더 큰 적을 만나면 함께 힘을 모은다는 뜻의 사자성어는 무엇일까요?

정답 吳越同舟(오월동주)

천도시비 天道是非

하늘의 도는
옳은 것인가 그른 것인가

▌인간의 얄궂은 운명을 하늘에 한탄하다.

[출전] 《사기史記》〈열전列傳〉

한나라 무제 때 대문장가인 사마천이 궁형宮刑(거세를 당하는 형벌)을 받는 치욕을 견뎌내면서 끝까지 열심히 쓴 것이 바로 《사기》이다. 무려 130권이나 되는 이 방대한 역사책은 오늘날 정사正史의 효시로 평가되고 있다. 이 책의 〈백이열전伯夷列傳〉은 바로 사마천 자신의 이념을 단적으로 표현한 것이다.

"어질고 행동이 결백한 백이와 숙제는 청렴 고결하게 살았지만 굶어 죽었고, 안연은 학문을 좋아하는 사람으로 공자가 아끼는 제자였으나 배불리 먹지도 못하고 끝내 요절했다. 그러나 도척과 같은 천하의 도적은 날마다 죄 없는 사람을 죽이고 포악하고 방자하게 천하를 누볐어도 오래도록 살다가 죽었다. 도대체 하늘의 도는 옳은 것인가, 그른 것인가?"

호접지몽 胡蝶之夢

나비가 장주인지
장주가 나비인지

▌ 물아일체의 경지 또는 인생의 무상함

[출전] 《장자莊子》〈제물론齊物論〉

　　전국시대의 사상가 장자는 맹자와 같은 시대의 인물로, 원래 이름은 장주莊周이다. 그는 사물의 옳고 그름, 선과 악, 진실과 거짓, 아름다움과 추함, 가난함과 부유함, 귀하고 천함을 초월하여 자연 그대로 살아가는 무위자연無爲自然을 주창했다.

　　어느 날 장자는 꿈에서 나비가 되어 온갖 꽃 사이를 춤추듯 훨훨 날아다녔다. 너무 즐거운 나머지 자신이 장주인 줄 전혀 몰랐다. 그러나 문득 깨어 보니 자신은 분명 장주가 아닌가. 대체 자신이 꿈속에서 나비가 된 것인가, 아니면 자신은 나비이고 그 나비인 자기가 꿈속에서 장주가 된 것인가? 꿈이 현실인가, 현실이 꿈인가? 둘 사이에 도대체 어떤 차이가 있는가? 그럼 인생 그 자체가 하나의 꿈이 아닌가?

　　여기서 장자는 나와 사물이 하나가 되는 물아일체物我一體를 말하고 있다. 장주가 나비이고 나비가 장주라는 경지, 즉 만물이 하나가 되는 절대경지에서는 꿈도 현실도 구별이 없다.

　　'호접지몽'은 물아일체의 경지 외에 인생의 덧없음을 비유하는 말로도 쓰인다.

感

웃음도 눈물도
그렇게 오래 가지 않는다

어미 원숭이는 그때 서슴없이 배에 뛰어올랐으나 그대로 죽고 말았다. 나중에 그 어미 원숭이의 배를 갈라 보니 자식을 잃은 슬픔에 너무나 애통한 나머지 창자가 토막토막 끊어져 있었다. 이 사실을 안 환온이 크게 노하여 원숭이 새끼를 잡아왔던 그 부하를 매질하고 내쫓아 버렸다.

고성낙일 孤城落日

고립된 성과 서산으로 지는 해

■ 세력이 다하여 의지할 곳 없는 외로운 처지

[출전] 왕유의 〈송위평사送韋評事〉

한나라 때 흉노족 중에 좌우에 현왕賢王이 있었는데, 그중 우현왕右賢王이 한번은 한나라 군대에 포위되었다가 간신히 도망친 사건이 있었다. 이 시는 우현왕을 사로잡는다는 역사적 사실을 쓴 것으로, 위평사(법을 맡아 죄인을 다스리는 벼슬)가 장군을 따라 국경 밖으로 떠나는 내용을 담고 있다.

장군을 따라서 우현을 잡고자　欲逐將軍取右賢
모래밭으로 말을 달려 거연으로 향하네.　沙場走馬向居延
멀리 한나라 사신이 소관 밖에 온 것을 아니　遙知漢使蕭關外
근심스러워 보이네. 외로운 성에 지는 해의 언저리.　愁見孤城落日邊

이 시에서 '고성낙일'은 쓸쓸한 풍경을 노래한 것이다. 보통 세력이 다하여 멸망할 날을 초조히 기다리는 심정을 나타낸다.

■ 소관蕭關
진秦나라 북관北關으로도 불리는 곳으로 외곽지대에서 본토로 들어오는 출입구이다.

군자삼락 君子三樂

군자의 즐거움

▌ 군자에게는 세 가지 즐거움이 있다.

[출전] 《맹자孟子》〈진심盡心〉

전국시대 때 공자의 사상을 계승하여 유학을 발전시킨 맹자는 이렇게 말했다.

"군자에게는 세 가지 즐거움이 있다. 천하를 다스리는 왕이 되는 것은 여기에 들어가지 않는다. 첫 번째 즐거움은 양친이 다 살아 계시고 형제가 무고한 것이요, 두 번째 즐거움은 하늘을 우러러 부끄러움이 없고 사람들에게도 부끄럽지 않은 것이요, 세 번째 즐거움은 천하의 영재를 얻어서 교육하는 것이다. 군자는 이 세 가지 즐거움이 있으나 천하를 통일하여 왕이 되는 것은 여기에 속하지 않는다."

맹자가 군자의 세 가지 즐거움에 왕이 되는 것을 넣지 않은 것은 오직 전쟁을 통해 천하를 평정하고 백성들의 안위는 신경 쓰지 않는 왕들에 대한 질책으로, 왕의 행세를 하는 것보다 기본적인 사람이 되는 것이 중요하다는 생각 때문이었다.

感

君 임금 군 子 아들 자 三 석 삼 樂 즐길 락

비단 위에 꽃을 더하다

▌ 좋은 일에 겹쳐 또 좋은 일이 일어나다.

[출전] 왕안석의 〈즉사卽事〉

북송 때 유명한 문장가이자 정치가인 왕안석이 조정을 떠나 은둔생활을 할 때 쓴 시이다.

강은 남원으로 흘러 언덕 서쪽으로 기우는데 河流南苑岸西斜

바람에는 맑은 빛이 있고 이슬에는 꽃의 화려함이 있네. 風有晶光露有華

문 앞 버드나무가 있는 곳은 옛 도연명의 집이요 門柳故人陶令宅

우물가 오동나무가 있는 곳은 예전 총지의 집이라. 井桐前日總持家

좋은 초대를 받아 술잔을 거듭 비우려니 嘉招欲覆盃中渌

아름다운 노래는 비단 위에 꽃을 더하네. 麗唱仍添錦上花

문득 무릉에서 술과 안주를 대접받는 손님이 되니 便作武陵樽俎客

강의 근원에는 아직 붉은 노을이 비치는구나. 川源應未少紅霞

다다익선 多多益善

많으면 많을수록
더욱 좋다

▌많을수록 좋다.

[출전] 《사기史記》 〈회음후열전淮陰侯列傳〉

한나라 고조 유방이 한때 한신을 상대로 모든 장수들의 능력에 대해서 등차를 매긴 적이 있었다. 유방이 한신에게 물었다.

"나 같은 사람은 과연 몇 사람의 병력을 이끌 수 있겠는가?"

"폐하께서는 고작 군사 10만을 이끄실 수 있습니다."

"그대는 어떤가?"

"저는 많으면 많을수록 더욱 좋습니다."

"많으면 많을수록 좋다면서 어째서 나에게 사로잡혔는가?"

"폐하께서는 병사가 아니라 장수를 이끄시는 분입니다. 또 황제란 이른바 하늘이 내려주는 것으로 사람의 힘으로는 안 되는 것입니다."

많을수록 좋아
다 먹어
치울 거야!

나까지 먹진
않겠지?

단장 斷腸

창자가 끊어지는 듯하다

▌마음이 몹시 슬프다.

[출전]《세설신어世說新語》〈출면黜免〉

진晉나라의 환온이 촉을 정벌하기 위해 여러 척의 배에 군사를 나누어 싣고 양자강을 건널 때였다. 부하 하나가 새끼 원숭이 한 마리를 붙잡아 와서 배에 실었다. 그러자 어미 원숭이가 뒤따라왔으나 물 때문에 배에는 오르지 못하고 강가에서 슬피 울부짖었다.

이윽고 배가 출발하자 어미 원숭이는 강가에 병풍처럼 펼쳐진 벼랑에도 아랑곳하지 않고 죽을 힘을 다해 배를 쫓아왔다. 배는 100여 리쯤 나아간 뒤 강기슭에 닿았다. 어미 원숭이는 그때 서슴없이 배에 뛰어올랐으나 그대로 죽고 말았다.

나중에 그 어미 원숭이의 배를 갈라 보니 자식을 잃은 슬픔에 너무나 애통한 나머지 창자가 토막토막 끊어져 있었다. 이 사실을 안 환온이 크게 노하여 원숭이 새끼를 잡아왔던 그 부하를 매질하고 내쫓아 버렸다.

동병상련 同病相憐

같은 병을 앓는 사람끼리 서로 동정하다

▌ 어려운 처지에 있는 사람끼리 서로 딱하게 여기다.

[출전] 《오월춘추吳越春秋》〈합려내전闔閭內傳〉

전국시대, 오나라의 태자 광은 사촌동생인 오왕 요를 시해한 뒤 자신을 오왕 합려라 일컫고, 반란에 적극 협조한 오자서를 중용했다. 오자서는 7년 전 초나라의 태자소부太子少傅 비무기의 모함으로 아버지와 맏형이 처형당하자 복수의 뜻을 품고 오나라로 피신해 온 망명객이었다. 그가 반란에 협조한 것도 실은 합려가 왕위에 오르면 초나라에 대한 복수의 기회가 오리라 생각했기 때문이다.

그 해 비무기의 모함으로 아버지를 잃은 백비라는 자가 오나라로 피신해 오자, 오자서는 그를 천거하여 대부 자리에 오르게 했다. 그러자 대부 피리가 말렸다.

"백비의 눈길은 매와 같고 걸음걸이는 호랑이와 같으니, 이는 필시 살인할 관상이오. 그런데 그대는 무슨 까닭으로 그런 인물을 천거했소?"

피리의 말이 끝나자 오자서는 이렇게 대답했다.

"나와 같은 처지에 있는 사람을 돕는 것은 당연한 일이오."

그로부터 9년 후 합려가 초나라를 공격하여 크게 승리하면서 오자서와 백비는 마침내 자신들의 원수를 갚을 수 있었다. 그러나 그 후 오자서는 불행히도 피리의 예언대로 월나라에 매수된 백비의 모함에 빠져 죽고 말았다.

 웃음도 눈물도 그렇게 오래 가지 않는다 · 389

만가 輓歌

수레를 끌며
부르는 노래

▍상여를 메고 가며 죽은 자를 애도하여 부르는 노래

[출전]《고금주古今注》〈음악音樂〉

유방과 항우가 천하를 두고 오랜 세월 동안 다투던 시절, 그 대세가 유방 쪽으로 완전히 기울었을 때의 일이다. 당시 제나라는 후손들에 의해 영토를 회복하고 명맥을 유지하고 있었다. 유방은 제나라에 책사 역이기를 보내 항복을 권했고, 제나라 왕이 된 전횡 또한 그 제의를 받아들여 군대를 해산했다.

그런데 예상치도 않게 유방의 신하 한신이 이끄는 병사들이 전횡을 급습했다. 전횡은 유방에게 속았다고 판단하여 역이기를 삶아 죽이고 달아났다.

그 후 황제의 자리에 오른 유방은 제나라가 반란을 일으킬 것을 대비하여 전횡에게 사람을 보내 이전의 죄를 사면해 준다는 조건으로 다시 항복을 권했다. 전횡은 유방의 제의에 동의하기로 하고 사자를 따라 낙양으로 향했다.

그런데 낙양에서 30리 정도 떨어진 곳까지 왔을 때 갑자기 전횡이 자결을 했다. 이때 전횡은 다음과 같이 말했다.

"나는 처음에 한왕과 함께 나라를 다스리며 고孤라고 일컬었다. 그런데 지금 한왕은 천자가 되고 나는 신하가 되어 그를 섬기게 되었으니 그 수치스러움은 이루 말할 수 없다. 또 남의 형을 죽였으면서도 그의 아우와 함께 어깨를 나란히 하여 한 임금을 섬기려니 어찌 부끄럽지 않겠는가. 폐하가 나를 보고자 한 것은 한번 나의 얼굴을 보고자 하는 것에 불과할 것이다. 폐하는 낙양에 계시니 지금 나의 목을 베어 30리를 달려가더라도 내 모양이 흐트러지지 않아 알아볼 수 있을 것이다."

전횡을 따르던 부하들 역시 전횡의 머리를 유방에게 바친 후 자결했으며, 섬에 남아 있던 500여 명의 부하들도 전횡의 절개를 추모하여 자결했다. 그 즈음 누군가가 '해로가'와 '호리곡'이라는 상가喪歌(장송곡)를 지었는데, 전횡이 자결하자 그를 애도하여 노래를 불렀다.

> 부추 위에 내린 이슬은 어찌 그리 쉽게 마르는지. 薤上朝露何易晞
> 하지만 이슬은 말라도 내일 아침에는 다시 내리네. 露晞明朝更復落
> 사람이 죽어 한 번 가면 언제 다시 돌아오나. 人生一去何時歸
> ─〈해로가 薤露歌〉

> 호리는 누구의 집터인가 蒿里誰家地
> 혼백을 거둘 때는 어리석은 자든 현명한 자든 가리지 않네. 聚斂魂魄無賢愚
> 귀신 대장은 어찌 그리 재촉하는지 鬼伯一何相催促
> 사람의 목숨은 잠시도 머뭇거리지 못하네. 人命不得少踟蹰
> ─〈호리곡 蒿里曲〉

이윽고 한나라가 무제의 시대가 되었을 때, 악부樂府라는 국립국악원의 책임자로 임명된 이연년은 그 두 장章의 상가를 나누어 두 곡으로 만들고 죽은 사람의 관을 끄는 자에게 부르게 했다. 사람들이 그것을 보고 '만가'라고 부르게 되었다.

망양지탄 望洋之歎

큰 바다를 바라보며
탄식하다

▌ 남의 원대함을 보고 자신의 미흡함이 부끄러워 탄식하다.

[출전] 《장자莊子》〈추수秋水〉

어느 가을이었다. 물이 불어 황하로 몰려들었다. 원래 물줄기가 매우 커서 건너편 둑에 있는 소와 말을 구분할 수 없을 정도였다. 이 황하의 신이 하백河伯이었다. 하백은 황하의 장관에 스스로 기뻐하며 천하의 아름다움이 자신에게 달려 있다고 생각했다.

그러던 어느 날 물줄기를 따라 동으로 가다가 북해에서 멈추었다. 거기에서 동쪽을 바라보던 하백은 멍하니 북해의 신 약若을 향해서 탄식했다.

"100가지 진리를 깨달은 자가 천하에 자기만 한 자가 없다고 생각한다더니만, 이는 곧 나를 두고 하는 말이었군요. 전에 나는 공자의 학문을 적다고 하고, 백이의 절개를 가볍게 여기는 사람이 있다는 소문을 듣고 그것을 믿지 않았습니다. 그런데 지금 당신의 이 끝없음을 보고서야 내가 바로 그런 사람이라는 것을 느꼈습니다. 하마터면 평생 도를 닦은 사

나는 왜
날개가 없는 거야

람들에게 웃음거리가 될 뻔했습니다."

그러자 약이 말했다.

"우물 안의 개구리에게 바다에 대해 얘기해도 알지 못하는 것은 오직 우물만 생각하고 있기 때문입니다. 또 여름 벌레에게 얼음에 대해 얘기해도 알지 못하는 것은 오직 여름만 생각하기 때문입니다. 비뚤어진 선비에게 정직에 관해 얘기를 해도 알지 못하는 것은 오직 그릇됨만 생각하기 때문이지요. 그런데 지금 당신은 냇물에서 나와 바다를 보고서 곧 자신의 잘못을 아니, 당신과는 큰 이치를 말할 만합니다. 천하의 물 중에 바다보다 큰 것이 없고 모든 냇물이 그리로 흘러들어가 영원히 정지하는 일이 없으며, 그렇다고 또 물이 가득 차지도 않지요."

■ '탄歎'이 들어간 한자성어

• 만시지탄晩時之歎 : 때가 늦어 기회를 놓친 것을 탄식하다.
• 망양지탄亡羊之歎 : 학문의 길이 여러 갈래여서 방향을 잡기가 어렵다.
• 서리지탄黍離之歎 : 나라가 망하여 궁터에 기장만 자라 있는 것을 탄식하다.
• 학명지탄鶴鳴之歎 : 벼슬은 못 하고 초야에 묻혀 있는 처지를 한탄하다.

무성한 보리 이삭을
보며 탄식하다

▌ 나라가 망한 것을 한탄하다.

[출전] 《사기史記》 〈송미자세가宋微子世歌〉

은나라 주왕이 타락하여 폭정을 일삼자 이를 충심으로 간한 세 명의 신하가 있었다. 그들은 미자, 기자, 비간이었다.

미자는 주왕의 이복형으로서 거듭 간했으나 왕이 듣지 않자 다른 나라로 망명했다. 기자도 망명하여 신분을 감추고 살았다. 그러나 왕자 비간은 끝까지 간하다가 결국 가슴을 찢기는 극형을 당하고 말았다.

결국 은나라가 멸망하고 주나라의 시대가 열렸다. 기자는 주나라 무왕의 부름을 받고 주나라의 도읍으로 가던 중 은나라의 옛 도읍을 지나게 되었다. 번화하던 옛 모습은 간 데 없고 보리와 기장만이 무성했다. 그는 사라진 고국에 대한 슬픔으로 시를 읊었다.

> 보리 이삭은 무럭무럭 자라고 麥秀漸漸兮
> 벼와 기장도 무성하구나. 禾黍油油兮
> 교활한 저 철부지(주왕)가 彼狡童兮
> 내 말을 듣지 않은 것이 슬프도다. 不與我好兮

밝은 거울과 고요한 물

▌ 티 없이 맑고 고요한 마음

[출전] 《장자莊子》 〈덕충부德充符〉

춘추시대, 노나라에 왕태라는 학덕이 높은 사람이 있었는데 그의 밑에서 배우는 사람의 수가 공자의 제자 수와 비슷했다. 그래서 공자의 제자인 상계가 공자에게 물었다.

"왕태는 죄를 지어 다리가 잘린 자인데도 그를 따라 배우는 자의 수가 선생님의 제자 수와 더불어 노나라를 반반씩 차지하고 있습니다. 그는 서서 가르치지도 않고 앉아서 제자들과 의논하지도 않습니다. 그러나 그의 제자들은 처음 갈 때는 지식이 텅 빈 상태였다가 돌아올 때는 학식이 가득 차서 돌아온다고 합니다. 왕태에게는 말하지 않고 가르치는 능력과 나타냄이 없이 마음속으로 감화되어 이루어지는 그 무엇이 있는 것입니까? 어째서 사람들이 그에게 모여듭니까?"

그러자 공자가 말했다.

"사람은 흘러가는 물에는 비춰 볼 수가 없고, 고요한 물에나 비춰 보아야 한다. 오직 고요한 것만이 고요하기를 바라는 모든 것을 고요하게 할 수 있다."

즉, 왕태의 성품이 고여 있는 물처럼 잔잔하고 맑아서 따르는 제자가 많다는 뜻이다.

웃음도 눈물도 그렇게 오래 가지 않는다·**395**

백년하청 百年河淸

물이 맑아지기를
백 년 동안 기다리다

▌아무리 기다려도 이루어지지 않는 일을 마냥 기다리다.

[출전]《춘추좌씨전春秋左氏傳》〈양공襄公 8년조〉

　춘추시대, 정나라가 큰 위기에 빠졌다. 정나라가 초나라의 속국인 채나라를 친 것에 대해 초나라가 복수하려 했기 때문이다. 정나라에서는 대신들이 모여 대책을 논의했으나, 초나라에 복종하자는 의견과 진晉나라의 구원을 기다리자는 의견으로 나뉘었다. 이때 자사가 말했다.

　"옛글에, '황하의 흐린 물이 맑아지기를 기다리는 것은 사람의 짧은 목숨으로는 부족하다. 점도 치고 꾀가 많아서 서로 주장을 다투면 그물처럼 얽히기 쉽다. 꾀를 내는 자가 많으면 백성의 일이 어그러짐이 많아서 일이 불어나 얻는 것이 없다' 라는 말이 있습니다. 백성이 위급하니 잠시 초나라에 복종해서 우리 백성의 불안을 덜어 주고, 그런 뒤에 진나라 군사가 오면 진나라를 따릅시다. 공손히 예물을 준비한 뒤 쳐들어오는 자를 기다리는 것이 작은 나라가 취할 길입니다. 적이 우리에게 해를 끼치지 않고 백성이 어려움을 겪지 않으면 좋지 않겠습니까?"

　이리하여 정나라는 초나라와 화친을 맺고 위기를 모면했다.

百年河淸 백 년 하 청 물이 맑아지

수심으로 자란
백발 삼천 길

▌ 노인의 백발이 많이 자란 것처럼 근심이 끝이 없다.

[출전] 이백의 〈추포가秋浦歌〉

　　이백은 다음 시를 통해 고독과 늙음의 슬픔을 노래하고 있다. 오랫동안 쌓이고 쌓인 수심 때문에 어느덧 백발이 3천 길이나 길어졌다는 뜻으로 표현한 것이다.

　　흰 머리털이 3천 길 白髮三千丈

　　수심으로 이토록 자랐네. 緣愁似箇長

　　알 수가 없구나. 밝은 거울 속 모습이 不知明鏡裏

　　어디서 가을 서리를 얻었는가. 何處得秋霜

이거 혹시
짝퉁 아닐까?

웃음도 눈물도 그렇게 오래 가지 않는다 · **397**

白흰 백 髮터럭 발 三석 삼 千일천 천 丈길 장

비육지탄 脾肉之嘆

넓적다리 살을 탄식하다

▌마땅히 해야 할 일을 하지 않고 세월만 보내는 것을 한탄하다.

[출전] 《삼국지三國志》 〈촉지蜀志〉

한나라의 부흥을 외치며 관우, 장비와 도원결의를 맺고 일어선 유비는 힘이 미약한 까닭에 조조에게 쫓겨 여기저기 전전하다가 형주의 유표에게 의지하고 있었다. 어느 날 유표가 술자리를 마련하여 유비를 불렀다. 자신의 후계자 문제를 상의하기 위해서였다.

한창 술을 마시며 이야기를 나누던 중 유비는 화장실에 갔다. 그런데 넓적다리에 살이 두둑이 찐 것을 보고 자신의 신세가 한스러워 저도 모르게 눈물을 흘리고 말았다.

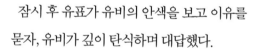

잠시 후 유표가 유비의 안색을 보고 이유를 묻자, 유비가 깊이 탄식하며 대답했다.

"전에는 언제나 말을 타고 다녀서 넓적다리에 살이 찔 겨를이 없더니 지금은 이렇게 살이 쪘습니다. 세월은 가는데 이제껏 이룬 것이 없으니 서러울 뿐입니다."

脾 넓적다리 비 肉 고기 육 之 어조사 지 嘆 탄식할 탄

여우는 죽을 때 머리를 자기 굴로 향한다

▌고향을 그리워하는 마음

[출전] 《예기禮記》〈단궁檀弓〉

문왕과 무왕을 도와서 은나라를 멸하고 주나라를 일으킨 여상은 제나라의 영구營丘라는 곳에 봉해져 자손들까지 5대에 걸쳐 살다가 그곳에서 죽었다. 그러나 그와 자손들은 모두 주나라 땅에 묻혔다.

이에 군자가 말했다.

"음악은 자연적으로 발생하는 것을 즐기고, 예는 그 근본을 잊어서는 안 된다. 옛사람이 말하기를, 여우가 죽을 때 머리를 자기가 살던 굴 쪽으로 향하는 것은 인仁이라고 하였다."

집이 그리워!

나도!

고사성어를 알면 수능도 쉽다

최근 4년간 출제된 수능 문제 풀어 보기

| 2008학년도 기출문제 |

Q 다음 한자 카드를 이용하여 만들 수 있는 사자성어의 속뜻은?

| 恩 | 結 | 恥 | 報 | 者 | 草 |

① 차이가 거의 없음

② 남의 은혜를 저버림

③ 죽어서도 은혜를 잊지 않고 갚음

④ 자기가 저지른 일은 자기가 해결해야 함

⑤ 자기만 못한 사람에게 묻는 것을 부끄러워하지 않음

Q 그림의 내용으로 유추할 수 있는 성어는?

보신각 제야의 종소리를 들으면서 새해를 맞이하시기 바랍니다.

① 百年佳約   ② 送舊迎新   ③ 類類相從

④ 燈火可親   ⑤ 種豆得豆

Q 글의 내용과 관련 있는 것은?

꾸불꾸불한 쑥도 곧은 삼 속에서 자라면 저절로 곧게 되듯 성격이 비뚤어진 사람도 바른 사람들과 어울려 사귀면 바른 사람이 된다.

① 不問曲直　② 多多益善　③ 三遷之敎　④ 同病相憐　⑤ 靑出於藍

정답 ③ ⑦ ⑦

| 2007학년도 기출문제 | ─────────────────────

Q 성어의 속뜻으로 알맞은 것은?

① 朝三暮四 : 치열한 경쟁　② 烏飛梨落 : 과감한 행동　③ 結草報恩 : 무례한 요구
④ 愚公移山 : 부단한 노력　⑤ 鷄卵有骨 : 신중한 판단

Q 인체의 부분을 가리키는 한자가 들어 있지 않은 것은?

① 有口無言　　② 手不釋卷　　③ 千辛萬苦
④ 孤掌難鳴　　⑤ 脣亡齒寒

Q 글의 내용과 가장 관계 있는 것은?

대나무의 뿌리는 단단하다. 군자는 그 뿌리를 보고 뜻을 굳게 세워 어떠한 시련에도 뽑히지 않을 것을 생각한다.
　　　　　　　　　　　　　　　　　　　　　　　　　　　　　　　─《고문진보古文眞寶》

① 不恥下問　② 百折不屈　③ 守株待　④ 燈下不明　⑤ 種豆得豆

정답 ④ ③ ②

Q 글의 내용과 가장 관계 있는 것은?

· 己所不欲, 勿施於人. _《논어論語》
· 남을 책망하는 마음으로 자신을 책망하고, 자신을 용서하는 마음으로 남을 용서하여야 한다.
—《송사宋史》

① 推己及人　　② 朝三暮四　　③ 結草報恩
④ 大器晚成　　⑤ 我田引水

① 答정

Q 글의 내용과 가장 관계 있는 것은?

이익은 누구나 다 바라는 것이다. 그러나 자기만을 위해 함부로 탐하면 본래의 착한 마음이 흐려져서 의리를 망각하게 된다.
—《성리대전性理大全》

① 表裏不同　　② 錦上添花　　③ 甘言利說
④ 發憤忘食　　⑤ 見利思義

Q 글의 내용과 가장 가까운 것은?

父母, 養其子而不敎, 是不愛其子也, 雖敎而不嚴, 是亦不愛其子也.
—《고문진보古文眞寶》

① 不恥下問　　② 昏定晨省　　③ 日就月將
④ 斷機之戒　　⑤ 敎學相長

Q 그림의 내용으로 유추할 수 있는 것은?

① 桑田碧海　② 牛耳讀經　③ 指鹿爲馬　④ 朝三暮四　⑤ 結草報恩

Q 이 글의 내용과 관련이 깊은 것은?

伯兪有過, 其母笞之, 泣. 其母曰 : "他日笞, 子未嘗泣, 今泣何也?"

對曰 : "兪得罪, 笞常痛, 今母之力, 不能使痛, 是以泣."

— 《소학小學》

　　　　　　　*笞(태) : 매질하다.　*伯兪(백유) : 중국 한나라 사람

① 塞翁之馬　② 大器晚成　③ 風樹之歎　④ 螢雪之功　⑤ 雪上加霜

정답. ⑤ ④ ⑦ ① ③

먹다 남은 복숭아를 먹인 죄

▌ 애정과 증오의 변화가 심하다.

[출전] 《한비자韓非子》〈세난說難〉

옛날에 미자하라는 소년이 위나라 왕에게 총애를 받고 있었다. 어느 날 미자하는 어머니가 병이 났다는 전갈을 받고 허락 없이 왕의 수레를 타고 집으로 달려갔다. 위나라 법에 의하면 왕의 수레를 몰래 타는 사람은 다리가 잘리는 형벌을 받게 되어 있었다.

그런데 왕이 이 사실을 듣고 말했다.

"효자로다. 어머니를 위하는 나머지 벌 받을 걱정까지 잊었구나."

　그리고 또 어느 날 미자하는 왕과 더불어 과원에서 노닐 때 복숭아를 먹다가 너무 맛이 좋아 먹지 않고 그 반을 왕에게 주었다. 그러자 왕이 말했다.

　"나를 생각해 주는 마음이 기특하구나. 맛있는 것을 혼자 먹지 않고 나누어 주다니."

　그러다가 세월이 흘러 미자하의 아름다움이 시들고 왕의 사랑도 시든 뒤에 미자하가 죄를 짓고 말았다. 그러자 왕은 노한 얼굴로 말했다.

　"저놈은 언젠가 나를 속이고 내 수레를 탄 일이 있었고, 자기가 먹다 남은 복숭아를 나에게 먹인 일이 있었다."

　본시 미자하의 행동은 처음과 변함이 없었다. 그런데 전에 어질다고 여겨졌던 것이 뒤에 가서 죄가 된 것은 왕의 사랑이 미움으로 변했기 때문이다.

자포자기 自暴自棄

자기 자신을 해치고 포기하다

자기 자신을 학대하고 돌보지 않다.

[출전] 《맹자孟子》〈이루離婁〉

맹자가 말했다.

"자기를 해치는 자와는 더불어 진리를 말할 수 없을 것이고, 자기를 버리는 자와는 더불어 행할 수 없을 것이다. 말하자면 예의를 비방하는 것을 자기를 해치는 것이라 하고, 내 몸이 인仁과 의義를 따르지 않는 것을 자기를 버리는 것이라고 이른다. 인은 사람의 편안한 집이고, 의는 사람의 올바른 길이다. 편안한 집을 비워 두고 살지 않으며, 바른 길을 버리고 행하지 않으니 슬프다."

꼴이 말이 아니구먼

겁을 먹고 벌벌 떨며
몸을 움츠리다

■ 위기 상황 속의 매우 절박한 심정

[출전]《시경詩經》〈소아小雅〉

전전戰戰이란 몹시 두려워서 벌벌 떠는 모양이고, 긍긍兢兢이란 몸을 움츠리고 조심하는 모양을 말한다. 이 말은 〈소민小旻〉이라는 시에 나온다. 이 시는 임금이 나쁜 계책에 따라 나라를 다스려 혼란에 빠뜨리고 있음을 대부가 풍자한 것이다.

감히 맨손으로 범을 잡지 못하고 不敢暴虎
감히 걸어서 강을 건너지 못하네. 不敢憑河
사람들은 하나는 알고 있지만 人知其一
그 밖의 것은 전혀 알지 못하네. 莫知其他
두려워 벌벌 떨며 조심하기를 戰戰兢兢
깊은 연못에 다다른 듯하네. 如臨深淵
살얼음을 밟고 가듯 하네. 如履薄氷

전전반측 輾轉反側

수레바퀴가 돌며
옆으로 뒤척이다

▌근심과 걱정으로 잠을 이루지 못하고 뒤척이다.

[출전] 《시경詩經》〈국풍國風〉

〈관저關雎〉라는 시에 나오는 말로, 원래는 아름다운 여인을 그리워하여 잠을 이루지 못한다는 뜻이다.

찾아봐도 만나지 못해 자나 깨나 생각하니 求之不得 寤寐思服

그리움은 끝이 없어 이리 뒤척 저리 뒤척 悠哉悠哉 輾轉反側

올망졸망 마름풀을 이리저리 뜯노라니 參差荇菜 左右采之

아리따운 아가씨와 거문고를 즐기며 함께하고 싶네.

窈窕淑女 琴瑟友之

올망졸망 마름풀을 이리저리 뜯노라니

參差荇菜 左右芼之

아리따운 아가씨와 풍악을 울리며 즐기고 싶네.

窈窕淑女 鍾鼓樂之

그녀 생각에
잠이 안 와

잠좀 자자

輾 구를 전 轉 구를 전 反 되돌릴 반 側 기울 측

物

만물에 숨은
의미를 찾아라

조재례라는 못된 탐관오리가 있었다. 그는 백성들에게 빼앗은 재물을 고관대작들에게 뇌물로 바쳐 후량, 후당, 후진의 세 왕조에 걸쳐서 벼슬을 지냈다. 그런 그가 다른 곳으로 부임하게 되자 그 지방 백성들이 춤을 추며 기뻐했다. "그놈이 떠나다니, 눈에 박힌 못이 빠진 것 같군."

간장막야 干將莫耶

명검도 사람의 손을 거쳐야 빛난다

| 명검

[출전]《오월춘추吳越春秋》〈합려내전闔閭內傳〉

오나라의 유명한 대장장이 간장이 아내 막야와 행복하게 살고 있었다. 어느 날 오나라 왕 합려가 간장을 불러 명검 두 자루를 만들도록 명령했다.

간장은 이 나라에서 제일가는 명검을 만들기로 했다. 그런데 칼을 만들 청동이 3년이 지나도 녹지 않는 것이었다. 왕의 독촉은 매일매일 계속되고 청동은 녹을 기미가 보이지 않아 그의 걱정은 이만저만이 아니었다. 어떻게 하면 이 청동을 하루속히 녹여 검을 만들 수 있을까 하는 걱정으로 밤을 새우는 날이 허다했다.

그러던 중 아내 막야가 청동을 녹일 방법을 알아냈다. 그것은 부부의 머리카락과 손톱을 잘라 용광로에 넣고 소녀 300명이 풀무질을 하는 것이었다. 막야의 말대로 하자 과연 청동이 서서히 녹기 시작하더니 명검으로 손색이 없을 만큼 칼이 제 형태를 드러내기 시작했다.

간장은 검이 완성되자 한 자루에는 '막야'의 이름을 새기고, 다른 자루에는 '간장'이라 새겼다. 이 두 검은 다른 어느 칼보다 단단하고 예리하여 높은 평가를 받았다.

干 방패 간 將 장수 장 莫 없을 막 耶 어조사 야

하

거재두량 車載斗量

수레에 싣고
말로 잴 만큼 많다

▎ 헤아릴 수 없을 정도로 많아서 그다지 귀하지 않다.

[출전] 《삼국지三國志》 〈오지吳志〉

삼국시대 때 오나라의 조자가 위나라에 구원을 요청하기 위해 사자로 떠났다. 위나라의 왕 조비는 그가 온 이유를 알면서도 짐짓 속내를 떠 보았다.

"오나라의 군주는 어떤 사람인가?"

"총명하고 자애로우며 재능이 뛰어난 분이십니다."

"만일 위나라가 오나라를 친다면 어찌하겠는가?"

"위나라에 무력이 있다면, 저희 나라에는 방위책이 있습니다."

"위나라가 두려운가?"

"오나라는 100만의 용맹한 군사가 있고 지세도 험합니다."

"그대 같은 인재가 오나라에는 얼마쯤 되나?"

"저와 같은 이는 수레에 싣고 말로 잴 정도입니다."

조비가 탄복하며 말했다.

"사신으로서 군주의 명예를 욕되게 하지 않는다 함은 그대를 두고 하는 말일 것이오."

이러한 조자의 활약으로 오나라와 위나라의 군사 동맹이 성립되었다.

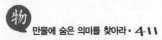

만물에 숨은 의미를 찾아라 · 411

계륵 鷄肋

닭의 갈비는 먹을 것은 없어도 버리기 아깝다

▌쓸모는 별로 없으나 버리기는 아까운 것

[출전] 《후한서後漢書》〈양수전楊修傳〉

삼국시대로 접어들기 1년 전인 후한 말의 일이다. 조조는 유비를 치기 위해 대군을 이끌고 한중으로 원정을 떠났다. 유비의 군대는 제갈량의 계책에 따라 정면 대결을 피한 채 보급로를 차단하는 데만 주력했다.

그러던 어느 날 저녁 조조가 닭요리를 먹다가 문득 하후돈에게 명령을 내렸다.

"계륵."

이 말에 모두 영문을 몰라 어리둥절하고 있는데, 참모인 양수가 조조의 명령을 알아듣고는 혼자 부지런히 돌아갈 준비를 했다. 다른 사람들이 그 까닭을 물었다.

"닭의 갈비는 먹을 만한 데가 없고, 버리기도 아까운 것이네. 이는 한중을 비유한 것이니, 철군을 결심하신 것이 아니고 무엇이겠는가."

과연 며칠 후 조조는 군사를 한중에서 철수시켰다.

아홉 마리 소에서 뽑은 털 하나

▌많은 것 중에 적은 것 또는 아무것도 아닌 하찮은 것

[출전] 《한서漢書》〈보임안서報任安書〉

한나라 무제 때, 5천의 보병을 이끌고 흉노를 정벌하러 갔던 이릉 장군은 열 배가 넘는 적의 기병을 맞아 처음에는 잘 싸웠으나 결국 적의 수가 너무 많아 패하고 말았다. 그런데 이듬해 놀라운 소식이 전해졌다. 전사한 줄 알았던 이릉이 흉노에 투항하여 후한 대접을 받고 있다는 것이었다. 이를 안 무제는 크게 노하여 이릉의 일족을 참형에 처하라고 엄명했다. 그러나 중신을 비롯한 이릉의 동료들은 침묵 속에 무제의 안색만 살필 뿐, 누구 하나 이릉을 위해 나서는 사람이 없었다. 이를 분개한 사마천이 무제에게 이릉의 무고함을 아뢰었다.

"이릉이 흉노에 투항한 것은 필시 훗날 다시 일어설 기회를 얻기 위한 계책일 것이니 폐하께서 헤아려 주시옵소서."

이 말에 무제는 크게 화가 나서 사마천을 투옥한 후 궁형에 처했다. 이때의 사마천의 심정은 그가 친구 임안에게 보낸 글에 잘 나타나 있다.

"내가 법에 따라 사형을 받는다고 해도 그것은 한낱 아홉 마리 소 중에서 터럭 하나 없어지는 것과 같을 뿐이네. 내가 땅강아지나 개미 같은 미물과 무엇이 다르겠는가."

九 아홉 구 牛 소 우 一 하나 일 毛 털 모

남상 濫觴

큰 강물의 근원은
작은 술잔의 물이다

▌ 모든 사물의 시초나 근원

[출전] 《순자荀子》〈자도子道〉

    공자의 제자인 자로는 성질이 용맹하고 행동이 거칠었다. 그는 공자에게 사랑도 많이 받았지만 꾸중도 많이 들었다. 그때마다 자로는 스승의 꾸중을 겸손하게 받아들였다. 어느 날 자로가 화려한 옷을 입고 나타나자 공자가 그에게 말했다.

    "양자강은 민산에서 흘러내리는 큰 강이다. 그러나 그 근원은 겨우 술잔을 넘칠 정도로 적은 물이다. 그것이 하류로 내려오면 물의 양도 많아지고 흐름도 빨라진다. 그러니 배를 타지 않고는 강을 건널 수가 없고, 바람이라도 부는 날에는 배조차 띄울 수 없게 된다. 지금 네 옷차림은 너무 사치스럽고 얼굴도 즐거움으로 가득하구나. 그것은 작은 일에 불과하다. 그러나 내가 지금 지적해 주지 않으면, 누가 감히 너에게 충고를 해 주겠느냐?"

    공자는 매사에 처음이 중요하며 처음이 나쁘면 갈수록 더 나빠진다는 것을 깨우쳐 주려 했던 것이다. 공자의 이야기를 들은 자로는 당장 집으로 돌아가서 옷을 갈아입었다.

녹림산에
근거지를 두다

┃ 도둑 떼의 소굴

[출전] 《한서漢書》〈왕망전王莽傳〉·《후한서後漢書》〈유현전劉玄傳〉

전한 말 왕망은 한 왕조를 무너뜨리고 스스로 제위에 올라 나라 이름을 신新이라 일컬었다. 왕망은 농지·노예·경제 제도 등을 개혁하고 새로운 정책을 폈지만 실패하고 말았다. 복잡한 제도 때문에 농지를 잃고 노예로 전락하는 농민들이 점점 늘어났다. 또한 화폐가 8년 동안에 네 차례나 바뀌는 바람에 백성들의 생활은 날로 어려워졌다. 왕망은 백성들은 물론 귀족들로부터도 심한 반감을 샀다.

이러한 혼란 속에서 서북 변방의 농민들이 폭동을 일으켜 이를 계기로 전국 각지에서 대규모의 반란이 잇따라 일어났다. 그중에서도 형주 녹림산에 근거지를 둔 8천여 명의 무리는 스스로 '녹림지병綠林之兵'이라 일컫고, 관아와 지주의 창고를 닥치는 대로 털었다.

그 후 이 녹림지병은 5만 명이나 되는 대세력으로 부상했는데, 후한을 세운 광무제 유수는 그들을 이용하여 왕망의 신나라를 무너뜨렸다.

녹의사자 綠衣使者

초록 옷을 입은 사신

▌ 앵무새

[출전] 《개원천보유사開元天寶遺事》

양숭의는 당나라 수도 장안에서 제일가는 부자였다. 그런데 그의 아내 유 씨가 이웃집 아들 이감과 바람이 나서 양숭의를 죽이고 말았다. 그리고 주위 사람들의 눈을 피해 물이 말라 버린 우물 속에 양숭의의 시체를 숨겼다. 집안 사람들은 아무도 이 사실을 알지 못했다. 단지 당 앞의 횃대 위에 있던 앵무새만이 유일하게 현장을 목격했다.

그로부터 며칠 후 유 씨는 관청으로 달려가서 남편이 아직 집으로 돌아오지 않았는데 누군가에게 살해된 것 같다고 알렸다. 이 일로 하인들 중 곤장을 맞은 자가 100여 명이나 되었지만 범인을 찾지는 못했다.

나중에 관리가 다시 양숭의의 집으로 가서 조사를 했으나 별다른 소득을 얻지 못하고 있었다. 그런데 횃대 위에 있던 앵무새가 갑자기 큰 소리로 말했다.

"우리 주인을 죽인 자는 유 씨와 이감이다!"

이 말에 관리는 깜짝 놀라며 둘을 감옥에 가두고 사건의 진상을 조사했다. 결국 이 일은 황제의 귀에도 들어갔다. 황제는 앵무새의 공로를 인정하고 초록색 옷을 입었다 하여 '녹의사자'로 임명하였다.

반골 反骨

거꾸로 솟은
뼈

▌ 권세에 타협하지 않고 저항하는 기골

[출전] 《삼국지三國志》 〈촉서蜀書 위연전魏然傳〉

　　삼국시대, 촉나라에 위연이라는 장수가 있었다. 유비는 그를 장수로서 그 능력을 인정하여 한중의 태수로 임명했으나, 제갈량은 위연이 마음에 들지 않았다. 그 이유는 위연의 성품뿐만 아니라 그의 목덜미에 이상한 뼈가 거꾸로 솟아 있는 것을 보고 장래에 반드시 모반할 인물임을 짐작했기 때문이다.

　　세월이 흘러 유비와 제갈량이 죽고 나서 위연은 정말로 모반을 꾀하려고 했다. 그런데 위연의 모반을 미리 예상했던 제갈량은 자신이 죽기 전에 이런 일을 대비하여 계략을 세워 두었다. 결국 위연은 군권을 장악하려다가 준비하고 있던 마대의 칼에 목이 잘렸다.

이건 아니잖아

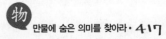
反 반대할 반 骨 뼈 골

반근착절 盤根錯節

서린 뿌리와
뒤틀린 마디

█ 얽혀서 해결하기 매우 어려운 사건

[출전] 《후한서後漢書》〈우후전虞詡傳〉

　　후한 6대 황제인 안제 때의 일이다. 안제가 열세 살의 어린 나이로 즉
위하자 외척의 세력이 강해졌다. 특히 태후의 오빠인 등즐은 대장군이 되어 병권
을 장악했다.

　　당시 서북 변방은 티베트계 유목 민족인 강족의 침략이 잦았다. 그러나 등즐은
예산이 부족하다는 이유로 그 지방의 양주를 포기하려고 했다. 이때 우후가 반대
하고 나섰다.

　　"예부터 양주는 많은 인재를 배출하는 곳인데, 그런 땅을 강족에 내줄 수는 없
습니다."

　　중신들도 모두 우후와 뜻을 같이했다. 이때부터 우후를 미워한 등즐은 우후에
게 도적이 기승을 부리는 한 지방으로 가서 그들을 토벌하라고 명령을 내렸다. 사
람들이 걱정하자, 우후는 웃으며 말했다.

　　"서린 뿌리와 뒤틀린 마디에 부딪치지 않고 어찌 칼이 예리한지를 알 수 있겠는
가."

　　우후는 용기와 지혜를 발휘하여 도적을 모두 무찔러 버렸다.

방촌지지 方寸之地

사방 한 치의 좁은 땅

▌ 사람의 마음

[출전] 《삼국지三國志》〈촉지蜀志 제갈량전諸葛亮傳〉

삼국시대 때 서서가 유비 밑에서 군사전략가로 일하고 있을 때였다. 당시 조조는 서서의 재능을 알아보고 그를 자신의 측근으로 써 보려는 생각에서 그의 어머니를 허창에 가두었다. 그런 다음 그녀의 글씨체를 모방해 서서에게 허창으로 오라는 편지를 보냈다. 효자였던 서서는 함정인 것도 모르고 허창으로 가기 전에 유비에게 하직 인사를 했다.

"지금 늙으신 어머니가 걱정되어 방촌方寸이 어지럽습니다. 저는 이제 도움이 되지 못할 것이니 여기서 작별을 고하고자 합니다."

'촌寸'은 손가락 하나의 너비를 말하며, 옛 사람들은 촌심寸心이나 촌지寸志라는 말로 자신의 마음이나 자그마한 성의를 표현하기도 했다. 또한 '방촌'은 '방촌지지'의 줄임말이다.

불사약 不死藥

먹으면
죽지 않는 약

▌죽지 않고 오래 살 수 있는 약

[출전]《한비자韓非子》〈설림說林〉

초나라 왕에게 불사약을 바친 사람이 있었다. 내시가 그것을 받아 들고 왕에게 바치러 가고 있었다. 그때 한 궁중 수비병이 물었다.

"그것은 먹는 것입니까?"

"그렇습니다."

그러자 궁중 수비병이 그것을 빼앗아 금세 먹어 버렸다.

왕이 이 사실을 알고 크게 노하여 궁중 수비병을 죽이라고 명령했다. 그러자 그가 다급히 외쳤다.

"제가 물어보니 먹는 것이라 하기에 먹었던 것입니다. 그러니 제가 아니라 저 내시에게 죄가 있습니다. 또 불사약을 먹은 저를 전하께서 죽이신다면 그 약은 불사약이 아니라 사약이니, 약을 준 사람은 전하를 속인 것이 됩니다. 무고한 저를 죽이고 그에게 속은 것을 알리시는 것보다는 차라리 저를 용서하시는 것이 좋을 것입니다."

이에 왕은 그를 죽이지 않았다.

안서 雁書

기러기 발에
달린 글

▌먼 곳에서 전해 온 반가운 편지

[출전] 《한서漢書》〈소무전蘇武傳〉

전한 무제 때의 장수 소무는 흉노의 땅으로 포로를 교환하러 갔다가 그 길로 흉노에게 붙잡히는 몸이 되었다. 무제가 죽고 소제가 즉위하여 한나라와 흉노가 다시 화친하게 되자 소제는 소무를 돌려보내 달라고 요구하기 위해 사신을 파견했다.

흉노의 우두머리 선우는 소무가 이미 죽은 지 오래라고 거짓말을 했다. 그런데 그날 밤 어떤 사람이 은밀히 사신을 찾아와 소무는 흉노에게 끝까지 항복을 거부하다가 추방당하여 지금까지 어렵게 살아가고 있다고 말해 주었다. 다음날 사신은 선우를 찾아갔다.

"황제께서 사냥을 하시다가 기러기를 쏘아 잡았는데, 그 발에 비단 편지가 매어져 있었습니다. 소무가 어느 큰 연못 근처에 살고 있다고 말입니다."

깜짝 놀란 선우는 잘못을 사과하고 소무를 한나라로 돌려보냈다.

雁 기러기 안 書 글 서

物
만물에 숨은 의미를 찾아라 · 421

안중지정 眼中之釘

귀찮게 눈에 박힌 못

▍ 나에게 해를 끼치는 사람 또는 몹시 싫고 미워서 항상 눈에 거슬리는 사람

[출전] 《신오대사新五代史》〈조재례전趙在禮傳〉

당나라 말기에 조재례라는 못된 탐관오리가 있었다. 그는 백성들에게 빼앗은 재물을 고관대작들에게 뇌물로 바쳐 후량後梁, 후당後唐, 후진後晉의 세 왕조에 걸쳐서 벼슬을 지냈다. 그런 그가 다른 곳으로 부임하게 되자 그 지방 백성들이 춤을 추며 기뻐했다.

"그놈이 떠나다니, 눈에 박힌 못이 빠진 것 같군."

이 말이 전해지자 화가 난 조재례는 보복을 하기 위해 1년만 더 머물 수 있도록 조정에 청했다. 그 청이 받아들여지자 그는 즉시 '못 빼는 돈(발정전拔釘錢)'이라는 명목으로 백성들에게서 돈을 거두어들였다. 돈을 내지 못한 사람은 가차없이 감옥에 가두거나 태형에 처했다.

이렇게 욕심 많고 포악했던 조재례는 후진이 멸망할 때 스스로 목을 매어 죽는 비극을 맞이했다.

옥과 돌이 함께 뒤섞여 있다

▌ 좋은 것과 나쁜 것이 섞여 있으면 좋고 나쁨을 구별하지 못한다.

[출전] 《포박자抱朴子》〈외편外篇 상박尚博〉

동진東晉의 갈홍이 쓴 《포박자》는 도교가 하나의 사상으로 자리잡을 수 있도록 결정적인 구실을 했다. 여기서 갈홍은 다음과 같이 말했다.

"《시경》이나 《서경》이 도의道義의 큰 바다라고 한다면, 제자백가諸子百家(춘추전국시대의 여러 학파)의 글은 이것을 보충하는 냇물의 흐름이라 할 수 있다. 방법은 달라도 덕을 닦는 데는 변함이 없다. 옛 사람들은 재능을 얻기 어려움을 탄식하며 곤륜산의 옥이 아니라 해서 야광주를 버리거나, 성인의 글이 아니라 해서 수양에 도움이 되는 말을 버리지 않았다. 그러나 한나라와 위나라 이래 식견이 좁은 사람들은 천박한 시를 감상하는가 하면, 뜻 깊은 제자백가의 책을 하찮게 여기며 이로운 금언金言을 가볍게 생각한다. 그래서 참과 거짓이 바뀌고 옥과 돌이 뒤섞이며, 아악雅樂도 속악俗樂으로 보고 아름다운 옷도 누더기로 보니 참으로 서글프고 한스럽기 그지없다."

이렇듯 갈홍은 세상의 유행에 따라 천박한 글에 사람들의 마음이 쏠리는 현실을 안타까워했다.

달팽이 뿔 위의 싸움

▌ 하찮은 싸움 또는 별 성과가 없는 싸움

[출전] 《장자莊子》〈칙양則陽〉

전국시대, 양나라 혜왕이 대진인이라는 현인에게 제나라를 응징할 방책을 물었다. 대진인이 말했다.

"달팽이의 왼쪽 뿔에는 촉씨觸氏가, 오른쪽 뿔에는 만씨蠻氏가 각각 나라를 세우고는 서로 땅을 빼앗으려고 전쟁을 벌였습니다. 쓰러져 죽은 사람이 수만이나 되었고, 도망치는 자들을 추격하고 돌아와 보니 보름이나 지났습니다."

"그런 엉터리 이야기가 어디 있소?"

"그럼 이 이야기를 실제 사실에 비유해 보겠습니다. 전하께서는 이 우주의 위 아래로 끝이 있다고 생각하십니까?"

"끝이 있다고는 생각지 않소."

"마음을 무한한 경지에 둘 줄 아는 사람에게 나라 따위는 있는 것도 같고 없는 것도 같은 하찮은 것이 될 것입니다. 여러 나라 가운데 양나라가 있고, 양나라 가운데는 전하가 계십니다. 그럼 전하는 촉씨와 만씨와 무엇이 다르겠습니까?"

"다를 것이 없는 것 같소."

혜왕은 제나라와 싸울 마음이 싹 가셨다.

흠이 없는 완전한 구슬

▌사물이 결점이 없이 완전하다.

[출전] 《사기史記》 〈인상여열전藺相如列傳〉

전국시대, 조나라 혜문왕은 화씨지벽和氏之璧이라는 천하의 명옥을 가지고 있었다. 이것을 안 진秦나라 소양왕은 어떻게든 화씨지벽을 손에 넣어야 겠다고 생각했다. 곰곰이 생각한 끝에 소양왕은 곧 조나라에 사신을 보내어 열다섯 개의 성시城市와 교환하기를 청했다.

혜문왕이 여러 대신들과 상의했으나 난처한 일이었다. 그 명옥을 진나라에 주면 성시를 얻지도 못하고 넘겨줄 수도 있고, 주지 않는다면 당장 진나라가 쳐들어올 것이기 때문이다. 대신들의 의견이 분분하였으나 결국 강대한 진나라가 두려워 제의를 받아들이기로 했다. 혜문왕은 신하들에게 물었다.

"사신으로 누가 적임자일 것 같소?"

그러자 한 신하가 말했다.

"제 식객 중에 지혜와 담력이 뛰어난 인상여라는 자가 있습니다. 그러면 차질 없이 임무를 완수할 것입니다."

이리하여 사신으로 발탁된 인상여는 소양왕에게 가서 화씨지벽을 바쳤다. 화씨지벽을 손에 들고 살펴보던 소양왕은 크게 기뻐했지만, 약속한 열다섯 개의 성시

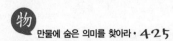

에 대해서는 한 마디도 내비치지 않았다. 이런 일이 있으리라고 예상했던 인상여는 조용히 말했다.

"전하, 그 옥에는 티가 있는데 그것을 좀 보여 드리겠습니다."

소양왕이 무심코 화씨지벽을 건네주자 인상여는 그것을 손에 든 채 궁궐의 기둥 옆으로 얼른 피했다. 그리고 소양왕을 노려보며 말했다.

"전하께서 약속하신 성 열다섯 개를 넘겨주실 때까지 이 화씨지벽은 제가 가지고 있겠습니다. 만약 안 된다고 하시면 제 머리는 이 기둥에 부딪혀 깨지고 말 것입니다."

화씨지벽이 깨질까 겁이 난 소양왕은 그를 일단 숙소로 돌려보냈다. 인상여는 숙소에 돌아와서 화씨지벽을 부하에게 넘겨주고 서둘러 고국으로 돌아가라고 했다. 뒤늦게 이 사실을 안 소양왕은 화가 머리끝까지 치밀어 당장 인상여를 잡아 죽이려고 했다. 그러나 그를 죽였다가는 신의 없는 편협한 군왕이라고 비난을 받을 것 같아 돌려보낼 수밖에 없었다.

이리하여 화씨지벽은 완벽한 모습으로 되돌아왔다. 인상여는 그 공으로 벼슬을 얻게 되었다.

용두사미 龍頭蛇尾

용의 머리에
뱀의 꼬리

▌시작은 거창하나 끝이 흐지부지하다.

龍 용 룡 頭 머리 두 蛇 뱀 사 尾 꼬리 미

[출전] 《벽암록碧巖錄》

승려 진존숙이 도를 깨우치러 각지를 돌아다니다가 어떤 중을 만났다. 불교에서는 참선하는 사람들끼리 진리를 찾기 위한 대화로 선문답禪問答을 주고받았다. 두 사람 역시 선문답을 하는데, 갑자기 그 중이 '에잇!' 하고 호령을 했다. 그래서 진존숙이 '허허, 이거 야단 맞았군' 하고 바라보자, 또 한 번 '에잇!' 하고 꾸중을 하는 것이었다. 그러나 진존숙이 중을 가만히 보니 어딘지 수상한 구석이 있었다.

'참 도를 깨우치지는 못했군. 용의 머리에 뱀의 꼬리일 수 있겠어.'

진존숙은 웃으면서 말했다.

"그대는 '에잇! 에잇!' 하고 위세가 좋은데, 그 다음에는 어떻게 할 생각인가?"

중은 자기 속이 드러난 것을 알고 그만 뱀 꼬리처럼 사라지고 말았다.

物

일의대수 一衣帶水

옷의 띠만큼
좁은 강

▌ 폭이 무척 좁은 강

[출전] 《남사南史》〈진후주기陳後主紀〉

남북조시대는 혼란의 소용돌이 속에 있었다. 북방의 5호 16국과 남방의 여러 나라들이 흥망성쇠를 거듭하면서 새로운 정권을 만들어냈다. 이 혼란을 잠재운 이는 수 문제 양견이었다. 그는 북방을 통일한 후 남조 최후의 왕조인 진陳을 공격하며 천하 통일을 이루기 위해 이렇게 선언했다.

"진나라 왕은 무도하여 백성들을 도탄에 빠뜨렸다. 이제 나는 백성의 어버이로서 한 가닥 옷의 띠만큼 좁은 강물이 겁난다고 어찌 백성을 구하지 않을 수 있으랴!"

그 당시 진나라의 왕이었던 진숙보는 밤낮으로 술에 취해 정치를 돌보지 않았으므로 백성들의 고통은 이루 말할 수가 없었다.

'한 가닥 옷의 띠만큼 좁은 강물'은 양자강이었다. 양자강은 예부터 천하의 요충지로, 삼국시대 오나라 이후 이 강을 끼고 도읍이 정해져 번성하곤 했다. 문제가 이끄는 25만의 대군은 순식간에 양자강을 건너 진나라를 공격하기 시작했다.

양자강을 수비하고 있는 군사가 수나라 군대가 공격해 왔다는 보고를 하자 진 왕조의 중신들은 모두 당황했다. 진숙보는 아무렇지도 않은 듯 말했다.

·428

一하나 일 衣옷 의 帶띠 대 水물 수

"진 왕조가 멸망할 까닭이 없다. 북제가 세 차례, 북주도 두 차례나 공격해 왔지만 모두 실패하고 도망치지 않았던가?"

공범이 이에 맞장구를 쳤다.

"그렇습니다. 양자강의 요새를 수나라 군사가 날아서 건너오기라도 한단 말입니까? 제 지위가 낮은 것이 한입니다. 만약 수나라 군사가 양자강을 건너온다면 저에게도 공을 세울 수 있는 절호의 기회일 테니 말입니다."

진숙보 등이 이렇게 꿈에 취해 있을 때, 수나라 군사는 양자강을 건너와 궁에 들이닥쳤다. 사태가 이에 이르자 진숙보도 당황하여 우물 안으로 숨었다가 생포되고 말았다. 진숙보는 장안으로 압송되고 남조 최후의 진 왕조는 막을 내렸다. 문제는 진나라를 멸망시키고 천하 통일을 이루었다.

창해일속 滄海一粟

푸른 바다 속의
좁쌀 한 톨

▋ 아주 작고 보잘것없는 것

[출전] 《적벽부赤壁賦》

7월의 어느 날, 시인 소동파는 벗과 함께 적벽을 유람하고 있었다. 날씨는 맑고 바람마저 잔잔했다. 달빛은 일렁이는 물결에 부서졌다 모였다 하여 마치 신선놀음과 다를 바 없었다. 서로 술잔을 주고받으며 시를 읊조리던 중에 소동파는 삼국시대 때 조조와 주유가 승부를 벌이던 적벽대전을 떠올리며 이렇게 읊었다.

"조조가 형주를 격파하고 강릉으로 내려와 물결을 따라 동쪽으로 나아갈 때, 배는 천리에 뻗어 있고 깃발은 하늘을 가렸다. 그는 술을 걸러 강에서 창을 비껴 들고 시를 읊던 한 세상의 영웅이었는데, 지금은 어디에 있는가? 하물며 그대와 나는 강가에서 고기를 잡고 나무를 하면서 물고기와 새우들과 짝하고 짐승들과 벗하며 살고 있다. 작은 배를 타고 술바가지와 술동이를 들어 술을 서로 권하니, 우리의 인생이 하루살이처럼 짧고 우리 몸은 푸른 바다 속에 있는 좁쌀 한 톨과도 같구나. 아, 우리의 삶이란 너무도 짧다."

天高馬肥

하늘이 높고
말이 살찌는 계절

▌하늘이 맑고 곡식이 무르익는 가을

[출전] 《한서漢書》〈흉노전匈奴傳〉

은나라 초기에 중국 북방에서 일어난 흉노는 거의 2천 년 동안 북방을 끊임없이 침범해 온 포악한 유목 민족이었다. 그래서 고대 중국의 왕들은 흉노의 침입을 막기 위해 늘 고민했는데, 특히 전국시대의 여러 나라들을 비롯하여 천하를 통일한 진시황은 기존의 성벽을 튼튼히 하여 방비를 했다.

그러나 흉노의 침입은 끊이지 않았다. 북방의 초원에서 방목과 수렵으로 살아가는 흉노에게는 긴 겨울을 보내기 위한 양식이 필요했기 때문이다. 북방에 사는 백성들은 하늘이 높고 말이 살찌는 가을만 되면 언제 흉노가 쳐들어올지 몰라 항상 가슴을 졸였다.

물 만물에 숨은 의미를 찾아라 · 431

天하늘 천 高높을 고 馬말 마 肥살찔 비

천의무봉 天衣無縫

선녀의 옷은
꿰맨 흔적이 없다

▎ 시가詩歌나 문장 따위가 매우 자연스럽게 잘 되어 흠이 없다.

[출전] 《태평광기太平廣記》

곽한이란 사나이가 있었다. 그는 어려서 부모를 여의고 혼자 살고 있었으며, 시문과 서예에 능했다. 어느 날 그는 더위를 식히기 위해 뜰에 나와 낮잠을 즐기고 있었다. 그때 하늘에서 젊고 아름다운 여인이 훨훨 내려왔다. 곽한은 놀라 몸을 일으켜 누구냐고 물었고, 여인은 이렇게 대답했다.

"저는 하늘에서 온 선녀로 잠시 땅에 내려온 것입니다."

곽한이 가까이 다가가 살펴보니 그녀의 옷은 어느 곳에도 바느질한 흔적이 없었다. 아무리 생각해도 이해할 수 없어 그 까닭을 물어보니 선녀가 대답했다.

"저희들이 입은 천의天衣라는 것은 원래 실이나 바늘을 사용하지 않는답니다."

'천의무봉'은 일부러 꾸미지 않고도 자연스럽고 아름다우며 완전무결한 것을 이르는 말이다. 주로 시나 문장에 대해 평할 때 쓴다.

天 하늘 천 衣 옷 의 無 없을 무 縫 꿰맬 봉

태산홍모 泰山鴻毛

태산보다 무겁고
기러기 털보다 가볍다

▌가볍고 무거움의 차이가 매우 크다.

[출전] 사마천의 〈보임소경서報任少卿書〉

사마천은 흉노족과의 전투에서 포로가 된 이릉을 변호하다가 황제의 분노를 사 궁형에 처해졌다. 그 치욕을 견디면서도 끝까지 살아남아《사기史記》를 저술했던 사마천은 그때의 심경을 담아 친구 임안에게 편지를 썼다. 그것이 바로 〈보임소경서〉라는 글이다. 다음은 그 한 구절이다.

"사람은 본래 한 번 죽는 것인데, 그 죽음은 태산보다 무겁기도 하고 혹은 기러기 털보다 가볍기도 하네. 그것은 어떻게 죽느냐가 다르기 때문이네."

여기서 사마천은 무거운 태산과 가벼운 기러기 털을 빗대어 사람이 얼마나 가치 있게 죽는 것이 중요한지 말하고 있다. 그가 치욕을 참고 산 것도 바로《사기》를 완성하려는 사명감을 버리지 않았기 때문이다.

《사기》는 원래 그의 아버지인 사마담이 쓰고 있었는데, 죽으면서 아들에게 완성하라는 유언을 남긴 것이었다. 사마천은 결국 이 책을 완성하여 사관으로서 소임과 가문의 업적을 동시에 달성했다.

하옥 瑕玉

티가 있는 구슬

▌ 다 좋은데 한 가지 흠이 있다.

[출전] 《회남자淮南子》〈설림훈說林訓〉

이런 말이 있다.

"쥐구멍이 있어 함부로 뜯어고치려고 한다면 동네 대문을 모두 부수게 되고, 여드름을 짜다 보면 뽀루지나 종기가 되어 버린다. 즉, 흠이 있는 진주와 티가 있는 구슬은 그대로 두면 온전할 것인데 흠과 티를 없애려다가 오히려 망가뜨리고 깨뜨리는 것과 같다."

이 말은 구슬의 티를 제거하기 위해 서투른 솜씨로 나섰다가 오히려 망가뜨려 전혀 가치가 없는 것으로 만들었다는 뜻이다.

또 이런 이야기도 있다.

"표범의 털가죽이라 하더라도 그 무늬가 잡다하면 여우 털가죽의 순수함만 못하다. 또 아무리 백옥 같은 구슬이라도 흠이 있으면 진귀한 보물이라 할 수 없다."

오늘날 '하옥'은, 다 좋은데 아깝게 한 가지 흠이 있다는 '옥에 티'와 같은 의미로 많이 쓰여 본래의 뜻과 조금 달라졌다.

붉은 점 하나

▌많은 남자들 틈에 오직 한 사람의 여자가 있는 것

[출전] 왕안석의 〈영석류시詠石榴詩〉

북송 6대 황제인 신종 때 왕안석이란 재상이 있었다. 왕안석은 부국 강병을 위한 여러 가지 개혁을 실시한 인물로 유명하지만, 글에도 능하여 최고의 문장가로도 인정받았다. 그의 〈영석류시〉라는 시에 다음과 같은 구절이 있다.

온갖 푸른 잎 가운데 한 송이 붉은 꽃 萬綠叢中紅一點
사람을 움직이는 봄빛은 많은들 무엇하리. 動人春色不須多

여러 꽃들이 피어 있는 것보다 푸른 잎들 사
이로 드문드문 한 송이 꽃이 피어 있는 것
이 사람의 눈을 더 끄는 법이다.

왜 나만 쳐다보니?

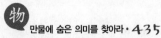

마지막에 용의 눈동자를 그리다

▌ 어떤 일을 할 때 가장 요긴한 부분을 마쳐 그 일을 완성하다.

[출전] 《수형기水衡記》

남북조시대, 양나라의 장승요라는 사람은 붓 하나로 모든 사물을 실물처럼 그리는 화가로 유명했다. 어느 날 장승요는 어느 절의 주지에게서 용을 그려 달라는 부탁을 받았다. 그는 절의 벽에다 검은 구름을 헤치고 이제라도 하늘로 날아오를 듯한 용을 두 마리 그렸다. 물결 속에서 꿈틀대는 몸통, 갑옷을 두른 듯한 비늘, 날카롭게 뻗은 발톱에 생동감이 넘치는 것을 보고 감탄하지 않는 사람이 없었다. 그러나 아직 용의 눈동자가 그려지지 않았다. 사람들이 그 이유를 묻자 장승요는 이렇게 말했다.

"눈동자를 그려 넣으면, 용은 당장 벽을 박차고 하늘로 날아가 버릴 것이오."

사람들은 웃으며 그의 말을 믿지 않았다. 하지만 장승요는 눈동자를 그려 넣으라는 독촉을 견디다 못해 한 마리에만 눈동자를 그려 넣기로 했다. 그는 붓을 들어 용의 눈에다 점을 찍었다. 그러자 돌연 벽 속에서 번개가 번쩍이고 천둥소리가 요란하게 울려 퍼지더니 용이 튀어나와 비늘을 번쩍이며 하늘로 날아올랐다. 그러나 눈동자를 그려 넣지 않은 용은 벽에 그대로 남아 있었다.

화씨지벽 和氏之璧

화씨의 구슬

▍천하의 명옥

[출전] 《한비자韓非子》〈화씨和氏〉

　　전국시대, 초나라에 살던 화씨가 초산에서 옥돌을 주워 가지고 와서 여왕에게 바쳤다. 여왕이 옥장이에게 그것을 감정케 하니 옥장이는 그것을 돌이라 했다. 여왕은 화씨가 자기를 속였다 하여 그의 왼발을 잘랐다. 여왕이 죽고 무왕이 즉위하자, 화씨는 그 옥돌을 무왕에게 바쳤다. 무왕이 옥장이에게 감정케 한 결과 또 돌이었다. 그래서 무왕도 화씨가 속였다 하여 그의 남은 오른발을 잘랐다.

　　무왕이 죽고 문왕이 즉위하자 화씨는 이제 그 옥돌을 안고 초산 아래에서 곡을 했다. 사흘 낮 사흘 밤을 울어 눈물이 다 마르고 이어 피를 흘렸다. 문왕이 그 사실을 듣고 사람을 시켜 이유를 묻게 했다.

　　"천하에는 다리 잘린 사람이 많소. 그대는 어찌 그렇게 슬피 우시오?"

　　"저는 다리 잘린 것을 슬퍼하는 게 아닙니다. 저 명옥을 돌이라 부르고 곧은 선비를 사기꾼이라 부르니, 그것이 슬퍼서 그러는 것입니다."

　　문왕은 옥장이를 시켜 그 옥돌을 다듬게 하여 보석을 얻었다. 그리고 그것을 '화씨지벽'이라 불렀다.

物
만물에 숨은 의미를 찾아라 · **437**

효시 嚆矢

우는
화살

▌ 사물의 시초 혹은 최초의 선례

[출전] 《장자莊子》〈재유再宥〉

노자는 인간의 마음은 인위적인 방법으로 다스려지지 않고 자연 그대로 놓아두어야 다스려진다고 주장했다. 장자 역시 이에 대해 이렇게 말했다.

"지금 세상은 죽은 자는 서로 베고 누웠고, 족쇄를 찬 자는 비좁아서 서로 밀며, 죽음을 당하는 자들은 서로 바라만 본다. 그런데도 유학자나 묵자학파들은 그 사이에서 다리를 벌리고 팔을 휘두르며 호기를 부리고 있으니, 부끄러움도 없고 염치를 몰라도 너무 모르는구나. 성인의 지혜야말로 족쇄가 되고, 인의가 칼과 형구刑具를 조이는 쐐기가 되지 않을지 모르겠다. 어찌 증삼이나 사유 같은 인물이 폭군 걸왕이나 도척의 효시가 되지 않을 것이라고 하겠는가. 그러므로 성인을 추방하고 지혜를 버려야 천하는 다스려질 것이다."

嚆 울릴 효 矢 화살 시

출전, 고사성어가 태어난 그곳!

❂ 논어論語

대표적인 유교 경전인 《맹자孟子》, 《중용中庸》, 《대학大學》과 더불어 사서四書라고 불린다. 공자와 그의 제자들이 묻고 답하는 이야기가 주를 이룬다. 정치, 교육, 학문 등에 관해 인仁을 중심으로 하는 공자의 기본 윤리사상과 가르침이 잘 드러나 있다. 〈학이學而〉편, 〈이인里仁〉편, 〈술이述而〉편 등 총 20편으로 이루어졌다.

❂ 당서唐書

당나라의 정사正史로 고조 때부터 애제 때까지 290년간의 역사가 실려 있다. 송나라 때 구양수와 송기가 고치고 보완하여 펴낸 것을 《신당서》라고 부르면서, 《구당서舊唐書》와 《신당서新唐書》로 나누어지게 되었다. 《구당서》는 200권, 《신당서》는 225권으로 엮였으며 역사적인 가치는 《구당서》가 더 크다.

❂ 맹자孟子

전국시대 때 공자가 중시한 인仁에 의義를 더하여 유가사상을 발전시킨 맹자의 사상서다. 맹자는 전국시대 때 여러 나라를 떠돌아다니면서 일방적인 무력 대신 덕으로써 백성을 위한 정치를 펴는 왕도정치를 역설했다. 이 책은 사서四書 중 하나로 총 7편으로 구성되었으며, 맹자의 제자들이 기록했다는 설도 있다.

❂ 명심보감明心寶鑑

공자를 비롯한 여러 성현의 귀중한 명언들이 실려 있다. 총 24편으로 되어 있으며 효, 의, 언행, 인간관계 등과 관련하여 하늘의 섭리와 인간의 도리에 대한 내용을 담고 있다. 유교사상뿐만 아니라 선종과 교종 등 불교사상도 담아 동양의 정신세계를 이해하는 데 큰 도움을 주는 책이다.

묵자墨子

전국시대 때의 사상가인 묵자의 사상서다. 묵자의 주요 사상으로는 모든 사람을 두루 사랑하라는 '겸애兼愛'와 다른 나라를 자기 나라처럼 사랑하여 침략하지 않아야 한다는 '비공非攻', 그리고 사치를 멀리하고 절약하라는 '절용節用' 등이 있다.

문선文選

남조시대 양나라 무제의 아들 소통이 엮은 시문집이다. 당시 문단의 중심 인물이었던 소통은 주나라에서 남조시대에 이르는 1천 년 동안 130여 명이 지은 작품들을 모아 이 책을 만들었다. 수나라 때 세상에 알려졌으며 모두 30권으로 되어 있다.

사기史記

한나라 무제 때 사마천이 쓴 역사서다. 사마천은 황제의 미움을 사서 궁형宮刑을 받기도 하여 치욕 속에서 살게 되었지만 끝까지 사관의 소명을 버리지 않았다. 상고시대 때부터 한나라 무제 때까지 2천 년 동안의 중국과 주변국의 방대한 역사를 기전체紀傳體로 담아냈으며, 〈본기本紀〉, 〈세가世家〉, 〈열전列傳〉 등으로 나누어 모두 130편으로 구성했다. 이 책은 문학적 가치가 뛰어나고, 후대의 역사서 편찬에도 많은 영향을 끼쳤다.

삼국지三國志

진晉나라의 학자 진수가 쓴 위, 촉, 오 세 나라의 정사正史다. 《사기史記》, 《한서漢書》, 《후한서後漢書》와 함께 중국 고대의 4대 사서史書로 꼽히며 〈위서魏書〉, 〈촉서蜀書〉, 〈오서吳書〉를 합해 모두 65권으로 되어 있다.

삼국지연의三國志演義

원나라에서 명나라로 교체될 무렵, 나관중이 쓴 역사소설이다. 《삼국지》의 내용을 바탕으로 위, 촉, 오가 패권을 다투는 내용이 주를 이루며 유비, 관우, 장비, 조조를 중심으로 등장인물들의 성격이 잘 묘사되어 있다. 또 갖가지 권모술수와 전쟁 이야기가 흥미로워 대중에게 널리 읽혔다.

❀ 서경書經

《역경易經》,《시경詩經》,《예기禮記》,《춘추春秋》와 함께 유교의 오경五經이라 불리며 공자가 편찬했다고 전해진다. 요순시대부터 주나라 때까지의 정치에 관한 내용을 담고 있고 《상서尙書》라고도 한다.

❀ 세설신어世說新語

남조 송나라의 문인 유의경을 중심으로 쓰인 책으로, 후한 말부터 동진까지 활약했던 유명인사들의 일화와 명언이 실려 있다. 당시 지식인들과 귀족들이 지닌 사상과 생활 태도가 잘 묘사되어 있으며 현재까지 총 3권으로 전해지고 있다.

❀ 손자孫子

춘추전국시대 때 오나라의 손자가 쓴 병법서다. 전쟁에 필요한 작전, 화공火攻, 군형軍形, 병세兵勢 등에 대한 상세한 설명뿐만 아니라 국가 경영과 인사 문제에 대한 내용까지 실려 있다. 우리나라 무신들도 이 책을 지침으로 삼고 병법을 공부했다.

❀ 송사宋史

원나라 때 탁극탁이 황제의 명으로 지은 송나라 역사서다. 북송 이래 편찬된 역사 자료들을 기초로 하여 총 496권으로 지어졌으며, 남송 말기 때의 내용은 그 사료적 가치가 매우 높다.

❀ 순자荀子

전국시대 말기의 유학자 순자가 자신의 사상을 정리한 책이다. 순자는 사람의 본성이 악하기 때문에 후천적인 교육에 의해 선을 익혀야 한다는 성악설을 주장한 사상가다. 이 책은 한나라와 당나라 때 학자들의 손을 거치며 오늘날 총 20권이 전해지고 있다.

❀ 시경詩經

중국에서 가장 오래된 시집으로 오경五經 중 하나다. 춘추시대의 작품이 305편이나 실려 있고 〈국풍國風〉,〈소아小雅〉,〈대아大雅〉,〈송頌〉의 4부로 구성되어 있다. 남녀 간의 정이나 현실에 대한 풍자 등으로 내용이 풍부하여 문학적으로 높은 평가를 받고 있다.

❀ 십팔사략十八史略

원나라의 증선지가 편찬한 역사서다. 《사기》,《한서》,《후한서》,《삼국지》,《송사》 등의 18가지 사료를 요약하여 송나라 말까지의 역사적 사실을 담았다. 총 7권으로 되어 있다.

⟡ 안자춘추晏子春秋

춘추시대 때 제나라에서 활약했던 명재상 안영의 말과 행실을 기록한 것이다. 안영은 영공, 장공, 경공을 섬기며 나라의 예를 바로잡으려고 애를 많이 썼다. 이 책은 〈내편內編〉 6편과 〈외편外編〉 2편으로 구성되어 있다.

⟡ 열자列子

춘추시대 때 노나라의 열자가 쓴 철학서이며 나중에 이것을 후생들이 보완하고 수정했다. 열자는 본명이 열어구이며, 도가의 사상가였다고 한다. 총 8권으로 구성되어 있다.

⟡ 예기禮記

오경五經의 하나로, 예의 이론과 실제를 논하는 책이다. 〈곡례曲禮〉, 〈단궁檀弓〉, 〈학기學記〉, 〈악기樂記〉 등 모두 49편으로 되어 있다. 의례의 해설 외에 음악, 정치, 학문 등 폭넓은 분야까지 예의 근본 정신을 서술하고 있다.

⟡ 자치통감資治通鑑

북송 때 사마광이 편찬한 편년編年體체 역사서로, 《통감通鑑》이라고도 한다. 진秦나라를 나눈 한韓, 위魏, 조趙 때부터 5대五代가 멸망할 때까지 1,362년간의 역사를 1년 단위로 묶었다. 역대 역사적 사실을 밝혀 정치의 거울로 삼고 왕조 흥망의 원인을 밝히는 데 의미를 두었다.

⟡ 장자莊子

전국시대의 도가사상가 장자의 책이다. 장자는 노자와 함께 도가의 대표적 사상가로 인위적 행위를 멀리하고 무엇에도 얽매이지 않는 자연의 삶을 중요시했다. 철학서이자 문학서인 이 책은 특히 위진시대에 널리 읽혔다. 총 33편이다.

⟡ 전국책戰國策

전국시대 전략가들의 정치, 군사, 외교에 관한 책략을 엮은 책이다. 소진, 맹상군, 맹자, 여불위, 묵자, 상앙 등 여러 인물들이 등장하고 유가, 도가, 묵가, 합종연횡, 원교근공 등의 사상과 전략에 관한 내용이 실려 있다.

진서晉書

당나라 태종 때 방현령, 이연수 등이 편찬한 진晉나라의 정사正史다. 전부 130권으로 구성되어 있고, 5호16국의 기록으로 진나라를 이해하는 데 좋은 역사서가 된다.

춘추좌씨전春秋左氏傳

공자가 쓴 역사서 《춘추春秋》를 노나라 좌구명이 해석한 것이다. 역사뿐만 아니라 문장과 인물묘사 면에서 탁월하기 때문에 고전문학의 모범이 된다. 모두 30권이다.

태평광기太平廣記

중국의 역대 설화집으로, 송나라 태종의 명으로 이방을 비롯한 12명의 학자와 문인이 엮었다. 모두 500권이며, 한나라 때부터 5대五代까지의 소설과 잡문 등을 내용별로 나누어 실었다.

한비자韓非子

춘추시대 때 한비자가 지은 것으로, 형벌의 이름과 방법을 논하고 있다. 한비자는 젊은 시절 순자에게 학문을 배워 훗날 법가사상을 주창한 인물이다. 이 책은 모두 55편 20책으로 엮었다.

한서漢書

한나라 고조 유방에서 전한 말에 반란을 일으킨 왕망 때까지 229년간의 전한 역사를 실었다. 반표가 쓰기 시작한 것을 후한 때 아들 반고가 이어 집필하다가 세상을 떠나 누이동생 반소가 완성하게 되었다. 기전체로 쓰였으며, 《사기》와 함께 중국의 대표적인 역사서로 꼽힌다.

회남자淮南子

전한 때 한 고조의 손자인 회남왕 유안이 식객들의 도움을 받으며 쓴 철학서다. 도가사상을 바탕으로 정치, 전설, 신화 등에 관한 방대한 내용이 들어 있다. 총 54권이지만 현재 전해지는 것은 21권이다.

후한서後漢書

남조 송나라의 범엽이 편찬한 후한의 정사正史다. 196년간의 역사가 기전체로 서술되었으며, 〈본기本紀〉, 〈지志〉, 〈열전列傳〉으로 구성되어 모두 120권이다.

찾아보기

3급 한자를 알면
신문은 읽는다

3급 배정한자(1817자) _ 쓰기한자(1000자) 포함

ㄱ

可 옳을 가
加 더할 가
佳 아름다울 가
架 시렁 가
家 집 가
假 거짓 가
街 거리 가
暇 겨를 가
歌 노래 가
價 값 가
各 각각 각
角 뿔 각
却 물리칠 각
刻 새길 각
脚 다리 각
閣 집 각
覺 깨달을 각
干 방패 간
刊 새길 간
肝 간 간
看 볼 간
姦 간음할 간
間 사이 간
幹 줄기 간
懇 간절할 간

簡 대쪽 간
渴 목마를 갈
甘 달 감
減 덜 감
敢 감히 감
感 느낄 감
監 볼 감
鑑 거울 감
甲 갑옷 갑
江 강 강
降 내릴 강, 항복할 항
剛 굳셀 강
康 편안할 강
强 굳셀 강
綱 벼리 강
鋼 강철 강
講 욀 강
介 끼일 개
改 고칠 개
皆 다 개
個 낱 개
開 열 개
蓋 덮을 개
慨 슬퍼할 개
槪 대개 개
客 손님 객
更 고칠 경, 다시 갱

去 갈 거
巨 클 거
車 수레 거
居 살 거
拒 막을 거
距 떨어질 거
據 의거할 거
擧 들 거
件 사건 건
建 세울 건
健 굳셀 건
乾 하늘 건
傑 뛰어날 걸
儉 검소할 검
劍 칼 검
檢 검사할 검
憩 쉴 게
格 격식 격
激 격할 격
擊 부딪칠 격
犬 개 견
見 볼 견, 뵈올 현
肩 어깨 견
牽 이끌 견
堅 굳을 견
遣 보낼 견
絹 비단 견

決 결단할 결
缺 이지러질 결
結 맺을 결
潔 깨끗할 결
兼 겸할 겸
謙 겸손할 겸
京 서울 경
庚 별 경
徑 지름길 경
耕 밭갈 경
竟 다할 경
頃 이랑 경
景 볕 경
卿 벼슬 경
硬 굳을 경
敬 공경할 경
傾 기울 경
經 지날 경
境 지경 경
輕 가벼울 경
慶 경사 경
警 경계할 경
鏡 거울 경
競 다툴 경
驚 놀랄 경
系 이어맬 계
戒 경계할 계

季 계절 계	顧 돌아볼 고	郭 성곽 곽	九 아홉 구
界 지경 계	曲 굽을 곡	官 벼슬 관	口 입 구
癸 북방 계	谷 골 곡	冠 갓 관	久 오랠 구
契 맺을 계	哭 울 곡	貫 꿸 관	丘 언덕 구
係 맬 계	穀 곡식 곡	寬 너그러울 관	句 글귀 구
計 셈 계	困 곤할 곤	管 대롱 관	求 구할 구
桂 계수나무 계	坤 땅 곤	慣 익숙할 관	究 연구할 구
啓 열 계	骨 뼈 골	館 집 관	具 갖출 구
械 기계 계	工 장인 공	關 관계할 관	苟 진실로 구
階 섬돌 계	公 공평할 공	觀 볼 관	拘 잡을 구
溪 시내 계	孔 구멍 공	光 빛 광	狗 개 구
繫 맬 계	功 공 공	狂 미칠 광	俱 함께 구
繼 이을 계	共 함께 공	廣 넓을 광	區 지경 구
鷄 닭 계	攻 칠 공	鑛 쇳돌 광	球 공 구
古 예 고	空 빌 공	掛 걸 괘	救 구원할 구
考 생각할 고	供 이바지할 공	怪 기이할 괴	構 얽을 구
告 알릴 고	恭 공손할 공	塊 흙덩이 괴	舊 예 구
固 굳을 고	貢 바칠 공	愧 부끄러워할 괴	懼 두려워할 구
苦 쓸 고	恐 두려울 공	壞 무너질 괴	驅 몰 구
姑 시어미 고	戈 창 과	巧 공교할 교	鷗 갈매기 구
孤 외로울 고	瓜 오이 과	交 사귈 교	龜 거북 구/귀, 틀 균
枯 마를 고	果 실과 과	郊 들 교	局 판 국
故 연고 고	科 과목 과	校 학교 교	菊 국화 국
高 높을 고	過 지날 과	敎 가르칠 교	國 나라 국
庫 곳집 고	誇 자랑할 과	較 견줄 교	君 임금 군
鼓 북 고	寡 적을 과	橋 다리 교	軍 군사 군
稿 원고 고	課 과정 과	矯 바로잡을 교	郡 고을 군

群 무리 군 　　勤 부지런할 근 　　基 터 기 　　乃 이에 내
屈 굽힐 굴 　　謹 삼갈 근 　　寄 부칠 기 　　內 안 내
弓 활 궁 　　今 이제 금 　　旣 이미 기 　　奈 어찌 내
宮 집 궁 　　金 쇠 금 　　棄 버릴 기 　　耐 견딜 내
窮 다할 궁 　　禽 새 금 　　幾 몇 기 　　女 계집 녀
券 문서 권 　　琴 거문고 금 　　棋 바둑 기 　　年 해 년
卷 책 권 　　禁 금할 금 　　欺 속일 기 　　念 생각 념
拳 주먹 권 　　錦 비단 금 　　期 기약할 기 　　寧 편안할 녕
勸 권할 권 　　及 미칠 급 　　旗 기 기 　　奴 종 노
權 권세 권 　　急 급할 급 　　畿 경기 기 　　努 힘쓸 노
厥 그 궐 　　級 등급 급 　　器 그릇 기 　　怒 성낼 노
鬼 귀신 귀 　　給 줄 급 　　機 틀 기 　　農 농사 농
貴 귀할 귀 　　肯 즐길 긍 　　騎 말탈 기 　　濃 짙을 농
歸 돌아갈 귀 　　己 몸 기 　　緊 긴할 긴 　　惱 번뇌할 뇌
叫 부르짖을 규 　　企 꾀할 기 　　吉 길할 길 　　腦 골 뇌
規 법 규 　　忌 꺼릴 기 　　　　　　能 능할 능
閨 안방 규 　　技 재주 기 　　　　　　泥 진흙 니
均 고를 균 　　汽 물끓는김 기
菌 버섯 균 　　奇 기이할 기 　　ㄴ
克 이길 극 　　其 그 기
極 다할 극 　　祈 빌 기 　　那 어찌 나
劇 심할 극 　　紀 벼리 기 　　諾 허락할 낙 　　ㄷ
斤 도끼 근 　　氣 기운 기 　　暖 따뜻할 난
近 가까울 근 　　豈 어찌 기 　　難 어려울 난 　　多 많을 다
根 뿌리 근 　　起 일어날 기 　　男 사내 남 　　茶 차 다/차
筋 힘줄 근 　　記 기록할 기 　　南 남녘 남 　　丹 붉을 단
僅 겨우 근 　　飢 주릴 기 　　納 바칠 납 　　旦 아침 단
　　　　　　　　　　娘 계집 낭 　　但 다만 단
　　　　　　　　　　　　　　段 구분 단

單 홑 단
短 짧을 단
團 둥글 단
端 끝 단
壇 단 단
檀 박달나무 단
斷 끊을 단
達 통달할 달
淡 묽을 담
潭 깊을 담
談 말씀 담
擔 멜 담
畓 논 답
答 대답할 답
踏 밟을 답
唐 당나라 당
堂 집 당
當 당할 당
糖 엿 당, 사탕 탕
黨 무리 당
大 큰 대
代 대신할 대
待 기다릴 대
帶 띠 대
貸 빌릴 대
隊 무리 대
臺 대 대

對 대할 대
德 덕 덕
刀 칼 도
到 이를 도
度 법도 도, 헤아릴 탁
挑 휠 도
逃 달아날 도
島 섬 도
倒 넘어질 도
徒 무리 도
途 길 도
桃 복숭아 도
陶 질그릇 도
盜 도둑 도
渡 건널 도
道 길 도
都 도읍 도
跳 뛸 도
圖 그림 도
稻 벼 도
導 인도할 도
毒 독 독
督 살펴볼 독
篤 도타울 독
獨 홀로 독
讀 읽을 독, 구절 두
豚 돼지 돈

敦 도타울 돈
突 갑자기 돌
冬 겨울 동
同 한가지 동
東 동녘 동
洞 골 동
凍 얼 동
桐 오동나무 동
動 움직일 동
童 아이 동
銅 구리 동
斗 말 두
豆 콩 두
頭 머리 두
鈍 둔할 둔
得 얻을 득
登 오를 등
等 같을 등
燈 등잔 등

ㄹ

羅 벌일 라
洛 물이름 락
落 떨어질 락
絡 이을 락

樂 즐길 락, 풍류 악,
　　 좋아할 요
卵 알 란
亂 어지러울 란
蘭 난초 란
欄 난간 란
爛 빛날 란
藍 쪽 람
濫 넘칠 람
覽 볼 람
浪 물결 랑
郎 사내 랑
朗 밝을 랑
廊 행랑 랑
來 올 래
冷 찰 랭
略 간략할 략
掠 노략질할 략
良 좋을 량
兩 두 량
凉 서늘할 량
梁 들보 량
量 헤아릴 량
諒 믿을 량
糧 양식 량
旅 나그네 려
慮 생각할 려

勵 힘쓸 려
麗 고울 려
力 힘 력
歷 지낼 력
曆 책력 력
連 이을 련
蓮 연꽃 련
憐 가련할 련
練 익힐 련
聯 연이을 련
鍊 쇠불릴 련
戀 그리워할 련
劣 못할 렬
列 벌일 렬
烈 매울 렬
裂 찢어질 렬
廉 청렴할 렴
令 하여금 령
零 떨어질 령
領 거느릴 령
嶺 고개 령
靈 신령 령
例 법식 례
禮 예법 례
老 늙을 로
勞 일할 로
路 길 로

露 이슬 로
爐 화로 로
鹿 사슴 록
祿 녹 록
綠 푸를 록
錄 기록할 록
論 논할 론
弄 희롱할 롱
雷 우레 뢰
賴 의뢰할 뢰
了 마칠 료
料 헤아릴 료
龍 용 룡
累 자주 루
淚 눈물 루
屢 여러 루
漏 샐 루
樓 다락 루
柳 버들 류
留 머무를 류
流 흐를 류
類 무리 류
六 여섯 륙
陸 뭍 륙
倫 인륜 륜
輪 바퀴 륜
律 법 률

栗 밤나무 률
率 헤아릴 률,
    거느릴 솔, 장수 수
隆 높을 륭
陵 언덕 릉
里 마을 리
理 다스릴 리
利 이로울 리
離 떠날 리
裏 속 리
梨 배나무 리
履 밟을 리
李 오얏 리
吏 관리 리
隣 이웃 린
林 수풀 림
臨 임할 림
立 설 립

ㅁ

馬 말 마
麻 삼 마
磨 갈 마
莫 없을 막
幕 장막 막

漠 넓을 막
萬 일만 만
晩 늦을 만
滿 찰 만
慢 거만할 만
漫 흩어질 만
末 끝 말
亡 망할 망
妄 망령될 망
忙 바쁠 망
忘 잊을 망
罔 없을 망
茫 아득할 망
望 바랄 망
每 매양 매
妹 여동생 매
埋 묻을 매
買 살 매
梅 매화 매
媒 중매 매
賣 팔 매
脈 줄기 맥
麥 보리 맥
盲 소경 맹
孟 맏 맹
猛 사나울 맹
盟 맹세할 맹

免 면할 면
面 낯 면
眠 잠잘 면
勉 힘쓸 면
綿 이어질 면
滅 멸할 멸
名 이름 명
命 목숨 명
明 밝을 명
冥 어두울 명
鳴 울 명
銘 새길 명
毛 털 모
母 어미 모
矛 창 모
某 아무 모
募 모을 모
慕 그리워할 모
暮 저물 모
模 본뜰 모
貌 얼굴 모
謀 꾀 모
木 나무 목
目 눈 목
沐 머리감을 목
牧 칠 목
睦 화목할 목

沒 빠질 몰
夢 꿈 몽
蒙 어두울 몽
卯 토끼 묘
妙 묘할 묘
苗 모 묘
墓 무덤 묘
廟 사당 묘
戊 천간 무
茂 무성할 무
武 굳셀 무
務 힘쓸 무
無 없을 무
貿 바꿀 무
舞 춤출 무
霧 안개 무
墨 먹 묵
默 잠잠할 묵
文 글월 문
門 문 문
問 물을 문
聞 들을 문
勿 말 물
物 물건 물
未 아닐 미
米 쌀 미
尾 꼬리 미

味 맛 미
美 아름다울 미
眉 눈썹 미
迷 미혹할 미
微 작을 미
民 백성 민
敏 민첩할 민
憫 민망할 민
密 빽빽할 밀
蜜 꿀 밀

ㅂ

朴 성 박
泊 배댈 박
拍 칠 박
迫 핍박할 박
博 넓을 박
薄 엷을 박
反 돌이킬 반
半 반 반
伴 짝 반
返 돌이킬 반
叛 배반할 반
班 나눌 반
般 일반 반

飯 밥 반
盤 소반 반
拔 뽑을 발
發 필 발
髮 터럭 발
方 모 방
芳 꽃다울 방
妨 방해할 방
防 막을 방
邦 나라 방
房 방 방
放 놓을 방
倣 본뜰 방
訪 찾을 방
傍 곁 방
杯 잔 배
拜 절 배
背 등 배
倍 곱 배
配 짝 배
培 북돋울 배
排 밀칠 배
輩 무리 배
白 흰 백
百 일백 백
伯 맏 백
栢 측백 백

番 차례 번
煩 번거로울 번
繁 번성할 번
飜 번역할 번
伐 칠 벌
罰 죄 벌
凡 무릇 범
犯 범할 범
汎 넓을 범
範 법 범
法 법 법
碧 푸를 벽
壁 벽 벽
辨 분별할 변
邊 가 변
辯 말씀 변
變 변할 변
別 나눌 별
丙 남녘 병
兵 군사 병
屛 병풍 병
竝 나란히 병
病 병 병
步 걸음 보
保 지킬 보
普 넓을 보
補 기울 보

報 갚을 보
譜 족보 보
寶 보배 보
卜 점 복
伏 엎드릴 복
服 옷 복
復 돌아올 복, 다시 부
腹 배 복
福 복 복
複 겹옷 복
本 근본 본
奉 받들 봉
封 봉할 봉
峯 봉우리 봉
逢 만날 봉
蜂 벌 봉
鳳 봉새 봉
夫 지아비 부
父 아비 부
付 부칠 부
否 아닐 부
扶 도울 부
府 관청 부
附 붙을 부
負 질 부
赴 나아갈 부
浮 뜰 부

符 부호 부
婦 며느리 부
部 떼 부
副 버금 부
富 부자 부
腐 썩을 부
膚 살갗 부
賦 부세 부
簿 문서 부
北 북녘 북, 달아날 배
分 나눌 분
奔 달릴 분
粉 가루 분
紛 어지러워질 분
憤 분할 분
墳 무덤 분
奮 떨칠 분
不 아닐 불/부
弗 아닐 불
佛 부처 불
拂 떨칠 불
朋 벗 붕
崩 무너질 붕
比 견줄 비
妃 왕비 비
批 비평할 비
非 아닐 비

肥 살찔 비
卑 낮을 비
飛 날 비
秘 숨길 비
悲 슬플 비
費 쓸 비
備 갖출 비
婢 여자종 비
鼻 코 비
碑 비석 비
貧 가난할 빈
賓 손 빈
頻 자주 빈
氷 얼음 빙
聘 부를 빙

人

士 선비 사
巳 뱀 사
四 넉 사
史 역사 사
司 맡을 사
仕 섬길 사
寺 절 사
死 죽을 사

似 같을 사	産 낳을 산	塞 막힐 색, 변방 새	船 배 선
沙 모래 사	散 흩어질 산	色 빛 색	善 착할 선
邪 간사할 사	算 셈 산	索 찾을 색, 새끼줄 삭	選 가릴 선
私 사사로울 사	酸 초 산	生 날 생	線 줄 선
舍 집 사	殺 죽일 살	西 서녘 서	禪 선 선
事 일 사	三 석 삼	序 차례 서	鮮 고울 선
使 하여금 사	森 빽빽할 삼	書 글 서	舌 혀 설
社 모일 사	上 위 상	恕 용서할 서	雪 눈 설
祀 제사 사	床 평상 상	徐 천천할 서	設 베풀 설
査 조사할 사	尙 오히려 상	庶 여러 서	說 말씀 설
思 생각 사	狀 형상 상, 문서 장	敍 펼 서	涉 건널 섭
師 스승 사	相 서로 상	暑 더울 서	攝 잡을 섭
射 쏠 사	桑 뽕나무 상	署 관청 서	成 이룰 성
捨 버릴 사	商 장사 상	逝 갈 서	性 성품 성
蛇 뱀 사	常 떳떳할 상	誓 맹세할 서	姓 성 성
斜 비낄 사	祥 상서로울 상	緒 실마리 서	省 살필 성, 덜 생
絲 실 사	喪 잃을 상	夕 저녁 석	星 별 성
詐 속일 사	象 코끼리 상	石 돌 석	城 성 성
詞 말씀 사	想 생각할 상	昔 예 석	盛 성할 성
斯 이 사	傷 상처 상	析 쪼갤 석	聖 성인 성
寫 베낄 사	詳 자세할 상	席 자리 석	誠 정성 성
賜 줄 사	裳 치마 상	惜 아낄 석	聲 소리 성
謝 사례할 사	嘗 맛볼 상	釋 풀 석	世 인간 세
辭 말씀 사	像 모양 상	仙 신선 선	洗 씻을 세
削 깎을 삭	賞 상줄 상	先 먼저 선	細 가늘 세
朔 초하루 삭	霜 서리 상	宣 베풀 선	稅 세금 세
山 뫼 산	償 갚을 상	旋 돌 선	歲 해 세

勢 형세 세　　　頌 기릴 송　　　輸 보낼 수　　　襲 엄습할 습
小 작을 소　　　誦 욀 송　　　雖 비록 수　　　升 되 승
少 적을 소　　　衰 쇠할 쇠　　　獸 짐승 수　　　承 이을 승
召 부를 소　　　刷 인쇄할 쇄　　垂 드리울 수　　昇 오를 승
所 바 소　　　　鎖 쇠사슬 쇄　　搜 찾을 수　　　乘 탈 승
昭 밝을 소　　　水 물 수　　　　叔 아재비 숙　　勝 이길 승
素 본디 소　　　手 손 수　　　　宿 잠잘 숙　　　僧 중 승
笑 웃을 소　　　囚 가둘 수　　　淑 맑을 숙　　　市 저자 시
消 사라질 소　　守 지킬 수　　　孰 누구 숙　　　示 보일 시
掃 쓸 소　　　　收 거둘 수　　　肅 엄숙할 숙　　矢 화살 시
疎 트일 소　　　秀 빼어날 수　　熟 익을 숙　　　侍 모실 시
訴 호소할 소　　受 받을 수　　　旬 열흘 순　　　始 비로소 시
蔬 나물 소　　　首 머리 수　　　巡 돌 순　　　　是 옳을 시
燒 사를 소　　　帥 장수 수　　　盾 방패 순　　　施 베풀 시
蘇 되살아날 소　修 닦을 수　　　殉 따라죽을 순　時 때 시
騷 떠들 소　　　殊 다를 수　　　純 순수할 순　　視 볼 시
束 묶을 속　　　授 줄 수　　　　脣 입술 순　　　詩 시 시
俗 풍속 속　　　須 모름지기 수　順 순할 순　　　試 시험할 시
速 빠를 속　　　遂 드디어 수　　循 좇을 순　　　式 법 식
粟 조 속　　　　愁 근심 수　　　瞬 눈깜짝일 순　食 밥 식
屬 붙일 속　　　睡 잠잘 수　　　戌 개 술　　　　息 숨쉴 식
續 이을 속　　　需 쓰일 수　　　述 펼 술　　　　植 심을 식
孫 손자 손　　　壽 목숨 수　　　術 재주 술　　　飾 꾸밀 식
損 덜 손　　　　隨 따를 수　　　崇 높을 숭　　　識 알 식
松 소나무 송　　誰 누구 수　　　拾 주울 습　　　申 펼 신
送 보낼 송　　　數 셈 수　　　　習 익힐 습　　　臣 신하 신
訟 송사할 송　　樹 나무 수　　　濕 젖을 습　　　辛 매울 신

身 몸 신
伸 펼 신
信 믿을 신
神 귀신 신
晨 새벽 신
愼 삼갈 신
新 새 신
失 잃을 실
室 집 실
實 열매 실
心 마음 심
甚 심할 심
深 깊을 심
尋 찾을 심
審 살필 심
十 열 십
雙 쌍 쌍
氏 각시 씨

○

牙 어금니 아
芽 싹 아
我 나 아
亞 버금 아
兒 아이 아

阿 언덕 아
雅 까마귀 아
餓 주릴 아
岳 큰산 악
惡 악할 악, 미워할 오
安 편안할 안
岸 언덕 안
案 책상 안
眼 눈 안
雁 기러기 안
顔 얼굴 안
謁 뵐 알
巖 바위 암
暗 어두울 암
壓 누를 압
央 가운데 앙
仰 우러를 앙
殃 재앙 앙
哀 슬플 애
涯 물가 애
愛 사랑 애
厄 액 액
液 진 액
額 이마 액
也 어조사 야
夜 밤 야
耶 어조사 야

野 들 야
若 같을 약
約 맺을 약
弱 약할 약
藥 약 약
躍 뛸 약
羊 양 양
洋 큰바다 양
揚 날릴 양
陽 볕 양
楊 버들 양
養 기를 양
樣 모양 양
壤 흙덩이 양
讓 사양할 양
於 어조사 어
魚 고기 어
御 거느릴 어
漁 고기잡을 어
語 말씀 어
抑 누를 억
億 억 억
憶 생각할 억
言 말씀 언
焉 어찌 언
嚴 엄할 엄
業 일 업

予 나 여
汝 너 여
如 같을 여
余 나 여
與 줄 여
餘 남을 여
輿 수레 여
亦 또 역
役 부릴 역
易 바꿀 역, 쉬울 이
逆 거스를 역
疫 전염병 역
域 지경 역
譯 번역할 역
驛 역 역
延 늘일 연
沿 따를 연
宴 잔치 연
軟 연할 연
硏 갈 연
然 그럴 연
硯 벼루 연
煙 연기 연
鉛 납 연
演 펼 연
燃 탈 연
緣 인연 연

燕 제비 연	梧 오동나무 오	慾 욕심 욕	原 근원 원
悅 기쁠 열	嗚 슬플 오	用 쓸 용	員 인원 원
熱 더울 열	傲 거만할 오	勇 날랠 용	院 집 원
炎 불꽃 염	誤 그릇될 오	容 얼굴 용	援 도울 원
染 물들 염	玉 옥 옥	庸 쓸 용	圓 둥글 원
鹽 소금 염	屋 집 옥	又 또 우	園 동산 원
葉 잎 엽	獄 옥 옥	于 어조사 우	源 근원 원
永 길 영	溫 따뜻할 온	友 벗 우	遠 멀 원
迎 맞이할 영	翁 늙은이 옹	尤 더욱 우	願 원할 원
英 꽃부리 영	瓦 기와 와	牛 소 우	月 달 월
泳 헤엄칠 영	臥 누울 와	右 오른 우	越 넘을 월
映 비칠 영	完 완전할 완	宇 집 우	危 위태할 위
詠 읊을 영	緩 느릴 완	羽 깃 우	位 자리 위
榮 영화 영	曰 가로 왈	雨 비 우	委 맡길 위
影 그림자 영	王 임금 왕	偶 짝 우	胃 밥통 위
營 경영할 영	往 갈 왕	遇 만날 우	威 위엄 위
銳 날카로울 예	外 바깥 외	愚 어리석을 우	偉 클 위
豫 미리 예	畏 두려워할 외	郵 우편 우	爲 할 위
藝 재주 예	要 요긴할 요	憂 근심할 우	圍 둘레 위
譽 기릴 예	搖 흔들릴 요	優 넉넉할 우	違 어길 위
午 낮 오	遙 멀 요	云 이를 운	僞 거짓 위
五 다섯 오	腰 허리 요	雲 구름 운	慰 위로할 위
汚 더러울 오	謠 노래 요	運 옮길 운	緯 씨 위
吾 나 오	曜 빛날 요	韻 운 운	謂 이를 위
烏 까마귀 오	辱 욕될 욕	雄 수컷 웅	衛 지킬 위
悟 깨달을 오	浴 목욕할 욕	元 으뜸 원	由 말미암을 유
娛 즐길 오	欲 하고자할 욕	怨 원망할 원	幼 어릴 유

·462

有 있을 유	淫 음란할 음	人 사람 인	者 놈 자
酉 닭 유	陰 그늘 음	刃 칼날 인	玆 이 자
乳 젖 유	飮 마실 음	仁 어질 인	姿 모양 자
油 기름 유	邑 고을 읍	引 끌 인	恣 방자할 자
柔 부드러울 유	泣 울 읍	因 인할 인	紫 자줏빛 자
幽 그윽할 유	應 응할 응	印 도장 인	慈 사랑 자
悠 멀 유	衣 옷 의	忍 참을 인	資 재물 자
唯 오직 유	矣 어조사 의	姻 혼인 인	作 지을 작
惟 생각할 유	宜 마땅할 의	寅 호랑이 인	昨 어제 작
猶 오히려 유	依 의지할 의	認 알 인	酌 따를 작
裕 넉넉할 유	意 뜻 의	一 하나 일	爵 벼슬 작
遊 놀 유	義 옳을 의	日 해 일	殘 남을 잔
愈 나을 유	疑 의심할 의	逸 편안할 일	暫 잠시 잠
維 벼리 유	儀 거동 의	壹 하나 일	潛 잠길 잠
誘 꾈 유	醫 의원 의	壬 북방 임	蠶 누에 잠
遺 남길 유	議 의논할 의	任 맡길 임	雜 섞일 잡
儒 선비 유	二 두 이	賃 품삯 임	丈 어른 장
肉 고기 육	已 이미 이	入 들 입	壯 씩씩할 장
育 기를 육	以 써 이		長 길 장
閏 윤달 윤	而 말이을 이		莊 씩씩할 장
潤 윤택할 윤	耳 귀 이	ㅈ	章 글 장
恩 은혜 은	夷 오랑캐 이		帳 장막 장
銀 은 은	異 다를 이	子 아들 자	張 베풀 장
隱 숨을 은	移 옮길 이	字 글자 자	將 장수 장
乙 새 을	貳 두 이	自 스스로 자	掌 손바닥 장
吟 읊을 음	益 더할 익	姉 손윗누이 자	葬 장사지낼 장
音 소리 음	翼 날개 익	刺 찌를 자	場 마당 장

粧 단장할 장	寂 고요할 적	節 마디 절	制 절제할 제
裝 꾸밀 장	笛 피리 적	占 점령할 점	帝 임금 제
腸 창자 장	跡 자취 적	店 가게 점	除 덜 제
獎 장려할 장	賊 도둑 적	漸 점점 점	第 차례 제
障 막을 장	滴 물방울 적	點 점 점	祭 제사 제
藏 감출 장	摘 딸 적	接 이을 접	堤 둑 제
臟 오장 장	適 맞을 적	蝶 나비 접	提 끌 제
墙 담장 장	敵 원수 적	丁 고무래 정	齊 가지런할 제
才 재주 재	積 쌓을 적	井 우물 정	製 지을 제
在 있을 재	績 길쌈 적	正 바를 정	際 사이 제
再 다시 재	蹟 자취 적	廷 조정 정	諸 모두 제
災 재앙 재	籍 문서 적	定 정할 정	濟 건널 제
材 재목 재	田 밭 전	征 칠 정	題 제목 제
哉 어조사 재	全 온전할 전	亭 정자 정	弔 조상할 조
栽 심을 재	典 법 전	貞 곧을 정	早 이를 조
財 재물 재	前 앞 전	政 정사 정	兆 조짐 조
裁 옷마를 재	展 펼 전	訂 바로잡을 정	助 도울 조
載 실을 재	專 오로지 전	庭 뜰 정	造 지을 조
宰 재상 재	電 번개 전	頂 정수리 정	祖 할아비 조
爭 다툴 쟁	傳 전할 전	停 머무를 정	租 조세 조
低 낮을 저	錢 돈 전	情 뜻 정	鳥 새 조
底 밑 저	戰 싸울 전	淨 깨끗할 정	條 가지 조
抵 거스를 저	轉 구를 전	程 길 정	組 짤 조
著 나타날 저	切 끊을 절, 온통 체	精 정할 정	朝 아침 조
貯 쌓을 저	折 꺾을 절	整 가지런할 정	照 비칠 조
赤 붉을 적	竊 훔칠 절	靜 고요할 정	潮 조수 조
的 과녁 적	絶 끊을 절	弟 아우 제	調 고를 조

操 잡을 조　　　　注 물댈 주　　　　只 다만 지　　　　秩 차례 질
燥 마를 조　　　　洲 물가 주　　　　至 이를 지　　　　質 바탕 질
足 발 족　　　　　柱 기둥 주　　　　枝 가지 지　　　　執 잡을 집
族 겨레 족　　　　酒 술 주　　　　　池 못 지　　　　　集 모일 집
存 있을 존　　　　株 그루 주　　　　地 땅 지　　　　　徵 부를 징
尊 높을 존　　　　珠 구슬 주　　　　志 뜻 지　　　　　懲 혼날 징
卒 군사 졸　　　　晝 낮 주　　　　　知 알 지
拙 졸할 졸　　　　週 주일 주　　　　持 가질 지
宗 마루 종　　　　竹 대 죽　　　　　指 가리킬 지　　　**ㅊ**
從 좇을 종　　　　俊 준걸 준　　　　紙 종이 지
終 마칠 종　　　　準 준할 준　　　　智 지혜 지
種 씨 종　　　　　遵 좇을 준　　　　誌 기록할 지　　　且 또 차
縱 세로 종　　　　中 가운데 중　　　遲 늦을 지　　　　次 버금 차
鐘 쇠북 종　　　　仲 버금 중　　　　直 곧을 직　　　　此 이 차
左 왼 좌　　　　　重 무거울 중　　　職 벼슬 직　　　　差 어긋날 차
坐 앉을 좌　　　　衆 무리 중　　　　織 짤 직　　　　　借 빌릴 차
佐 도울 좌　　　　卽 곧 즉　　　　　辰 별 진, 때 신　　捉 잡을 착
座 자리 좌　　　　症 증세 증　　　　珍 보배 진　　　　着 붙을 착/저
罪 허물 죄　　　　曾 일찍 증　　　　眞 참 진　　　　　錯 어긋날 착
主 주인 주　　　　蒸 찔 증　　　　　振 떨칠 진　　　　贊 도울 찬
朱 붉을 주　　　　增 더할 증　　　　陣 진칠 진　　　　讚 기릴 찬
舟 배 주　　　　　憎 미워할 증　　　陳 베풀 진　　　　察 살필 찰
州 고을 주　　　　證 증거 증　　　　進 나아갈 진　　　參 참여할 참, 석 삼
走 달릴 주　　　　贈 보낼 증　　　　盡 다할 진　　　　慘 참혹할 참
住 살 주　　　　　之 갈 지　　　　　鎭 진압할 진　　　慙 부끄러울 참
周 두루 주　　　　止 그칠 지　　　　姪 조카 질　　　　昌 창성할 창
宙 집 주　　　　　支 지탱할 지　　　疾 병 질　　　　　倉 곳집 창
　　　　　　　　　　　　　　　　　　　　　　　　　　　窓 창 창

唱 노래 창	徹 통할 철	總 다 총	側 곁 측
創 비롯할 창	鐵 쇠 철	最 가장 최	測 헤아릴 측
蒼 푸를 창	尖 뾰족할 첨	催 재촉할 최	層 층 층
暢 화창할 창	添 더할 첨	抽 뽑을 추	治 다스릴 치
菜 나물 채	妾 첩 첩	秋 가을 추	値 값 치
採 캘 채	靑 푸를 청	追 쫓을 추	恥 부끄러울 치
彩 채색 채	淸 맑을 청	推 밀 추	致 이를 치
債 빚 채	晴 갤 청	醜 추할 추	置 둘 치
册 책 책	請 청할 청	丑 소 축	稚 어릴 치
責 꾸짖을 책	聽 들을 청	畜 짐승 축	齒 이 치
策 꾀 책	廳 관청 청	祝 빌 축	則 법칙 칙, 곧 즉
妻 아내 처	替 바꿀 체	逐 쫓을 축	親 친할 친
處 곳 처	體 몸 체	蓄 모을 축	七 일곱 칠
尺 자 척	肖 닮을 초	築 쌓을 축	漆 옻 칠
斥 물리칠 척	抄 뽑을 초	縮 줄일 축	沈 잠길 침
拓 넓힐 척	初 처음 초	春 봄 춘	枕 베개 침
戚 겨레 척	招 부를 초	出 날 출	侵 침노할 침
千 일천 천	草 풀 초	充 채울 충	浸 잠길 침
川 내 천	超 뛰어넘을 초	忠 충성 충	針 바늘 침
天 하늘 천	礎 주춧돌 초	衝 찌를 충	寢 잠잘 침
泉 샘 천	促 재촉할 촉	蟲 벌레 충	稱 일컬을 칭
淺 얕을 천	燭 촛불 촉	吹 불 취	
踐 밟을 천	觸 닿을 촉	取 취할 취	
賤 천할 천	寸 마디 촌	臭 냄새 취	
遷 옮길 천	村 마을 촌	就 이룰 취	
薦 천거할 천	銃 총 총	醉 취할 취	
哲 밝을 철	聰 귀밝을 총	趣 달릴 취	快 쾌할 쾌

ㅌ

他 다를 타
打 칠 타
妥 온당할 타
墮 떨어질 타
托 맡길 탁
卓 높을 탁
濁 흐릴 탁
濯 씻을 탁
炭 숯 탄
彈 탄알 탄
歎 탄식할 탄
脫 벗을 탈
奪 빼앗을 탈
貪 탐할 탐
探 찾을 탐
塔 탑 탑
湯 끓을 탕
太 클 태
怠 게으름 태
殆 거의 태
泰 클 태
態 모양 태
宅 집 택/댁
澤 못 택
擇 가릴 택

土 흙 토
吐 토할 토
兎 토끼 토
討 칠 토
通 통할 통
痛 아플 통
統 거느릴 통
退 물러날 퇴
投 던질 투
透 사무칠 투
鬪 싸움 투
特 특별할 특

ㅍ

波 물결 파
派 물갈래 파
破 깨뜨릴 파
頗 자못 파
罷 마칠 파
播 뿌릴 파
判 판단할 판
板 널 판
版 판목 판
販 팔 판
八 여덟 팔

貝 조개 패
敗 패할 패
片 조각 편
便 편할 편, 똥오줌 변
偏 치우칠 편
遍 두루 편
篇 책 편
編 엮을 편
平 평평할 평
評 평할 평
肺 허파 폐
閉 닫을 폐
廢 폐할 폐
蔽 덮을 폐
弊 폐단 폐
幣 비단 폐
布 베 포
包 쌀 포
抱 안을 포
胞 세포 포
浦 물가 포
捕 잡을 포
砲 대포 포
飽 배부를 포
幅 폭 폭
暴 사나울 폭, 모질 포
爆 불터질 폭

表 겉 표
票 표 표
漂 떠다닐 표
標 표할 표
品 물건 품
風 바람 풍
楓 단풍 풍
豊 풍년 풍
皮 가죽 피
彼 저 피
疲 피곤할 피
被 입을 피
避 피할 피
匹 짝 필
必 반드시 필
畢 마칠 필
筆 붓 필

ㅎ

下 아래 하
何 어찌 하
河 물이름 하
夏 여름 하
荷 멜 하
賀 하례 하

學 배울 학	核 씨 핵	峽 골짜기 협	魂 넋 혼
鶴 학 학	行 갈 행, 항렬 항	兄 맏 형	忽 갑자기 홀
汗 땀 한	幸 다행 행	刑 형벌 형	弘 넓을 홍
旱 가물 한	向 향할 향	亨 형통할 형	洪 큰물 홍
恨 한할 한	享 누릴 향	形 모양 형	紅 붉을 홍
限 한계 한	香 향기 향	螢 반딧불 형	鴻 기러기 홍
寒 찰 한	鄕 시골 향	兮 어조사 혜	火 불 화
閑 한가할 한	響 울릴 향	惠 은혜 혜	化 될 화
漢 한수 한	許 허락할 허	慧 슬기로울 혜	禾 벼 화
韓 나라이름 한	虛 빌 허	戶 집 호	花 꽃 화
割 벨 할	軒 집 헌	互 서로 호	和 화할 화
含 머금을 함	憲 법 헌	乎 어조사 호	華 빛날 화
咸 다 함	獻 바칠 헌	好 좋아할 호	貨 재화 화
陷 빠질 함	險 험할 험	虎 범 호	畵 그림 화, 그을 획
合 합할 합	驗 시험할 험	呼 부를 호	話 말씀 화
抗 막을 항	革 가죽 혁	胡 오랑캐 호	禍 재앙 화
巷 거리 항	玄 검을 현	浩 클 호	確 굳을 확
恒 항상 항	弦 시위 현	毫 터럭 호	擴 넓힐 확
航 배 항	現 나타날 현	湖 호수 호	穫 거둘 확
港 항구 항	絃 줄 현	號 이름 호	丸 둥글 환
項 항목 항	賢 어질 현	豪 호걸 호	患 근심 환
亥 돼지 해	縣 매달 현	護 도울 호	換 바꿀 환
害 해칠 해	懸 매달 현	或 혹 혹	還 돌아올 환
奚 어찌 해	顯 나타날 현	惑 미혹할 혹	環 고리 환
海 바다 해	穴 구멍 혈	昏 어두울 혼	歡 기뻐할 환
該 갖출 해	血 피 혈	混 섞을 혼	活 살 활
解 풀 해	協 화할 협	婚 혼인할 혼	況 상황 황

皇 임금 황　　獲 얻을 획　　候 기후 후　　黑 검을 흑
荒 거칠 황　　橫 가로 횡　　訓 가르칠 훈　　吸 마실 흡
黃 누를 황　　孝 효도 효　　毁 헐 훼　　興 일 흥
灰 재 회　　效 본받을 효　　揮 휘두를 휘　　希 바랄 희
回 돌아올 회　　曉 새벽 효　　輝 빛날 휘　　喜 기쁠 희
悔 뉘우칠 회　　厚 두터울 후　　休 쉴 휴　　稀 드물 희
會 모일 회　　侯 제후 후　　携 끌 휴　　戱 놀이 희
懷 품을 회　　後 뒤 후　　凶 흉할 흉
劃 그을 획　　喉 목구멍 후　　胸 가슴 흉

빡센 고사성어 완전정복

이상인 지음 · 반석 그림

발 행 일 초판 1쇄 2008년 1월 15일
　　　　　초판 3쇄 2009년 1월 12일
발 행 처 평단문화사
발 행 인 최석두

등록번호 제1-765호 / 등록일 1988년 7월 6일
주　　소 서울시 마포구 서교동 480-9 에이스빌딩 3층
전화번호 (02)325-8144(代) FAX (02)325-8143
홈페이지 www.pdbook.co.kr
이메일 pyongdan@hanmail.net
ISBN 978-89-7343-266-0 03710

이 도서의 국립중앙도서관 출판시도서목록(CIP)은 e-CIP 홈페이지
(http://www.nl.go.kr/cip.php)에서 이용하실 수 있습니다.
(CIP제어번호: CIP2007004071)

저희는 매출액의 2%를 불우이웃돕기에 사용하고 있습니다.